MONTRÉAL

UNIFORMES

DE LA

SECONDE GUERRE MONDIALE

UNIFORMES
DE LA
SECONDE GUERRE MONDIALE

*C*ELIV

© 1999 EDDL pour l'édition française
ISBN 2-23700-390-4
Tous droits réservés

Réalisation de l'édition française :
Les Éditions de l'Orxois
Traduction : Olivier et Isabelle Fleuraud

Éditeur : Anne Cree
Maquette : Colin Hawes
Iconographie : Malcolm McGregor
et Pierre Turner

Imprimé à Singapour

Sommaire

Introduction

Cet ouvrage présente un panorama complet des uniformes portés par les acteurs de la seconde guerre mondiale. Sa superbe iconographie en couleurs a permis de traiter non seulement des uniformes eux-mêmes, de leur fabrication, des matériaux utilisés et de leurs traits distinctifs, mais aussi des passepoils de différentes couleurs, des insignes portés sur le plastron, les manches et le col, ainsi que des différentes décorations ajoutées à l'uniforme.

Le texte qui accompagne chaque illustration présente la tenue en elle-même. Toutefois, lorsque cela a été possible, il détaille aussi la composition des unités (terrestres, marines ou aériennes) ainsi que les armes utilisées par les hommes et les femmes qui ont participé au plus grand conflit qu'ait connu l'humanité. Lorsqu'est présenté l'uniforme d'une unité en particulier sur un théâtre bien précis, vous trouverez également des informations concernant les actions auxquelles ladite unité a pris part. Et ceci pour deux raisons : premièrement, donner au lecteur le maximum d'informations et l'aider à se faire une image plus précise de chaque combattant illustré ; deuxièmement, les pertes humaines indiquées dans cet ouvrage rappelleront au lecteur que les armées sont levées pour combattre et, si nécessaire, pour mourir.

Pour ceux qui participèrent à ces affrontements effroyables et chaotiques, la moindre défaillance dans l'habillement se faisait rapidement sentir. Il ne faut pas oublier que la plupart des pays s'engagèrent dans la bataille avec des uniformes datant de la première guerre mondiale, voire de conflits antérieurs. De plus, les conditions météorologiques et la rudesse des combats clamant leur dû, l'état des uniformes illustrés dans ce livre se détériora rapidement. Ainsi, c'est une 6e armée allemande en haillons, ressemblant à une horde de mendiants, qui déposa les armes à Stalingrad en février 1943.

Au fil des années de guerre, les armées engagées développèrent des uniformes plus adaptés à leur conflit, et dès 1945 les armées américaine et soviétique en particulier équipaient leurs combattants de tenues fonctionnelles. L'armée allemande, bien que souffrant d'une grave pénurie à partir de 1944, fit elle aussi en sorte d'habiller ses hommes d'uniformes modernes à motifs plus difficilement repérables. Mais au-delà de toute considération vestimentaire, le lecteur n'oubliera pas les centaines de milliers de soldats qui ont perdu la vie sur le champ de bataille.

Peter Darman

Allemagne

Le soldat allemand comptait parmi les combattants les plus professionnels et les plus opiniâtres de la seconde guerre mondiale. Contrairement au mythe selon lequel l'armée allemande était entièrement motorisée, elle était principalement composée de divisions d'infanterie dont les bataillons s'appuyaient sur les réseaux routiers et ferroviaires pour leurs mouvements stratégiques, et sur leurs jambes pour les déplacements tactiques.

Sergent-chef Régiment d'infanterie

Cet *Unteroffizier* (sergent-chef) d'un régiment d'infanterie de ligne porte une vareuse gris vert au col bleu foncé et un pantalon couleur pierre qui fut par la suite remplacé par un modèle de la couleur de la vareuse. Cette tenue de combat, représentative du début de la guerre, était en fait une évolution d'un uniforme de la première guerre mondiale. De fait, elle comprend de nombreux éléments traditionnels prussiens remontant aux guerres napoléoniennes, même si ces derniers avaient été réactualisés et modifiés afin de pouvoir être apposés à l'uniforme moderne.

Le galon aluminium apposé sur le tour du col et sur les épaulettes de ce combattant indique son grade de sous-officier (tous les insignes étaient brodés mécaniquement avec de la soie grise artificielle), tandis que son pistolet mitrailleur MP 38 révèle sa fonction de *Gruppenführer*, chef de section à la tête de 10 hommes.

Lors des premières campagnes, l'infanterie allemande était très bien équipée, comprenant même des casques polis ornés de l'aigle nazi et des couleurs nationales. Le fourniment personnel de combat de base comprenait un système intégré d'objets conçus pour se compléter, que ce soit dans leur port ou dans leur côté pratique. Au début de la guerre, cet équipement se composait d'une ceinture en cuir (à laquelle étaient accrochés deux étuis de munitions pour carabines), de sangles pour tenir la ceinture, de sacs et d'étuis. C'était un matériel fort bien étudié.

Date :	*Septembre 1939*
Unité :	*Régiment d'infanterie*
Grade :	*Sergent-chef*
Théâtre :	*Europe de l'Est*
Lieu :	*Pologne*

Maréchal des logis chef
1er régiment
Panzer

En 1935, les Nazis introduisirent un uniforme noir spécial pour les équipages des leurs blindés, les *Panzers*. Cet uniforme comportait un élément particulier : un béret noir rembourré qui tenait lieu de casque. Ce béret, associé à un veston court et croisé ainsi qu'à un pantalon ample, était très pratique et apprécié des équipages de blindés. Insignes distinctifs conçus à l'origine pour n'être portés qu'au cours de missions dans le véhicule, les têtes de mort argent sur fond noir affixées au col contribuèrent pour beaucoup à former l'esprit de corps de l'arme blindée.

Ce maréchal des logis chef (France 1940) porte les pattes de col noires à tête de mort bordées d'un passepoil rose des unités blindées spéciales. Les tankistes portaient sur eux une ceinture et un étui à pistolet, le reste de l'équipement étant rangé dans le véhicule.

Lors des campagnes françaises et polonaises, une division Panzer était composée de deux régiments de chars de deux bataillons chacun ; un bataillon comprenait quatre compagnies de 32 chars chacune. En réalité, cette force de 561 chars (en comptant les réserves et les véhicules de l'état-major) était rarement au complet, la moyenne se situant aux environs de 320 chars. Les blindés se composaient de Mk I et de Mk II (chars légers), et des panzers plus lourds, les Mk III et Mk IV.

Remarquez la Croix de fer et l'Insigne pour combat blindé, sur la poche poitrine gauche. Ce dernier fut institué le 20 décembre 1939, les équipages des chars en recevant une version argent, les troupes de soutien un modèle bronze.

Date :	*Mai 1940*
Unité :	*1er régiment Panzer*
Grade :	*Maréchal des logis chef*
Théâtre :	*Europe de l'Ouest*
Lieu :	*France*

Lieutenant Jagdgeschwader 26 III Gruppe

Le lieutenant de la Luftwaffe Joachim Müncheburg appartenait à la *Jagdgeschwader 26* (JG 26), une unité de combat de la Luftwaffe. Cette unité avait été créée en 1937 sous le nom de JG 234 et était dotée de chasseurs Messerschmitt Bf 109 lorsque la guerre éclata en 1939. La JG 26 était organisée en trois *Gruppen*, chacun composé de 30 appareils.

Les membres de l'Association allemande de sport aérien commencèrent à porter l'uniforme gris bleu en 1933. Cette organisation fournissant le gros du cadre de la nouvelle Luftwaffe, l'uniforme de ses membres servit donc naturellement de base pour l'uniforme de l'armée de l'air, qui fut dévoilé au public en mars 1935. L'uniforme de la Luftwaffe comprenait une casquette avec bandeau en mohair artificiel, une tunique (portée ouverte avec chemise et cravate), et soit un pantalon long assorti et des chaussures noires, soit une culotte de cheval avec des bottes hautes. Cet uniforme ressemblait à celui de la Royal Air Force britannique, également gris bleu.

Le lieutenant Müncheburg arbore la croix de Chevalier, la Croix de fer de 1re et de 2e classe, et les insignes de pilote et de blessé. La JG 26 fut déployée lors de la bataille d'Angleterre avec pour mission de donner une couverture de chasse aux bombardiers et de détruire en vol les Spitfire et Hurricane de la RAF. L'unité prit part au combat à la mi-août 1940. Un mois plus tard, Müncheburg comptait vingt avions ennemis abattus, ce qui lui valut la croix de Chevalier. Lorsqu'il mourut au combat le 23 mars 1943, il comptabilisait 135 appareils à son tableau de chasse.

Date :	*Septembre 1940*
Unité :	*Jagdgeschwader 26*
Grade :	*Lieutenant*
Théâtre :	*Nord-est de l'Europe*
Lieu :	*Pas-de-Calais*

Sergent Régiment d'infanterie

Ce sergent allemand est représenté au début de l'opération "Barberousse", l'invasion de la Russie lancée par l'Allemagne le 22 juin 1941. À cette époque, l'uniforme était pratiquement le même que celui porté au début de la guerre. Cependant, les répercussions des mesures de restrictions commençaient à se faire sentir chez les unités de première ligne.

La plus importante de ces mesures d'économies fut l'élimination progressive de l'insigne en tissu bleu vert foncé qui apparaissait sur le col du manteau, les épaulettes, la vareuse de campagne et les insignes de grade sur la manche. Cet insigne fut remplacé par du gris vert, une couleur qui prit aussi rapidement la place du gris des pantalons. De plus, le gris souris remplaça peu à peu le fil blanc ou argent utilisé pour la fabrication des insignes et des distinctions de grade.

Dans l'armée allemande, les sous-officiers portaient le même uniforme que les simples soldats (une coutume différente de celle de nombreuses autres armées européennes, où les sous-officiers portaient la tenue d'officier), agrémenté de galons argent sur le col de la tunique et les épaulettes, et d'insignes de grade sur la partie supérieure de la manche gauche.

Ce combattant a attaché du matériel de camouflage sur son casque à l'aide d'une bande de caoutchouc découpée dans une chambre à air. Son arme principale est un pistolet mitrailleur Bergmann MP 34, tandis que sa deuxième arme est un pistolet Luger 9 mm (qu'il porte dans sa botte). On peut voir, suspendus sur le côté gauche de sa ceinture, une baïonnette et une pelle.

Date :	*Juin 1941*
Unité :	*Régiment d'infanterie*
Grade :	*Sergent*
Théâtre :	*Front de l'Est*
Lieu :	*Ouest de l'URSS*

Général 3ᵉ groupe Panzer

Le *Generaloberst* (général) Hermann Hoth était le commandant du troisième groupe Panzer en Russie en 1941. (Un groupe Panzer comptait environ trois corps Panzer, eux-mêmes composés de cinq divisions Panzer et de quatre divisions motorisées.) Hoth est coiffé du nouveau modèle de calot de campagne pour officiers qui fut introduit en 1938. Il porte au col la croix de Chevalier de la Croix de fer.

À l'image des gradés de l'armée allemande, Hoth possède deux insignes sur son couvre-chef : l'aigle nazi et la cocarde noire et rouge de l'Allemagne. Son passepoil doré et son aigle brodé d'or indiquent son grade de général, et ses pattes de col affichent les couleurs or sur fond écarlate.

Le grade de Hoth, comme celui des autres officiers, paraissait sur ses épaulettes, sous la forme de trois cordelettes entrelacées (deux or et une argent). Ses boutons dorés et ses étoiles argentées marquaient également son grade de général. Les cordelettes étaient en or et argent polis, ou en fil gris et jaune nacré sur l'uniforme de campagne pour leur donner un aspect mat.

Le personnage est vêtu d'une tunique de type *Reichswehr*, avec des poches à rabat, et d'une culotte de cheval à soutaches rouges. Comme la plupart des combattants allemands de l'époque, Hoth est chaussé d'une paire de bottes de marche, qui disparurent à partir de 1943 pour être remplacés par des bottillons avec guêtrons sur le modèle britannique. Hoth était l'un des plus grands commandants allemands de blindés. Malgré tout son courage, il ne parvint ni à délivrer Stalingrad en 1942, ni à remporter la victoire à Koursk en 1943.

Date :	*Juin 1941*
Unité :	*3ᵉ groupe Panzer*
Grade :	*Général*
Théâtre :	*Front de l'Est*
Lieu :	*Ouest de l'URSS*

Lieutenant
8ᵉ régiment
Panzer

Ce lieutenant de l'armée allemande porte l'uniforme noir spécifique aux équipages de blindés fermés. C'est un vétéran de la Guerre civile espagnole. Il arbore à la boutonnière le ruban de la croix de guerre 2ᵉ classe et, non loin, l'insigne de la légion de blindés Condor, la Croix de fer 1ʳᵉ classe et l'insigne des blessés. Ce dernier se portait sur la poche poitrine gauche de la tunique ou juste en dessous de la poche; il se déclinait en trois catégories : or, argent et noir.

Le premier insigne des blessés fut institué avant la seconde guerre mondiale, le 22 mai 1939, pour le personnel allemand blessé lors de la Guerre civile espagnole. Son dessin est quasiment le même que celui utilisé lors de la première guerre mondiale, mis à part le svastika ajouté au centre.

À l'époque de cette illustration (1941), une division Panzer comptait environ 15 600 hommes et jusqu'à 200 véhicules blindés : un régiment de chars composé de deux ou trois bataillons (chacun formé de trois compagnies), une brigade de Panzergrenadier de deux (parfois trois) régiments, un régiment d'artillerie et les unités divisionnaires de soutien, telles que les bataillons antichars et les troupes antichars et de reconnaissance.

Remarquez les pattes de col noires à tête de mort bordées d'un passepoil rose. Ce passepoil, les couleurs de "l'arme et du service" que les Allemands appelaient *Waffenfarbe*, indiquait le service auquel appartenait celui qui les portait. Le passepoil rose s'appliquait aux troupes blindées et aux unités antichars.

Date :	*Juillet 1941*
Unité :	*8ᵉ régiment Panzer*
Grade :	*Lieutenant*
Théâtre :	*Front de l'Est*
Lieu :	*Ouest de l'URSS*

Maréchal des logis Régiment Panzer Lehr

Le maréchal des logis Friedhelm Ollenschäger est équipé de sa tenue de service de temps de guerre. Comme on l'a vu page 9, l'uniforme noir n'était porté qu'en mission avec le véhicule, tandis que la tenue gris vert était de rigueur pour les sorties. Les sous-officiers étaient autorisés à porter des gants uniquement pendant leur service.

La ceinture du maréchal des logis Ollenschäger, à l'image de celle portée par des millions d'autres soldats allemands, était composée d'une simple bande de cuir lisse de 45 mm de large. La boucle était fixée à une languette de cuir à l'extrémité droite de la ceinture, ce qui permettait de l'ajuster à volonté, et l'extrémité gauche était dotée d'un double ardillon en métal. Tous les uniformes (y compris les uniformes de parade, de campagne et de sortie) des hommes du rang et des sous-officiers comportaient une ceinture ; cette dernière se portait également avec le manteau en service de garnison. En général, les articles en cuir étaient noirs ou brun foncé, mais plus rarement de couleur naturelle ou ocre.

La *koppelschloss* (boucle de ceinture) fut adoptée en janvier 1936 pour remplacer le modèle *Reichswehr*. Fabriquée en aluminium et peinte en gris vert ou en gris mat, elle mesurait 64 mm de long et 49 mm de large.

La distribution et les modifications des équipements étaient dictées par les Instructions des Services de l'Armée et les Carnets de Commande de l'Armée. Les Autorisations des Unités de Forces de Guerre, les Autorisations du Matériel de Guerre et leurs appendices étaient très spécifiques quant à la répartition de tel ou tel matériel aux différents individus ou types d'unités.

Date :	*Juillet 1941*
Unité :	*Régiment Panzer Lehr*
Grade :	*Maréchal des logis*
Théâtre :	*Front de l'Est*
Lieu :	*Ouest de l'URSS*

Maréchal des logis chef 15ᵉ division Panzer

Ce sous-officier de la 15ᵉ division Panzer porte l'uniforme standard de l'Afrika Korps. Ceci dit, les règlements vestimentaires étaient moins strictement appliqués sur le théâtre nord-africain que sur les autres théâtres. Ce maréchal des logis chef porte une *Bergmütze* (casquette de campagne à visière), une veste de campagne tropicale légère ornée d'insignes à tête de mort aux revers, et une culotte de cheval évasée.

La partie inférieure de l'uniforme est inadaptée au désert. La culotte de cheval, par exemple, se rétrécit sous le genou pour se boutonner très près du mollet, et se porte sous des bottes à lacets. Il est peu plausible que ce maréchal des logis chef ait conservé longtemps un tel attirail, qu'il échangea probablement contre une tenue plus confortable et mieux adaptée au désert.

Ce sous-officier appartient à la 15ᵉ division Panzer qui comprenait, dans son 8ᵉ régiment Panzer, deux bataillons blindés. Chaque bataillon comptait trois compagnies, avec vingt chars par compagnie (des Panzer III, remplacés par des Panzers IV), et chaque compagnie était divisée en quatre troupes. En plus du régiment d'artillerie, la 15ᵉ brigade d'infanterie (motorisée) comportait des unités de soutien aux chars. Les deux régiments d'infanterie de la brigade (le 115ᵉ et le 200ᵉ) comptaient chacun trois bataillons de trois compagnies d'infanterie légère, ainsi qu'une compagnie de mitrailleurs, une section du génie et un groupe des Transmissions. La division incluait également un bataillon de reconnaissance, un bataillon motocycliste et un bataillon antichars et antiaérien.

Date :	*Juillet 1941*
Unité :	*15ᵉ division Panzer*
Grade :	*Maréchal des logis chef*
Théâtre :	*Méditerranée*
Lieu :	*Afrique du Nord*

Adjudant
Régiment d'artillerie
d'assaut

Cet adjudant d'une unité d'artillerie d'assaut porte une version gris vert de l'uniforme des blindés introduit en 1940 pour les équipages des canons autopropulsés (par la suite, cet uniforme fut également porté par les divisions de *Panzergrenadier* nouvellement créées et équipées). Les pattes de col variaient selon l'unité. Celles de cet adjudant sont tissées de fil argent mat ou gris, sur un fond vert foncé ou gris vert. Le passepoil rouge qui les entoure marque son appartenance à l'artillerie, et les épaulettes sont bordées d'un galon argent qui indique son rang de sous-officier.

Cet uniforme fut porté vers 1942, époque à laquelle l'armée allemande avait affronté les dures réalités de l'hiver russe. Il n'est pas exagéré de dire que l'hiver 1941-1942 fut désastreux pour la *Wehrmacht* : exposées à des températures largement inférieures à zéro, ses troupes ne portaient guère plus que leur uniforme de campagne, totalement inadapté. À défaut de tenue spéciale pour l'hiver, les hommes furent réduits à fourrer leurs bottes avec de la paille et à doubler leur tunique de papier journal dans l'espoir d'empêcher le froid glacial de pénétrer. Le premier hiver russe marqua le début de la fin pour les règlements vestimentaires allemands, résultat des températures extrêmes, du manque d'infrastructures pour nettoyer ou réparer les uniformes, et de problèmes d'acheminement d'uniformes de rechange jusqu'au front.

Remarquez les décorations de l'adjudant : croix de Chevalier autour du cou, Croix de fer 1re et 2e classe, insigne d'assaut général et insigne de blessé.

Date :	*Avril 1942*
Unité :	*Régiment d'artillerie d'assaut*
Grade :	*Adjudant*
Théâtre :	*Front de l'Est*
Lieu :	*Smolensk*

Officier
90ᵉ division légère
Afrika Korps

Cet officier de l'armée de terre allemande appartient à l'Afrika Korps (commandé par Erwin Rommel, le célèbre "Renard du désert"). Il est coiffé d'une casquette de campagne tropicale blanchie par le soleil. La poussière étant l'une des difficultés propres au désert, aussi bien pour les hommes que pour les véhicules, les lunettes de protection étaient un élément indispensable de la tenue. Le manteau de l'officier est un modèle d'ordonnance, sur lequel étaient généralement fixées des épaulettes pour indiquer le grade de celui qui le portait. Sa ceinture était d'un modèle réservé aux officiers, avec boucle ronde.

L'armée de terre allemande débarqua en Afrique du Nord, à Tripoli, à la mi-février 1941, pour former le célèbre Afrika Korps. La campagne africaine fut confrontée à des problèmes d'uniformes, ce qui obligea l'armée allemande à développer une gamme complète de vêtements et de matériel adaptés au climat chaud. Les premières productions – casques tropicaux, tuniques et culottes de cheval bien ajustées et bottes à lacets – se révélèrent peu pratiques et furent remplacées. L'uniforme tropical allemand type fit son apparition : casquette de campagne avec visière pour protéger du soleil, chemise, pantalon froncé aux chevilles ou short, chaussettes en laine et des bottes en toile et en cuir. La veste de campagne italienne, la saharienne, était plus confortable que son équivalent allemand, si bien que certains membres de l'Afrika Korps s'en approprièrent un exemplaire. Le manteau était indispensable pour les nuits glaciales.

Date :	*Janvier 1942*
Unité :	*90ᵉ division légère*
Grade :	*Officier*
Théâtre :	*Méditerranée*
Lieu :	*Tripoli*

Officier
15ᵉ division Panzer
Afrika Korps

Ce lieutenant de l'Afrika Korps porte la version tropicale du calot, créée pour les équipages de véhicules de combat blindés en remplacement de la casquette de campagne (dont la grande visière se révélait gênante à l'intérieur d'un char). Le lieutenant porte également l'insigne de son uniforme continental sur sa vareuse tropicale (remarquez les insignes à tête de mort sur les revers de son col, récupérés de sa veste noire de blindé). Ce lieutenant arbore le ruban et l'insigne (sur sa poche poitrine gauche) de la Croix de fer de 2ᵉ classe, ainsi que l'insigne d'argent pour combat blindé, au-dessous de la croix.

Ses hautes bottes de campagne à lacets et son short font partie de la tenue de base de l'uniforme tropical, tout comme la gourde de campagne. La gourde de campagne de base avec gobelet, modèle M 1631, était une bouteille en aluminium non peint de 794 g. Son bouchon en métal à vis était retenu par un prolongement de la sangle verticale sur laquelle la gourde était attachée. Un étui isolant en feutre brun servait à empêcher l'eau de geler la nuit ou de trop chauffer le jour. Celui-ci pouvait s'enlever pour nettoyage, à travers une fente fermée par trois pressions sur le bord supérieur gauche. Des boucles en cuir étaient cousues sur l'avant et l'arrière de l'étui pour y passer la sangle en cuir noir, qui était également maintenue grâce à un bouton riveté sur le dessous de l'étui. La sangle servait à retenir le gobelet et à attacher la gourde au sac à pain de celui qui le portait. Les individus envoyés en Afrique du Nord recevaient souvent deux gourdes.

Date :	*Mars 1942*
Unité :	*15ᵉ division Panzer*
Grade :	*Officier*
Théâtre :	*Méditerranée*
Lieu :	*Afrique du Nord*

Sous-lieutenant Régiment d'infanterie

Ce sous-lieutenant d'infanterie posté en Russie porte l'équipement standard d'un officier au front (remarquez le passepoil blanc sur ses épaulettes, indiquant son appartenance à l'infanterie). Il est coiffé du calot M 1938 des officiers et sa décoration est la croix d'or allemande, créée pour récompenser les qualités de chef au combat et tenant une place intermédiaire entre la Croix de fer de 1re classe et la croix de Chevalier.

L'armée de terre allemande utilisa de nombreuses variantes de pistolets pendant la guerre, il y eut donc une grande variété d'étuis. Les pistolets les plus couramment utilisés furent le Luger P 08 et le Walther P 38 calibre 9 mm, le Mauser Hsc 7,65 mm, les Walther PP et PPK et le Sauer M 38. Les simples soldats qui avaient besoin d'une arme (équipages de mortier, mitrailleurs, tankistes et autres équipages de véhicules de combat blindés) recevaient un pistolet, tandis que les officiers devaient acheter le leur. Les officiers au combat préféraient le calibre 9 mm, alors que les officiers supérieurs et les membres des unités de soutien choisissaient le calibre 7,65 mm. Les étuis étaient confectionnés en cuir noir lisse ou granité, quelquefois en toile ou en similicuir. L'étui type était fermé par un grand rabat destiné à maintenir et protéger l'arme. Ce rabat était maintenu par une sangle et un bouton, soit avec la sangle attachée au corps de l'étui et le bouton fixé au rabat, soit l'inverse.

La plupart des étuis possédaient un compartiment à chargeurs intégré sur le côté ou sur le bord, recouvert par le rabat de protection du pistolet.

Date :	*Avril 1942*
Unité :	*Régiment d'infanterie*
Grade :	*Sous-lieutenant*
Théâtre :	*Front de l'Est*
Lieu :	*Orel*

Adjudant
Division
Großdeutschland

La division *Großdeutschland Panzergrenadier* se composait de deux régiments d'infanterie, d'un bataillon d'armes lourdes et d'un soutien en blindés et en artillerie. C'était une excellente unité dont les membres portaient une épaulette caractéristique, ornée des lettres "GD" entrelacées, brodées de fil blanc, couleur de l'infanterie.

Le personnage ci-contre est un sous-officier d'un détachement d'artillerie d'assaut de la division *Großdeutschland*. Il porte la version gris vert de l'uniforme spécial des blindés. Ses épaulettes sont passepoilées de rouge pour marquer son appartenance à l'artillerie, tout en conservant les lettres "GD".

De toute évidence, cet adjudant est un vétéran, comme l'indiquent l'insigne d'assaut général qu'il porte sur le côté gauche de sa poitrine, et son insigne des blessés, à peine visible. Ses autres décorations sont la croix de Chevalier, portée autour du cou, et la Croix de fer de 1re et de 2e classe. Les insignes sur son bras droit indiquent qu'il a réussi, seul, à détruire deux chars ennemis.

Il existait deux versions de ces insignes de destruction de chars. L'insigne de première classe représentait un char doré sur un rectangle doré bordé de noir, tandis que celui de deuxième classe représentait un char ou un avion noir sur un rectangle en velours argent bordé de noir. On pouvait porter jusqu'à quatre insignes argentés sur la manche, mais au cinquième char détruit on les échangeait contre un insigne de première classe. Ce sous-officier est équipé du casque allemand standard et d'une paire de bottes de marche.

Date :	*Juillet 1943*
Unité :	*Division* Großdeutschland
Grade :	*Adjudant*
Théâtre :	*Front de l'Est*
Lieu :	*Koursk*

Major
Police militaire

Le personnage ci-contre est un major de la police militaire (*Feldgendarmerie*) de l'Afrika Korps.

Il est vêtu de l'uniforme de l'Afrika Korps et d'un plastron en métal et d'un bandeau autour de la manche (les insignes de la police militaire). Le règlement de l'armée allemande stipulait que tous les membres de la police militaire devaient porter leur plastron lorsqu'ils étaient en service. Celui-ci était suspendu à une chaîne, ce qui explique pourquoi ceux qui le portaient recevaient le surnom de *Kettenhunde* ("chiens enchaînés").

La couleur de l'arme et du service de la police militaire était l'orange (également la couleur des officiers du génie), qui figurait sous forme d'un chevron sur la casquette de campagne et sur les épaulettes.

L'armée de terre allemande attribuait à ses soldats des titres de manche pour commémorer de grandes batailles ou campagnes. Ces titres se portaient autour du poignet gauche pour tous les uniformes, ainsi que sur le manteau. Pour les membres de l'Afrika Korps, il en existait deux modèles. Le premier, porté au poignet droit, fut adopté le 18 juillet 1941. Le second, qui lui aussi était une récompense de campagne, fit son apparition le 15 janvier 1943. Ces titres de manche étaient brodés en fil d'argent sur un tissu kaki sable. Au début de l'année 1943, l'Afrika Korps avait connu de nombreux développements ; il avait été successivement rebaptisé Afrika Korps, Groupe Panzer d'Afrique, puis Armée blindée d'Afrique en janvier 1942, et finalement Armée Groupe Afrique en février 1943.

Date :	*1942*
Unité :	*Police militaire, Afrika Korps*
Grade :	*Major*
Théâtre :	*Méditerranée*
Lieu :	*Afrique du Nord*

Soldat de 2ᵉ classe 389ᵉ division d'infanterie 6ᵉ armée

Ce personnage dont l'aspect fait peine à voir est un prisonnier de guerre allemand capturé par les Russes à la chute de Stalingrad. Il a rembourré son manteau de vieux journaux et de paille afin de se protéger du froid mordant de l'hiver russe, et ses bottes en cuir sont recouvertes d'une paire de sur-chaussures en paille. Ces dernières étaient généralement distribuées aux soldats qui devaient rester immobiles pendant leur service, telles les sentinelles, car leur port empêchait tout déplacement rapide.

L'homme porte des couvertures sur l'épaule droite et tient un sac à vêtements avec sa main gauche. Dans l'armée allemande, chaque soldat d'une unité de combat auquel était attribué un paquetage d'ordonnance recevait un seul sac à vêtements M1931, tandis que les unités qui restaient à l'arrière ne recevaient pas de paquetage d'ordonnance mais deux sacs à vêtements. À l'origine, ces sacs étaient en toile gris vert, mais à partir de 1941-1942 ils furent confectionnés en vert olive. Le sac à vêtements était de conception très simple, sorte de cartable à rabat à un seul compartiment, fermé par deux sangles en cuir avec boucles, et muni d'une poignée en cuir sur le dessus. Pour le fantassin de ligne, le sac contenait des vêtements de rechange dont l'intérêt était limité sur le champ de bataille : sous-vêtements, chaussettes, col de tunique et uniforme en coutil. Malgré l'aspect pitoyable de ce soldat, il ne faut pas oublier qu'à l'arrivée du deuxième hiver russe l'armée allemande avait des vêtements chauds pour ses hommes, et des sous-vêtements spéciaux et des habits imperméables.

Date :	*2 février 1943*
Unité :	*389ᵉ division d'infanterie*
Grade :	*Soldat de 2ᵉ classe*
Théâtre :	*Front de l'Est*
Lieu :	*Stalingrad*

Soldat de 2ᵉ classe Régiment d'infanterie

Ce soldat de 2ᵉ classe de l'armée allemande porte l'uniforme type des troupes qui servaient sur la ligne de la côte adriatique, secteur qui s'étendait de Trieste aux îles grecques de la Méditerranée. Ce soldat allemand est un mitrailleur vêtu de l'uniforme tropical.

Il porte une mitrailleuse MG 42 calibre 7,92 mm en bandoulière sur son épaule droite. Chaque escouade des régiments de l'infanterie légère, de *Panzergrenadier*, de montagnards et de cavalerie était équipée d'une de ces armes. Le mitrailleur portait un étui de pièces de rechange à l'avant droit de sa ceinture, et un pistolet du côté gauche. L'étui était une boîte rigide en cuir noir renforcée de rivets. Une patte en cuir fixée au couvercle venait se fermer sur un bouton au-dessous de l'étui. À l'intérieur, on trouvait une burette d'huile, une brosse de nettoyage, deux culasses mobiles, une petite clé, un porte-culasse, un percuteur, un verrou de percuteur et un dispositif de retenue de percuteur. Un tampon en amiante, utilisé pour manipuler le canon chaud, était généralement glissé sous la patte du couvercle. Chaque mitrailleur recevait également une trousse à outils en métal qui contenait un extracteur de cartouche rompue, une boîte de soufre mou, une burette d'huile, une brosse à chambre et une mire antiaérienne.

Le soldat était également doté de canons de rechange enveloppés dans des boîtiers de protection en acier avec couvercle à charnière, munis d'une courroie en toile en sangle. Ces boîtiers se portaient sur le dos ; ils étaient au nombre de deux pour les armes légères et trois pour les mitrailleuses lourdes.

Date :	*Février 1943*
Unité :	*Régiment d'infanterie*
Grade :	*Soldat de 2ᵉ classe*
Théâtre :	*Méditerranée*
Lieu :	*Adriatique*

Soldat de 2ᵉ classe Division de Panzergrenadier

Sur cette illustration de 1944, ce soldat *Panzergrenadier* porte un uniforme gris vert. Ceci parce que tous les *Panzergrenadier* étaient – du moins en théorie – affectés à des véhicules blindés ou semi-blindés. Mais en réalité, à partir de 1944, toutes les unités de campagne connurent des difficultés d'approvisionnement. Bizarrement, ce soldat est armé de deux fusils 98K et d'un conteneur en métal avec canon de rechange pour MG 42.

Le KAR 98K était le fusil d'infanterie standard de l'armée allemande pendant la seconde guerre mondiale. Il tirait de puissantes cartouches de 7,92 mm et comportait un magasin intégré de cinq cartouches, que l'on faisait entrer dans la chambre en actionnant une longue culasse mobile au-dessus de la gâchette. La culasse mobile poussait la cartouche de dessus dans la culasse, puis la bloquait en place lorsque la poignée était tournée vers le bas. Les munitions du fusil logeaient dans un étui à cartouches M1911 en cuir noir granité, doté de trois poches attachées à un support en cuir recourbé. Les couvercles des poches se fermaient au moyen d'une patte. Au dos se trouvaient deux boucles de ceintures en cuir, ainsi qu'un "D" ou un anneau rectangulaire pour attacher l'étui à ses sangles. Chaque étui contenait 30 cartouches, divisées en deux clips de cinq cartouches par poche.

Date :	*Avril 1944*
Unité :	*Division de* Panzergrenadier
Grade :	*Soldat de 2ᵉ classe*
Théâtre :	*Front de l'Est*
Lieu :	*Pologne*

24

Adjudant-chef 916ᵉ régiment

Cet homme est le *Feldwebel* (adjudant-chef) Mayer du 916ᵉ régiment, 352ᵉ division de grenadiers. Il porte une veste de combat en treillis vert roseau par-dessus un pantalon gris vert. Le maillage en fil de fer sur son casque en acier permet d'y fixer un camouflage. À l'époque de cette illustration (le jour J, soit le 6 juin 1944), l'uniforme de campagne de l'armée allemande était devenu de plus en plus gris et flottant à mesure que la qualité du tissu se détériorait. La plupart des insignes étaient désormais en fil souris et les couleurs de l'arme n'apparaissaient plus que sur les épaulettes. Les bottes de marche avaient été pour la plupart remplacées par des bottillons avec guêtrons en toile surnommés "guêtres de retraite" en raison de la situation stratégique de l'Allemagne à l'époque.

Mayer porte sur son dos un étui cylindrique pour masque à gaz, un sac à pain en toile verte, une gourde et une tente de cantonnement pliée. L'armée allemande possédait trois modèles différents d'étuis pour masque à gaz. Tous fabriqués en acier cannelé, ils étaient munis d'un couvercle articulé, qui contenait un compartiment articulé pour lentilles oculaires de rechange. Le couvercle était maintenu fermé par un loquet monté sur ressort et doté d'une patte en sangle. Sous le couvercle, il y avait deux fixations auxquelles une courroie de support était attachée. En bas de l'étui, dans l'alignement des deux fixations, se trouvait une troisième fixation avec une attache de soutien en sangle et un crochet pour ceinture.

La tente M1913, de forme triangulaire, était fabriquée en gabardine de coton sergé et hydrofuge. Elle servait d'abri, de couvre-sol et de poncho.

Date :	*6 juin 1944*
Unité :	*916ᵉ régiment*
Grade :	*Adjudant-chef*
Théâtre :	*Nord-est de l'Europe*
Lieu :	*Normandie*

Lieutenant Jagdgeschwader 52 *Grp. d'armées Sud Ukraine*

Cet *Oberleutnant* (lieutenant) de la *Jagdgeschwader 52* est représenté sur le front Est en 1944. Il est vêtu d'un coupe-vent doublé de fourrure, d'une casquette de campagne de la Luftwaffe, d'une culotte de cheval de service, et de bottes d'aviateur en cuir noir et en daim (notez l'altimètre attaché à sa ceinture). Son insigne de grade figure sur la partie supérieure de sa manche gauche. Le personnel de la Luftwaffe possédait en effet des insignes particuliers qui se portaient sur le haut des manches de l'uniforme et de la combinaison de vol. Le fond de ces insignes s'accordait avec la couleur du tissu de l'uniforme sur lequel ils étaient fixés, ce qui explique le gris bleu, le brun sable et les autres coloris que l'on trouve chez les sous-officiers et les officiers.

Les maréchaux et les généraux d'armée se distinguaient par des insignes ovales avec un aigle jaune brodé sur une couronne de chêne, les premiers ayant en plus deux bâtons blancs croisés à la base de la couronne. Les insignes des autres officiers et sous-officiers mêlaient une ou plusieurs ailes et barrettes, blanches pour les officiers et les sous-officiers, jaunes pour les généraux. Lors du terrible hiver russe, les équipages de la Luftwaffe eurent la chance de pouvoir voler, dormir et manger au chaud grâce à leurs vêtements doublés de fourrure. Les troupes au sol n'eurent pas ce privilège. Ce lieutenant arbore sur sa casquette l'aigle de la Luftwaffe. Représentant l'oiseau en vol tenant un svastika dans ses serres, il est différent de l'aigle de l'armée de terre.

Date :	*Avril 1944*
Unité :	*Jagdgeschwader 52*
Grade :	*Lieutenant*
Théâtre :	*Front de l'Est*
Lieu :	*Sud de la Russie*

Commandant
Stukageschwader 2
Grp. d'armées du Centre

Le commandant Hans-Ulrich Rudel, as de l'aviation allemande, porte une combinaison de vol deux pièces surnommée "combinaison d'invasion". Cet habit comportait des poches assez grandes pour loger des cartes et un équipement de survie. Officiers et sous-officiers portaient leurs insignes de grade sur leurs pattes de col et épaulettes, sur le haut des manches de leur combinaison de vol et blouson d'aviateur, ainsi que sur leur sarrau de parachutiste.

Les épaulettes et les pattes de col avaient une double fonction : elles servaient à identifier le grade, mais aussi l'arme de celui qui les portait. Le grade était indiqué par des étoiles sur les épaulettes et des ailes sur les pattes de col, et l'arme par la couleur du fond des étoiles et des ailes. La couleur de fond des étoiles du commandant Rudel est le jaune d'or, ce qui indique qu'il appartient au personnel navigant. Ses épaulettes se composaient de doubles cordelettes argentées ; ces dernières étaient tressées pour les officiers supérieurs (ce qui était le cas de Rudel), et simples pour les officiers subalternes. Rudel arbore l'emblème de la Luftwaffe sur sa poitrine, du côté droit. Il existait plusieurs variantes de cet insigne : certains étaient brodés sur fond gris bleu, blanc ou kaki, tandis que d'autres étaient réalisés en métal blanc, sous forme de broche, pour l'uniforme blanc d'été. Le commandant Rudel porte un insigne argent correspondant à son rang d'officier, tandis que les généraux possédaient un insigne or et les gradés un insigne gris tissé.

Autour de son cou, la croix de Chevalier avec épée et feuilles de chêne, attribuée pour de bons services.

Date :	*Août 1944*
Unité :	*Stukageschwader 2*
Grade :	*Commandant*
Théâtre :	*Front de l'Est*
Lieu :	*Ouest de la Russie*

Soldat de 2ᵉ classe Division Das Reich

Ce soldat des *Waffen-SS* présente la tenue type portée en Russie au début de l'année 1942. Il appartient à la célèbre division d'élite *Das Reich* qui, parallèlement aux divisions *Leibstandarte*, *Totenkopf* et *Wiking*, fut retirée du front russe au milieu de l'année 1942 pour prendre du repos, avant d'être rééquipée pour former les divisions de *Panzergrenadier*.

Avant la guerre, l'uniforme des *Waffen-SS* était noir, mais à partir de 1935 le gris devint de mise pour le service actif. Peu à peu, les soldats des SS (le terme de *Waffen-SS*, ou "SS armées", fut employé pour la première fois en 1940) adoptèrent l'uniforme gris vert de l'armée de terre. Ils conservèrent cependant leur insigne de casquette SS (l'emblème national au-dessus d'une tête de mort), leurs insignes de grade SS sur la patte de col gauche, et leurs insignes de grade dans l'armée sur leurs épaulettes. L'emblème de l'unité était apposé à la patte de col droite, et sur le poignet gauche figurait une étroite bande noire bordée d'argent sur laquelle était brodé le nom de l'unité. L'uniforme des *Waffen-SS* comportait une particularité : la vareuse de campagne se portait à col ouvert, avec une chemise gris vert et une cravate noire.

Avant la guerre, les SS avaient déjà développé des tenues légères et des vêtements de camouflage, et ses troupes allaient rapidement recevoir des housses de casque et des sarraus de camouflage – éléments qui ne tardèrent pas à devenir les traits distinctifs de l'uniforme *Waffen-SS*. Ce soldat est équipé d'un calot M1940, d'un anorak doublé de fourrure et d'une combinaison dessinés et produits par les SS.

Date :	*Février 1942*
Unité :	*Division* Das Reich
Grade :	*Soldat de 2ᵉ classe*
Théâtre :	*Front de l'Est*
Lieu :	*Ouest de la Russie*

Commandant Division Leibstandarte

Le **SS-Sturmbannführer** (commandant) **Joachim Peiper** appartenait à la *Leibstandarte* **Adolf Hitler (LAH)** des *Waffen-SS*, une division d'élite qui servait de garde du corps à **Hitler. Peiper porte ici l'une des nombreuses casquettes d'hiver et une combinaison d'hiver réversible pour blindés qui furent présentées en janvier 1943.**

Les officiers des *Waffen-SS* devaient porter un couvre-chef à passepoil blanc, y compris le calot, tandis que les officiers généraux avaient un manteau à revers gris. Les officiers et les sous-officiers des *Waffen-SS* étaient appelés *Führer* (chef), et possédaient des titres de grades totalement différents de ceux utilisés dans l'armée de terre allemande. Les officiers portaient des pattes de col argent bordées d'aluminium, tandis que la *Waffenfarbe* figurait sous la forme du passepoil des épaulettes. Les pattes de col des officiers à partir du grade de colonel étaient en velours noir, alors que celles des autres grades étaient en toile. Les généraux et les officiers portaient un liseré de 1,5 mm de large autour des deux pattes de col, fabriqué avec des cordelettes d'aluminium argenté tressé, ou initialement avec des cordelettes d'aluminium noir et argent pour certains grades d'officier. Les tout premiers régiments SS d'élite à être formés – *Leibstandarte Adolf Hitler* (LAH), *Deutschland*, *Germania* et *Der Führer* – portaient la devise de leur régiment brodée en soie blanche sur leurs épaulettes. Ici, le commandant Peiper arbore le monogramme de la LAH en métal cuivré sur ses épaulettes, et la croix de Chevalier autour de son cou.

Date :	*Mars 1943*
Unité :	*Division* Leibstandarte
Grade :	*Commandant*
Théâtre :	*Front de l'Est*
Lieu :	*Ukraine*

Maréchal des logis chef Division Das Reich

Ce maréchal des logis chef type des *Waffen-SS* d'un régiment de *Panzergrenadier* porte sa casquette à visière de service, qui se différenciait d'une casquette d'officier par sa jugulaire en cuir. Il est également vêtu d'une tunique et d'un pantalon gris vert, cette vareuse étant un modèle avec poches plaquées sans pli qui apparut assez tardivement dans la guerre.

Les quatre grandes poches étaient conçues pour transporter des effets personnels ou des cartouches supplémentaires. L'aigle SS triangulaire brodé sur le haut de la manche gauche marque l'appartenance du sous-officier aux *Waffen-SS*. Ses insignes de grade se trouvent sur ses épaulettes et sur sa patte de col gauche, tandis que les deux galons de bras révèlent sa fonction de *Spieß* ou *Stabsscharführerdiensttuer* (major par intérim).

Ce maréchal des logis chef porte la traditionnelle boucle de ceinture rectangulaire plaquée ; fabriquée en métal blanc, elle était estampillée de la devise des *Waffen-SS* : *Mein Ehre heist Treue* ("Mon honneur s'appelle fidélité").

L'aigle et le svastika des SS étaient différents de ceux de l'armée allemande. Dans les années 1930, cet emblème était plus petit, avec des ailes pointues, et l'aigle lui-même était plus petit par rapport à la couronne à laquelle il s'accrochait. Par la suite, le nouvel aigle que l'on voit sur cette illustration fut introduit, avec une envergure plus grande tout en conservant les ailes déployées de l'ancien modèle. Ce nouvel aigle était très nettement caractérisé par une partie médiane des ailes plus longue que les autres.

Date :	*Juin 1943*
Unité :	*Division* Das Reich
Grade :	*Maréchal des logis chef*
Théâtre :	*Front de l'Est*
Lieu :	*Kharkov*

Soldat de 2e classe Division Leibstandarte

Ce soldat de 2e classe d'un équipage de blindés de la division *Leibstandarte* porte un uniforme en coutil deux pièces. Cette tenue, fabriquée à partir de 1944, vint remplacer la combinaison mise en service en 1941 en tissu de camouflage SS. Les unités des *Waffen-SS* comptent parmi les premières à avoir introduit des vêtements à motifs irréguliers. Ces motifs étaient soigneusement choisis afin d'estomper la silhouette générale de celui qui les portait. Ils se composaient de petites taches de couleur à bords francs, soulignées par un bord de couleur contrastée. Les quatre motifs de base utilisés étaient connus sous les noms de "palmier", "petit pois", "feuille de chêne" et "platane".

Les *Waffen-SS* dessinèrent de nouveaux uniformes pour leurs hommes en 1942, créant l'uniforme de camouflage M43 en coutil, composé d'une veste droite et d'un pantalon en mélange à base de rayonne. Le M44 qui suivit était fait de sergé grossier à chevrons, moins chaud et moins imperméable que le M43. En effet, dès 1944, la pénurie avait forcé les Allemands à faire des économies. Ce soldat est coiffé du *Feldmütze* (calot de campagne) noir des *Waffen-SS*, similaire à celui porté par les autres armées. Ses épaulettes sont bordées d'un passepoil rose et affichent le monogramme de la *Leibstandarte Adolf Hitler*. Au début de la campagne de Russie, les *Waffen-SS* portaient les chaussures de marche de l'armée allemande, remontant au mollet. Peu pratiques, elles furent remplacées par les *Schnürschuhe* (bottillons à lacets), qui maintenaient la cheville et autorisaient plus de mobilité.

Date :	*Avril 1944*
Unité :	*Division* Leibstandarte
Grade :	*Soldat de 2e classe*
Théâtre :	*Front de l'Est*
Lieu :	*Pologne*

Lieutenant-colonel Division Prinz Eugen

Cet officier est le *Obersturmbannführer* SS (lieutenant-colonel) Schmidhuber de la 7ᵉ division SS *Freiwilligen-Gebirgs Prinz Eugen*, l'une des cinq divisions *Waffen-SS* de montagne (les autres étant les *Handschar, Nord, Skanderbeg* et *Karstjäger*). Schmidhuber porte l'uniforme de montagne standard des *Waffen-SS*, avec casquette de ski, vareuse de campagne, pantalon et chaussures de montagne, et petites bandes molletières à élastique.

La casquette de ski se vit détrônée par la casquette de campagne modèle M1943, d'une forme mieux adaptée à l'environnement et inspirée de celle que portaient les soldats de cavalerie de montagne, avec sa visière plus courte. Ce modèle connut des variantes, avec un ou deux boutons frontaux. L'aigle national était cousu soit au-dessus de l'insigne frontal à tête de mort, soit sur le côté gauche. Les insignes de grade de Schmidhuber figurent sur ses épaulettes et sa patte de col gauche. En tant que membre des SS servant dans une unité non habilitée à arborer les runes SS sur sa patte de col droite, il les porte sur sa poche poitrine gauche (la division *Prinz Eugen* était composée de recrues étrangères, principalement des volontaires roumains et yougoslaves). En général, les détachements étrangers apposaient leur propre emblème sur leur patte de col droite, et les unités *Totenkoft* portaient la tête de mort à droite de leur col. À l'image de l'armée de terre, les différentes armes des *Waffen-SS* se différenciaient par la couleur de fond des épaulettes, visible sous les cordelettes. Le vert clair de cette illustration est la couleur des troupes de montagne.

Date :	*Avril 1944*
Unité :	*Division* Prinz Eugen
Grade :	*Lieutenant-colonel*
Théâtre :	*Front de l'Est*
Lieu :	*Yougoslavie*

Pilote Légion Condor

Ce pilote de la légion Condor de la Luftwaffe en Espagne porte l'uniforme allemand retaillé spécialement pour cette légion, ainsi que des bottes d'officier. Ces dernières, en cuir noir et en daim, étaient fourrées de laine d'agneau. Sur sa poche poitrine droite, il porte la croix "espagnole" allemande, et juste au-dessus on peut voir la marque de son brevet de pilote de l'armée de l'air espagnole.

En novembre 1936, Hitler envoya la légion Condor en Espagne pour aider les nationalistes dans leur combat contre les républicains. La légion comptait environ 50 bombardiers, 50 chasseurs et un groupe auxiliaire, ainsi que des unités antichars et antiaériennes et deux compagnies de blindés. Cette force fut maintenue à 6 500 hommes, ce qui signifie que 16 000 Allemands acquièrent une grande et précieuse expérience militaire en Espagne.

La guerre d'Espagne constitua un excellent terrain d'entraînement pour les pilotes de la Luftwaffe, leur permettant de perfectionner leurs tactiques aériennes. La tactique Scharme pour quatre appareils, notamment, donna l'avantage à la Luftwaffe dans bien des circonstances lors des premières campagnes de la seconde guerre mondiale. Une autre tactique aérienne, la formation du "quatrième doigt", s'avéra fournir le meilleur compromis entre la concentration de feu des chasseurs d'un côté et la liberté d'action dans les airs de l'autre. Enfin, les tactiques de bombardement en piqué perfectionnées pendant la guerre d'Espagne furent employées de façon dévastatrice en Europe durant la *Blitzkrieg*, de 1939 à 1941.

Date :	*Mai 1939*
Unité :	*Légion Condor*
Grade :	*Pilote*
Théâtre :	*Espagne*
Lieu :	*Madrid*

Adjudant-chef Unité d'artillerie antiaérienne

Cet adjudant-chef d'une unité d'artillerie anti-aérienne porte une tunique gris bleu qui permet de l'identifier comme appartenant à l'armée de l'air, bien que sa casquette et son pantalon soient inhabituels. En fait, avant la guerre, durant les mois d'été (du 1ᵉʳ avril au 30 septembre), les officiers et sous-officiers avaient le droit de porter une casquette à coiffe blanche ainsi qu'un pantalon blanc et des chaussures blanches ; de plus, les officiers étaient autorisés à revêtir une tunique blanche. Cette dernière présentait la même coupe que celle de cette illustration. Lorsque la guerre éclata, la casquette à coiffe blanche continua à être portée en Italie, dans la Méditerranée, en Russie méridionale et parfois en Allemagne.

Les sous-officiers de l'armée de l'air portaient leurs insignes de grade au col, ainsi qu'aux épaulettes pour les adjudants-chefs et les majors. Sur le col, le grade était indiqué par des ailes cousues à des pattes de la même couleur que celles des officiers. Les pattes de col portées sur le manteau comportaient un galon attaché à la patte, tandis que celles des tuniques étaient bordées d'un galon argent qui faisait tout le tour du col. Des étoiles en métal blanc ornaient les épaulettes. La couleur rouge identifiait l'arme du soldat comme étant l'artillerie antiaérienne.

Notez l'insigne sur son avant-bras gauche, qui indiquait sa fonction d'armurier. Ce symbole était brodé en fil argent mat ou gris sur fond gris bleu (les insignes de certains sous-officiers comportaient une bordure supplémentaire en cordelettes d'argent tressées).

Date :	*Août 1939*
Unité :	*Unité d'artillerie antiaérienne*
Grade :	*Adjudant-chef*
Théâtre :	*Allemagne*
Lieu :	*Berlin*

Sous-officier Luftwaffe Staffeln

Dans la Luftwaffe, la tenue de travail se composait soit d'un uniforme en coton naturel, soit de la combinaison de travail noire de cette illustration. Avec sa combinaison, faite de coton, ce sous-officier porte un calot noir en sergé. Le rang de cet homme est indiqué par le galon gris du col de sa combinaison. Tous les sous-officiers de la Luftwaffe portaient leur insigne de grade sur le haut de la manche de leur tunique, de leur manteau et de leur combinaison. Celui-ci comprenait un galon aluminium sur l'épaulette, sur le col de la tunique et de la vareuse et sur les pattes de col du manteau, ainsi qu'un galon gris aux extrémités du col de la combinaison.

Ce sous-officier appartient au personnel au sol de la Luftwaffe. Lorsque la guerre éclata le 1ᵉʳ septembre 1939, 80 000 hommes servaient dans les unités d'entretien et d'approvisionnement de la Luftwaffe, sur un total de 1 500 000 hommes de la force aérienne (900 000 dans l'artillerie antiaérienne, 25 000 personnels d'état-major et d'administration, 50 000 membres d'équipage et autre personnel navigant, 100 000 aux transmissions aériennes, 60 000 à la construction et le reste à l'entraînement). Les relations étroites entre le personnel navigant et les équipes au sol assuraient le bon état des appareils. C'est ce qui permit à l'Allemagne de remporter une victoire éclatante sur la Pologne, avec la perte de seulement 734 soldats et 285 appareils sur un total de 1 250 engagés.

Les Polonais, de leur côté, perdirent 398 appareils durant cette campagne, pour la plupart détruits au sol.

Date :	*Mars 1940*
Unité :	*Luftwaffe* Staffeln
Grade :	*Sous-officier*
Théâtre :	*Nord-ouest de l'Europe*
Lieu :	*Ouest de l'Allemagne*

Commandant Heinkel He 111 Luftflotte 2

Ce commandant de la Luftwaffe est habillé d'une combinaison de vol en toile beige utilisée en été. Il porte aussi un gilet de sauvetage jaune vif par-dessus sa combinaison, une couleur vive étant indispensable pour repérer un homme lors d'un sauvetage aérien. Son grade est indiqué par un insigne particulier sur le haut de la manche de sa tenue de vol. Cet officier est un commandant de bombardier qui prit part à la bataille d'Angleterre.

Pour la campagne aérienne de Grande-Bretagne durant l'été 1940, le *Reichsmarschall* (maréchal) Goering rassembla 2 800 appareils. Contre cette force, le commandement des chasseurs britannique ne put réunir que 650 chasseurs opérationnels répartis en 52 groupes. La stratégie allemande consistait à attirer les appareils britanniques au combat en bombardant les bases de chasseurs, puis de les abattre en vol. Cependant, le radar nouvellement développé autorisa le commandement britannique à se concentrer sur les zones vitales. La loi du nombre permit aux Allemands d'infliger de lourdes pertes aux terrains d'aviation et aux centres de contrôle anglais.

La tenue de vol de la Luftwaffe comprenait un casque d'aviateur beige en lin, bien que cet officier ait choisi de porter la casquette à visière de l'armée de l'air, munie d'une jugulaire en cordelettes d'argent indiquant son statut d'officier. La cocarde, la couronne en feuilles de chêne et les ailes déployées ne formaient qu'un seul insigne, brodé sur une étoffe noire assortie à la couleur du bandeau de casquette. L'aigle était pour sa part brodé sur le tissu gris bleu de l'uniforme.

Date :	*Juillet 1940*
Unité :	*Luftflotte 2*
Grade :	*Commandant*
Théâtre :	*Nord-ouest de l'Europe*
Lieu :	*France*

Sous-officier 1er régiment de parachutistes

Ce sous-officier parachutiste de l'armée de l'air porte l'uniforme qui fut dessiné par l'armée allemande pour ses forces aéroportées (c'est l'armée de terre qui avait organisé la première unité de parachutistes). La combinaison, ou "sac d'os" comme on la surnommait, confectionnée en coutil de coton, se portait par-dessus l'équipement de campagne.

Le pantalon long de combat gris vert se portait serré aux chevilles à l'aide de bandes. Le bas des jambes était enfilé dans les bottes de saut, et au niveau du genou une ouverture (fermée par trois pressions) était camouflée dans la couture extérieure de chaque jambe. Ces fentes permettaient au parachutiste de passer ses mains dans le pantalon pour défaire ses genouillères. Juste derrière l'ouverture de la jambe droite, se trouvait une poche conçue pour porter un couteau à lame pliante.

Le casque en acier baptisé *Fallschirmjäger* fut spécialement conçu pour répondre aux besoins des parachutistes allemands en action. Il protégeait non seulement des éclats d'obus, mais aussi des blessures à la tête qui pouvaient se produire lors d'atterrissages aéroportés. La forme du casque était telle qu'aucune partie ne pouvait se prendre dans les suspentes ou dans le harnais du parachute. À l'intérieur, une pièce de cuir de forme hémisphérique était maintenue en place par une bande en aluminium à la fois solide et flexible. Cette dernière était doublée de renforts en caoutchouc et fixée à la structure du casque par quatre vis spéciales. Ces vis maintenaient également la jugulaire au casque, aussi bien à l'arrière que sur les côtés.

Date :	*Août 1940*
Unité :	*1er régiment de parachutistes*
Grade :	*Sous-officier*
Théâtre :	*Nord-ouest de l'Europe*
Lieu :	*Belgique*

Adjudant-chef Messerschmitt Bf 109 Luftflotte 5

Cet adjudant-chef, membre des troupes navigantes, porte le calot des sous-officiers de la Luftwaffe, à l'avant duquel figurent l'aigle et le svastika de son arme brodés de fil blanc, au-dessus de la cocarde nationale noire, blanche et rouge. Sa tunique est une *Fliegerbluse* (vareuse de vol), vêtement conçu à l'origine pour être porté sous la combinaison de vol. Le premier modèle ne possédait ni emblème national ni poches, mais seulement une cordelette tressée aux couleurs de l'arme autour du cou. Réservé au personnel navigant, ce vêtement devint populaire dans la Luftwaffe.

Cette version de la vareuse était une tunique courte, en forme, avec fermeture sous patte, d'un modèle très similaire au battle-dress utilisé par les Britanniques. L'insigne standard de l'armée de l'air, l'aigle, était cousu sur le côté droit de la poitrine. Les insignes de grade des sous-officiers se portaient au col. Ils se présentaient sous forme d'ailes attachées à des pattes de la même couleur que celles des officiers. Les adjudants-chefs et les majors se reconnaissaient à leurs pattes de col à trois ailes. La Luftwaffe introduisit deux systèmes d'insignes à porter sur les pattes de col et sur les vêtements de vol. Les officiers généraux de l'armée de l'air étaient reconnaissables aux revers blancs de la veste de leur uniforme et de leur manteau, et aux soutaches blanches, appelées *Lampassen*, de leur culotte de cheval et de leur pantalon.

Une *Luftflotte* comprenait divers types d'appareils tels que des chasseurs, des chasseurs bombardiers, des bombardiers et des appareils d'attaque au sol.

Date :	*Septembre 1940*
Unité :	*Luftflotte 5*
Grade :	*Adjudant-chef*
Théâtre :	*Nord-ouest de l'Europe*
Lieu :	*Norvège*

Soldat de 2e classe 7e division aérienne

Ce soldat occupait la fonction de *Jäger* (fusilier) lors de l'invasion de la Crète en mai 1941. Il porte le sarrau pour saut en parachute confectionné dans un coton vert pale et gris. Ce sarrau était du type combinaison-short, ce qui obligeait le soldat à l'enfiler par les jambes puis à passer les bras et à le ramener par-dessus ses épaules avant de pouvoir le boutonner sur le devant de l'entrejambe jusqu'au col.

À l'exemple du casque de parachutiste, le sarrau était conçu de façon à éviter qu'une partie quelconque du vêtement puisse se prendre dans le harnais du parachute ou dans une saillie à l'intérieur d'un appareil. Il est amusant de remarquer que cet habit présentait un assez gros inconvénient lorsque le soldat avait un besoin pressant. Pour arriver à ses fins, il devait poser son sarrau et par conséquent se débarasser de tout son matériel. Sur le champ de bataille, il s'agissait d'une opération longue et pour le moins périlleuse.

Le pantalon de ce soldat est le modèle d'ordonnance des parachutistes. De couleur gris vert, il comporte des attaches sur l'extérieur de la jambe pour pouvoir enlever les genouillères après l'atterrissage. Le pantalon comporte deux grandes poches latérales, deux grandes poches sur les hanches et un gousset situé près de la ceinture, sur le côté avant droit du pantalon.

Remarquez les bottes en cuir à laçage latéral du soldat; leurs semelles étaient en caoutchouc moulé avec un motif à gros chevrons.

Date :	*20 mai 1941*
Unité :	*7e division aérienne*
Grade :	*Soldat de 2e classe*
Théâtre :	*Méditerranée*
Lieu :	*Crète*

Commandant
Jagdgeschwader 51
Grp. d'armées du Centre

Dès septembre 1940, le commandant Werner Mölders, l'un des plus grands as de l'aviation allemande, avait ajouté les feuilles de chêne à sa croix de Chevalier de la Croix de fer. Mölders est ici représenté en tant que commandant de l'unité de combat *Jagdgeschwader* 51 sur le front de l'Est. Il porte un calot et un blouson d'aviateur en cuir noir non conforme au règlement. Par-dessus, il a ajouté un gilet de sauvetage à gonflage automatique, modèle distribué à tous les membres d'équipage de monomoteurs.

Bien que la Luftwaffe eût subi un revers lors de la Bataille d'Angleterre, l'opération "Barberousse" semblait confirmer les tactiques aériennes allemandes. Le *Schwarm*, composé de deux groupes de deux avions (*Rotten*), chacun avec un leader et un ailier, formait l'unité de combat standard de la Luftwaffe. Au début de la campagne de Russie, le commandant Mölders et ses compagnons gagnèrent rapidement la supériorité aérienne sur leurs ennemis soviétiques. Mais la guerre se poursuivit jusqu'à l'hiver et, avec le froid glacial, un besoin urgent de vêtements chauds se fit ressentir. La Luftwaffe créa la tenue d'hiver décrite page 26.

Dès la fin de 1941, la Luftwaffe rencontra de sérieuses difficultés : les Soviétiques étaient toujours d'attaque, tandis que les Allemands connaissaient une pénurie d'appareils capables de voler et un approvisionnement irrégulier en pièces détachées. À la fin décembre 1941, la Luftwaffe avait perdu 2 092 appareils et 1 361 autres étaient endommagés. Pour une force qui s'était engagée dans le combat avec 2 800 appareils, les pertes étaient catastrophiques.

Date :	*Décembre 1941*
Unité :	*Jagdgeschwader 51*
Grade :	*Commandant*
Théâtre :	*Front de l'Est*
Lieu :	*Ouest de Moscou*

Capitaine
Luftwaffe
Grp. d'armées du Centre

Cet homme est le capitaine (*Hauptmann*) Hans Phillipp, auquel furent décernées les épées de sa croix de Chevalier de la Croix de fer avec feuilles de chêne le 12 mars 1942, pour avoir déjà abattu 82 appareils ennemis. Phillipp porte le calot et la vareuse de vol de la Luftwaffe, une culotte de cheval et une paire de bottes sur lesquelles il a attaché des cartouches pour pistolet éclairant.

Son grade est indiqué par deux étoiles jaunes sur ses épaulettes et trois ailes sur ses pattes de col. Ses pattes de col d'officier, mesurant de 40 à 80 mm de large et 60 mm de haut, affichaient six feuilles avec deux glands, ainsi que trois petites ailes argent pour indiquer son grade de capitaine. La couleur de l'arme est le jaune, qui révèle sa fonction d'aviateur, tandis que son insigne de l'armée de l'air figure sur sa poitrine, à gauche. Les premiers insignes de la Luftwaffe firent leur apparition en janvier 1935 à l'intention des pilotes et des observateurs. D'autres insignes furent présentés en mars 1936 pour les pilotes, les observateurs, les pilotes-observateurs et les radio-artilleurs.

Le capitaine Phillipp porte des gants en cuir qui comportaient une sorte de crispin élastique sur le dessus du poignet afin de maintenir fermement le poignet et l'avant-bras. Sa ceinture en cuir brun tient l'étui rigide de son pistolet Luger et deux chargeurs.

La croix de Chevalier était la plus haute distinction au sein de la Croix de fer allemande, et la croix de Chevalier avec diamants représentait la récompense suprême. Elle était l'équivalent de la *Victoria Cross* britannique ou de la Croix de guerre française.

Date :	*Mars 1942*
Unité :	*Luftwaffe*
Grade :	*Capitaine*
Théâtre :	*Front de l'Est*
Lieu :	*Ukraine*

Général de corps d'armée X Fliegerkorps
Afrika Korps

À l'image de l'armée de terre allemande, la Luftwaffe prit part aux combats en Afrique du Nord en soutien aux troupes de l'Afrika Korps de Rommel. Lors du premier déploiement, le X *Fliegerkorps* arriva de Norvège en décembre 1940, atteignant ainsi un double objectif : soutenir les troupes au sol et couper les routes de ravitaillement britanniques en Méditerranée.

Le déploiement de la Luftwaffe en Afrique nécessita la création d'uniformes spécifiques aux régions chaudes. Le personnage ci-contre est un général de corps d'armée portant l'uniforme tropical standard de la Luftwaffe, complété par la casquette à visière de l'uniforme pour les climats tempérés. La veste, coupée dans un tissu ocre léger, comportait quatre poches à rabat droit, fermées par un bouton en métal cuivré, et cinq boutons cuivrés du même modèle. Le pantalon tropical était fait dans un tissu de même couleur et de même qualité que la veste, et présentait une coupe ample pour permettre au bas de la jambe d'être resserré au niveau de la cheville. Comme on peut le voir ici, il y avait sur l'avant de la jambe gauche, une poche grand format avec un grand rabat pour transporter des cartes. Le pantalon comportait aussi deux poches latérales et deux poches revolver avec un rabat généralement fermé par un bouton invisible. Le rang d'officier général de ce personnage est indiqué par l'insigne, le passepoil et les cordelettes dorés de sa casquette. Sur sa veste figurent la barrette de la Croix de fer de 1ʳᵉ classe de 1939, la Croix de fer de 1ʳᵉ classe de 1914, l'insigne des pilotes et l'insigne des blessés.

Date :	*Juin 1942*
Unité :	*X Fliegerkorps*
Grade :	*Général de corps d'armée*
Théâtre :	*Méditerranée*
Lieu :	*Tripoli*

Major
1ʳᵉ division aéroportée
Armée de l'air

Ce membre d'une unité parachutiste porte un casque spécial avec filet de camouflage allemand, un sarrau à motifs géométriques et, en bandoulière, un fusil d'assaut spécifique aux parachutistes, le *Fallschirmgewehr*. Sa cartouchière en toile contient plusieurs chargeurs de rechange. Les quatre ailes en tissu blanc sur sa manche indiquent son grade de major.

Sous son sarrau, on aperçoit le pantalon tropical spécifique à la Luftwaffe, de teinte et de qualité de tissu similaire à la veste, et de coupe ample de façon à pouvoir être resserré au niveau de la cheville. Un système de boucles en aluminium et de sangles en toile permettait de resserrer le bas des jambes juste au-dessus des bottes, produisant cet aspect bouffant. Une imposante poche à cartes avec un large rabat se trouvait sur le devant de la jambe gauche, au niveau de la cuisse. Il y avait aussi deux poches latérales et deux poches revolver qui se fermaient généralement par un bouton invisible.

On remarque à peine la chemise de coton ocre du major. Entièrement ouverte sur le devant, elle se fermait avec quatre petits boutons marron répartis à partir du col. Les rabats des deux poches poitrines plaquées se fermaient à l'aide de boutons identiques aux précédents. Chaque manchette était également équipée de deux petits boutons bruns.

Le FG42 que porte ce combattant pouvait être utilisé comme un fusil ou une mitrailleuse légère, selon les besoins du moment. Il ne fut jamais conçu pour être utilisé par des parachutistes, car il était impossible de replier la crosse ou de le démonter.

Date :	*Juin 1943*
Unité :	*1ʳᵉ division aéroportée*
Grade :	*Major*
Théâtre :	*Méditerranée*
Lieu :	*Italie*

Lieutenant-colonel X Fliegerkorps *Afrika Korps*

Ce lieutenant-colonel porte l'uniforme tropical de la Luftwaffe, accompagné de la casquette tropicale à visière de l'armée de l'air, qui existait également avec un protège-nuque. L'uniforme tropical ne servait pas seulement dans le désert, mais aussi en Sicile, en Italie, dans les Balkans et en Russie méridionale pendant les mois d'été. La couleur ocre clair de l'uniforme se délavait rapidement pour se transformer en une teinte blanc cassé.

L'uniforme tropical ne comportait pas d'insigne au col. C'étaient les épaulettes, à motif à boucles et boutonnées sur la tunique, qui servaient à indiquer le grade et l'arme de celui qui les portait. Comme il n'existait pas de manteau tropical spécifique à la Luftwaffe, les membres de l'armée de l'air portaient le manteau gris bleu conçu pour des climats tempérés. L'uniforme tropical de l'armée de l'air était plus confortable que celui de l'armée de terre.

Ce lieutenant-colonel arbore la barrette de vol au front avec un pendentif qui indique le nombre de missions auxquelles il a participé. Les barrettes d'aptitudes furent instaurées par la Luftwaffe le 30 janvier 1941 ; elles se portaient au-dessus de la poche poitrine gauche, éventuellement au-dessus des rubans de service. Elles récompensaient les opérations de vol spécifiques. La barrette se composait d'un emblème central entouré d'une couronne, avec des feuilles de chêne (il en existait des versions en toile et en métal). La classe de la barrette se reconnaissait à sa couleur : or, argent ou bronze. Cet officier arbore sa Croix de fer, son insigne de pilote et son insigne des blessés.

Date :	*Janvier 1942*
Unité :	X Fliegerkorps
Grade :	*Lieutenant-colonel*
Théâtre :	*Méditerranée*
Lieu :	*Tunis*

44

Maréchal des logis chef Division Panzer Hermann Goering

Ce maréchal des logis chef appartient à la division Panzer *Hermann Goering*, unité de l'armée de l'air allemande qui fut envoyée en Tunisie au début de l'année 1943 dans une tentative désespérée de contenir l'avancée des Alliés. Il porte sa tente de camouflage en guise de poncho par-dessus son uniforme tropical de la Luftwaffe. À sa ceinture, on peut voir deux étuis à chargeurs pour pistolet mitrailleur.

Les épaulettes et le passepoil de sa formation présentent un intérêt particulier. À l'origine, les pattes de col avaient un fond blanc et un bord passepoilé de rouge (les indications de grade étaient appliquées normalement). L'expansion de l'unité en vue d'inclure des régiments de *Jäger* et de grenadiers conduisit à l'adoption de pattes à bords verts (le vert étant la couleur des régiments d'infanterie légère). Dès février 1943, toutes les branches de la division arboraient des épaulettes avec la *Waffenfarbe* appropriée. Les officiers présentaient des pattes de col blanches bordées d'une cordelette argentée avec le traditionnel insigne de grade argent, et des épaulettes indiquant la couleur de l'arme sous-jacente concernée. Les membres de la division Panzer *Hermann Goering* portaient au poignet droit une manchette bleue brodée du nom Hermann Goering en lettres blanches. (Les unités spéciales de la Luftwaffe recevaient le nom d'un héros de la première guerre mondiale ou d'une personnalité du parti nazi.) Les lettres figuraient sur fond bleu foncé, sauf dans le cas des divisions de parachutistes ou des régiments de parachutistes de l'infanterie légère, pour lesquels le fond était respectivement vert foncé et vert clair.

Date :	*Mars 1943*
Unité :	*Division Panzer* Hermann Goering
Grade :	*Maréchal des logis chef*
Théâtre :	*Méditerranée*
Lieu :	*Mareth*

Soldat de 2ᵉ classe Division de campagne de la Luftwaffe

À la fin de l'année 1942, pour répondre aux besoins en hommes de l'armée de terre, il fut décidé de transférer l'excédent de personnel de l'armée de l'air vers l'armée de terre. Toutefois, Goering insista pour que ces hommes soient organisés en divisions de campagne de la Luftwaffe et restent sous le contrôle de l'armée de l'air, état de fait qui causa d'importantes pertes sur le champ de bataille car les officiers comme les gradés manquaient d'expérience au combat.

Une division de campagne de la Luftwaffe comprenait deux régiments, chacun divisé en trois bataillons. Elle comptait environ 9 800 hommes. En tout, quelque vingt divisions de campagne furent formées, mais elles payèrent un lourd tribut au combat et les divisions les plus touchées furent par la suite incorporées à l'armée de terre. L'uniforme des divisions de campagne était le même que celui des autres armes de la Luftwaffe, même si les pattes de col se voyaient souvent omises sur les tuniques et les blousons de vol. L'élément le plus caractéristique de cet uniforme était la veste de camouflage. Le sarrau était imprimé d'un motif de camouflage composé de segments anguleux en trois couleurs, motif identique à celui utilisé pour les tentes, les housses de casque et les sarraus de l'armée de terre. L'armée de l'air avait développé un motif de camouflage, composé de taches arrondies et de zébrures allongées, qui avait peu servi. Utilisé lors de l'invasion de la Crète en 1941, il avait été remplacé par un motif vert ardoise qui, à son tour, avait disparu au profit du motif à segments décrit plus haut.

Date :	*Mars 1944*
Unité :	*Division de campagne de la Luftwaffe*
Grade :	*Soldat de 2ᵉ classe*
Théâtre :	*Front de l'Est*
Lieu :	*Lvov*

Lieutenant Jagdgeschwader 52 *Grp. d'armées du Centre*

Dès le début de l'été 1944, la Luftwaffe était en mesure de déployer 2 085 appareils sur la totalité du front de l'Est. Cependant, les Soviétiques conservaient leur supériorité numérique, et au début 1945 l'armée de l'air allemande, subissant une grave pénurie de carburant, ne pouvait plus offrir qu'une résistance de principe. Malgré toute leur habileté et tout leur courage, les pilotes allemands – à l'image du lieutenant Erich Hartmann du *Jagdgeschwader* 52 que l'on voit ci-contre – ne firent que retarder l'inévitable.

La Luftwaffe était incapable d'empêcher les Soviétiques de déployer leur soutien aérien au sol qui faisait office d'artillerie aérienne mobile. L'uniforme porté par le personnel de la Luftwaffe resta le même tout au long de la guerre, avec quelques modifications mineures. Par exemple, à partir de 1943 certains officiers se mirent à boutonner le col de leur tunique et de leur vareuse de vol (auparavant ouvert pour révéler la chemise et la cravate). De plus, le calot disparut au profit de la casquette de campagne à visière. Celle du lieutenant Hartmann est de style *Jagdfliegerknicke* ("le plissé façon pilote"), un effet obtenu en enlevant le renfort en fil de fer de la casquette puis en l'aplatissant. Le reste de sa tenue comprend le blouson de vol en cuir de la Luftwaffe, avec l'aigle d'argent (emblème de l'armée de l'air allemande) sur la poitrine, du côté droit, et ses insignes de grade sur les épaulettes, ainsi qu'un pantalon gris bleu et les bottes de vol en cuir et daim noirs de la Luftwaffe. Remarquez l'altimètre attaché à sa ceinture de cuir marron.

Date :	*Juin 1944*
Unité :	Jagdgeschwader 52
Grade :	*Lieutenant*
Théâtre :	*Front de l'Est*
Lieu :	*Est de la Prusse*

Auxiliaire Unité de DCA Luftwaffe

Lorsque les Allemands envahirent les États baltes en 1941, ils se rendirent compte qu'une majorité de la population adhérait à leur cause. Par conséquent, ils recrutèrent des hommes de la région pour les placer à leur service (ce personnel était tout à fait distinct du personnel étranger recruté par les *Waffen-SS*). En tout, plus d'un million de combattants furent recrutés en Union soviétique.

En septembre 1943 la Luftwaffe créa les premières formations lettonnes, qui furent réunies en août 1944 pour former la Légion d'aviation lettonne. Elle était composée de trois groupes de bombardiers de nuit, d'une école d'aviation, d'un bataillon antiaérien et de diverses unités de soutien. Elle comptait un total de 628 hommes. En août 1944, les conscrits lettons inaptes au service au front furent transférés à la Luftwaffe en tant qu'auxiliaires de guerre ; c'est le cas du personnage ci-contre. Ce *Flakhelfer* porte l'uniforme qui à l'origine habillait les membres des jeunesses hitlériennes, mais à la place de l'insigne des *Hitler Jugend* il affiche l'emblème national de la Lettonie sur sa casquette et son bras gauche. Les auxiliaires étaient envoyés en Allemagne et répartis au sein des différentes unités de l'armée de l'air. Cet auxiliaire était affecté à l'artillerie antiaérienne, et sa présence était donc des plus précieuses pour la défense aérienne du Troisième Reich, alors la cible de nombreux raids aériens de la part des Alliés, de jour comme de nuit.

À la fin de la guerre, tous les auxiliaires de la *Flak* furent absorbés par les SS et rebaptisés SS-*Zoglinge*, mais ils ne portèrent jamais les insignes SS.

Date :	*Septembre 1944*
Unité :	*Unité de DCA*
Grade :	*Auxiliaire*
Théâtre :	*Allemagne*
Lieu :	*Leipzig*

Maître Panzerschiff Deutschland

Ce maître de la *Kriegsmarine* porte la tenue de sortie d'avant-guerre qui fut abandonnée après 1941. Son bonnet affiche fièrement le nom du cuirassé sur lequel il sert, le *Panzerschiff Deutschland*, mais ce bandeau fut bientôt remplacé par un modèle standard où figurait seulement le nom *"Kriegsmarine"*.

L'uniforme de la marine allemande de la seconde guerre mondiale était pratiquement le même que celui créé en 1848 pour la marine prussienne. La *Kriegsmarine* connut des débuts modestes : à l'époque de la guerre de 1870, la fédération du Nord de l'Allemagne ne comptait que 37 navires de guerre. Trente ans plus tard, la marine allemande était devenue l'une des plus puissantes du monde. Elle possédait trois sortes d'uniformes : un bleu marine, un blanc porté en été et sous les climats chauds, et un gris vert pour le personnel à terre. Le grade de maître de ce personnage est indiqué par l'insigne en métal doré attaché au haut de sa manche gauche et le galon de ses manchettes. Les officiers mariniers portaient un insigne de service associé à une ancre, à l'exception des marins de ligne qui n'avaient que l'ancre. Les seconds maîtres arboraient un insigne composé d'ancres croisées, les maîtres principaux un petit chevron sous leur insigne, et les majors deux chevrons. Les insignes étaient brodés en soie jaune sur fond bleu foncé pour l'uniforme bleu, ou en soie ou laine bleu moyen sur fond blanc pour l'uniforme d'été. Des insignes en laiton ornaient le caban court et la veste de parade, tenant compagnie à deux rangées de boutons sur le devant et une autre rangée sur chaque patte de manchette.

Date :	*Septembre 1939*
Unité :	Panzerschiff Deutschland
Grade :	*Maître*
Théâtre :	*Allemagne*
Lieu :	*Kiel*

Matelot Marine allemande

Ce matelot porte l'uniforme de parade d'été d'avant-guerre, utilisé entre le 30 avril et le 30 septembre 1939. Il arbore une coiffe de bonnet blanche, une chemise blanche et un bandeau de bonnet sur lequel figure le nom de son navire, éléments qui ne furent pas officiellement portés pendant la guerre. Les marins et les gradés de la *Kriegsmarine* portaient un bonnet avec coiffe blanche ou bleue, la première étant abandonnée au début de la guerre. Le bonnet lui-même tomba en désuétude pendant la guerre et finit par n'être porté qu'avec la tenue de permission ou de cérémonie.

Sur son bonnet, ce matelot allemand porte l'insigne de casquette standard des marins et quartiers-maîtres, composé d'un aigle brodé au-dessus de la cocarde nationale rouge, blanche et noire. Dans la marine allemande, les hommes de tous grades portaient l'emblème national sur la poitrine, du côté droit, mais il existait de nombreux modèles. En général, les officiers arboraient un aigle brodé d'or sur l'uniforme bleu et une broche en forme d'aigle doré sur l'uniforme blanc, alors que les insignes des marins et quartiers-maîtres étaient soit brodés mécaniquement, soit confectionnés dans de la soie tissée et brodée de coton jaune sur un fond bleu marine.

Sur l'uniforme d'été, tous les insignes étaient de couleur bleuet, mis à part les insignes d'entraînement qui étaient rouges. Le tricot tropical blanc affichait l'emblème national de couleur bleuet sur la poitrine.

Le bandeau comportant le nom du navire n'était pas porté en temps de guerre.

Date :	*Septembre 1939*
Unité :	*Marine allemande*
Grade :	*Matelot*
Théâtre :	*Allemagne*
Lieu :	*Mer Baltique*

Amiral Flotte de la mer Baltique

L'amiral Rolf Carls, commandant de la flotte de la mer Baltique, est coiffé d'une casquette à visière brodée de feuilles de chêne. Les officiers, les enseignes de vaisseau et les aspirants portaient le même insigne de casquette, accompagné d'un aigle et d'une cocarde entourée d'une couronne.

Cette couronne, composée de douze feuilles de chêne et quatre glands, était brodée d'or. La cocarde nationale était bordée de fil d'or. La visière de la casquette des officiers était recouverte de toile bleue et bordée cuir noir, sur lequel étaient apposées deux rangées de feuilles de chêne dorées (deux pour les officiers généraux et une pour les officiers supérieurs ; la visière des officiers subalternes était bordée de vaguelettes dorées). La casquette en elle-même était bleue avec un bandeau de mohair noir, et celle des officiers mariniers était munie d'une mentonnière.

L'amiral Carls est vêtu du manteau de la marine, manteau croisé avec deux rangs de six boutons dorés ou argentés, manchettes retournées et poches inclinées à rabats arrondis. La martingale s'attachait en son centre à l'aide d'un bouton, tandis que les rabats des fausses poches comportaient trois boutons. L'amiral Carls étant un officier général, ses revers de col sont de couleur bleuet. Ses épaulettes indiquent son grade, représenté par deux tresses dorées et une tresse argentée entrelacées sur fond bleu foncé, et deux grandes étoiles à quatre branches. L'amiral Carls est armé d'une dague M1938 en métal doré avec manche en ivoire. Carls reçut la croix de Chevalier de la Croix de fer le 14 juin 1940.

Date :	*Avril 1940*
Unité :	*Flotte de la mer Baltique*
Grade :	*Amiral*
Théâtre :	*Mer Baltique*
Lieu :	*Norvège*

51

Capitaine de corvette Kriegsmarine

Ce *Korvetten0kapitän* porte l'uniforme standard des officiers, des officiers mariniers et des élèves officiers de la marine allemande : une casquette avec visière brodée d'une rangée de feuilles de chêne et un caban avec galons de grade aux manchettes.

Dans la marine allemande, les officiers supérieurs et les officiers de ligne se distinguaient par leurs galons de manchettes surmontés d'une étoile à cinq branches et l'absence d'ornement sur les cordelettes de leurs épaulettes. Les officiers allemands portaient leurs galons plus haut que leurs équivalents britanniques ou américains. Les manches des officiers généraux étaient ornées d'un large galon or surmonté d'un à quatre galons de taille moyenne. Le personnel qui servait dans les autres armes possédait un insigne brodé à la manchette en remplacement de l'étoile, et un insigne en métal sur les cordelettes des épaulettes. Pour les officiers supérieurs et subalternes, ces épaulettes se présentaient sous forme de galons argentés, tandis que les étoiles, insignes et boutons qu'ils y apposaient étaient en laiton doré.

La marine allemande s'organisait en trois armes de base, chacune sous le contrôle d'un officier général ou *Führer*. Les grosses unités de guerre tombaient sous le commandement de l'*Oberkommando der Kriegsmarine* (OKM) ; la section de sécurité navale contrôlait les dragueurs de mines, les patrouilleurs, les bâtiments de défense côtière et les vaisseaux auxiliaires ; et la troisième arme comprenait le commandement des sous-marins. Cette dernière constitua une menace pour les troupes alliées en mer. Lorsque la guerre éclata en septembre 1939, la marine allemande comptait 59 sous-marins pour un total de 58 vaisseaux de surface.

Date :	*Septembre 1940*
Unité :	*Kriegsmarine*
Grade :	*Capitaine de corvette*
Théâtre :	*Atlantique*
Lieu :	*Mer du Nord*

Maître
Kriegsmarine
Flotte Baltique

En mer Baltique, la marine allemande se contenta de dresser des champs de mines, de protéger les convois allemands et de harceler les voies de ravitaillement russes. Et lorsque la guerre fut perdue sur le front de l'Est en 1944, la marine aida à évacuer les forces allemandes postées autour de la mer Baltique.

L'uniforme de base du personnel naval de la Baltique était la tenue d'ordonnance de la marine allemande. Le personnage représenté ci-contre illustre la tenue hivernale type pour gros temps. Le personnel était parfois vêtu d'une casquette en cuir noir avec oreillettes en fourrure, d'un manteau de quart chaudement doublé avec épaulettes en cuir, de bottes de caoutchouc et de moufles imperméables. La tenue de gros temps, le caban et le suroît étaient des articles indispensables pour affronter des conditions extrêmes que connaît la Baltique en hiver.

Le grade était indiqué sur le caban par le galon au col et l'ancre apposée à la manche gauche. Les maîtres de la marine portaient des insignes de service associés à une ancre sur la partie supérieure de leur manche gauche. Les premiers maîtres portaient l'uniforme des officiers, les maîtres celui des matelots. Les pattes de col bleu moyen furent adoptées pour être portées sur le manteau le 1er décembre 1939. Un galon indiquait le grade de maître. En été, les marins de la Baltique portaient une tenue estivale blanche comprenant un gilet et un short, mais l'année 1943 vit l'introduction d'un uniforme tropical de couleur sable. La tunique de cette tenue, avec quatre poches, se portait avec une chemise à manches longues ou à manches courtes.

Date :	*Août 1944*
Unité :	Kriegsmarine
Grade :	*Maître*
Théâtre :	*Mer Baltique*
Lieu :	*Kiel*

Premier maître
Kriegsmarine

Ce premier maître porte la tenue de combat kaki qui aurait été confectionnée à partir de stocks de tissu pris aux Britanniques. Elle comporte effectivement beaucoup de points communs avec le modèle britannique : vareuse droite à col cassé, poches poitrines plaquées à rabats pointus et boutonnés, épaulettes, ceinture fermée sur la hanche droite avec une boucle plate en métal, et manches terminées par des manchettes attachées par un petit bouton. Les trois étoiles sur l'épaulette indiquent le grade du personnage. (Les épaulettes étaient en tissu bleu bordé d'un galon d'or d'un motif spécifique à la marine, et affichaient une ou plusieurs étoiles argent selon le grade.)

Cet officier marinier était un membre d'équipage de sous-marin. À partir de 1944, la bataille de l'Atlantique tourna aux dépens de l'Allemagne. En tout, parmi les quelque 39 000 officiers et membres d'équipage qui servirent dans les sous-marins allemands lors de la seconde guerre mondiale, 32 000 périrent au combat. Malgré ces statistiques, le moral restait élevé chez les sous-mariniers. Ceci était dû en grande partie à l'ambiance et au code vestimentaire détendus à bord des bâtiments. En fait, l'habillement y était si informel qu'il n'avait plus rien de militaire. Les officiers portaient une casquette à coiffe blanche ou un calot, et une quelconque chemise à épaulettes, avec le col ouvert. Les matelots s'habillaient d'un gilet blanc, parfois orné de l'emblème national bleu sur la poitrine. Parmi d'autres éléments vestimentaires trouvés dans les sous-marins, citons le short, le maillot de bain, les chaussures en toile et les sandales.

Date :	*Octobre 1944*
Unité :	*Kriegsmarine*
Grade :	*Premier maître*
Théâtre :	*Atlantique*
Lieu :	*Kiel*

États-Unis d'Amérique

Sur le plan matériel, l'effort de guerre américain joua un rôle déterminant dans la victoire du camp allié. En règle générale, le soldat américain était superbement équipé, que ce soit en matière de vêtements, d'armement ou d'approvisionnement. Au cours de la seconde guerre mondiale, les États-Unis mobilisèrent 16 354 000 hommes et femmes, dont 11 260 000 dans l'armée de terre et l'aviation.

Lieutenant-colonel
1ʳᵉ division de cavalerie
Armée de terre américaine

À la fin de la seconde guerre mondiale, l'armée américaine était en mesure de fournir à ses soldats les uniformes les plus évolués du monde. En 1941 cependant, les uniformes du personnel militaire paraissaient dépassés. Il faut dire qu'à l'époque l'armée régulière ne comptait que 243 095 hommes (dont seulement 1 400 officiers) et que l'*US Army* était éparpillée en quelque 130 camps et postes.

Ce lieutenant-colonel porte l'ancien modèle d'uniforme, qui comprenait un chapeau de campagne avec les cordelettes jaunes de la cavalerie, une chemise en coutil kaki ou *chino*, en gabardine ou en *worsted*, une culotte de cheval en velours côtelé et des bottes de campagne. Ces dernières se faisaient rares lorsque les États-Unis entrèrent en guerre en décembre 1941.

À l'époque, l'armée américaine comportait trois classes d'uniformes. La première était la tenue de cérémonie d'hiver (classe A) ; la deuxième était un uniforme de mi-saison avec chemise (classe B) ; et la troisième, que l'on voit ici, était conçue pour les climats chauds (classe C). Cet uniforme était en coutil kaki, tissu connu sous le nom de *chino* aux États-Unis. Cette diversité vestimentaire reflétait les écarts de températures que l'on trouve sur le continent américain. L'uniforme ci-contre remonte à novembre 1942, date à laquelle les premières troupes américaines s'impliquèrent à grande échelle en Méditerranée. L'expérience au combat conduisit bientôt à des changements dans l'uniforme, et le soldat américain perdit peu à peu l'allure d'un belligérant de la Grande Guerre pour ressembler à un combattant moderne.

Date :	*Novembre 1942*
Unité :	*1ʳᵉ division de cavalerie*
Grade :	*Lieutenant-colonel*
Théâtre :	*Méditerranée*
Lieu :	*Maroc*

Caporal
Bataillon de chars
Division blindée

L'*US Army* dut dessiner un uniforme spécifique pour les équipages des véhicules de combat blindés. Cet uniforme était composé d'une combinaison en sergé à chevrons avec des poches plaquées sur les cuisses et la poitrine et une ceinture en tissu assorti. Parmi les autres éléments de la tenue, citons une veste courte avec fermeture à glissière, col tricoté en laine, manchettes, ceinture et poches poitrines obliques (la veste ci-contre comporte le premier modèle de poche). La veste de campagne doublée était si appréciée que tous les soldats essayèrent d'en obtenir une.

La protection de la tête à l'intérieur des véhicules de combat blindés a toujours présenté un défi pour les créateurs d'uniformes ; il fallait en effet associer des critères de facilité de mouvement, de protection et de compacité. Pendant la seconde guerre mondiale, les États-Unis répondirent à ce problème en créant un casque en fibre ultraléger et doté de trous d'aération.

Ce sous-officier porte une ceinture à pistolet tissée, à laquelle est attaché un étui en cuir pour son pistolet 1911 calibre 45, un petit étui à droite contenant des pansements et un étui à chargeurs, à gauche.

Une division blindée américaine était composée d'un bataillon de reconnaissance et de quatre bataillons de blindés. En 1942, une division comprenait 159 blindés moyens et 68 blindés légers, auxquels il fallait ajouter trois bataillons d'infanterie montée, trois bataillons d'obusiers de 105 mm autopropulsés, ainsi que de nombreuses troupes de service. Une telle division regroupait plus de 10 000 hommes.

Date :	*Novembre 1942*
Unité :	*Bataillon de blindés*
Grade :	*Caporal*
Théâtre :	*Méditerranée*
Lieu :	*Maroc*

Caporal
P. M. de l'US Army

L'armée de terre américaine adopta le kaki pour la première fois en 1903, pour ses uniformes d'été. L'uniforme standard du soldat de 1941 comprenait une tunique droite gris vert olive (kaki) à col ouvert, avec des épaulettes assorties, quatre boutons dorés à l'avant, des poches poitrines et basses plaquées avec rabat à bouton, et une ceinture en toile assortie. C'est cet uniforme que porte le sous-officier de la Police Militaire illustré ci-contre.

Jusqu'en février 1942, la cravate noire était de rigueur avec la chemise kaki, mai elle fut par la suite remplacée par un modèle gris vert olive. Le pantalon était confectionné dans le même tissu que la tunique et se portait avec des chaussures marron ou des bottillons avec houseaux en toile.

Les sous-officiers de l'armée américaine se distinguaient par des chevrons en haut des manches. Au début de la guerre, il n'y avait que deux grades (sergent et caporal), mais peu à peu le grade de sergent fut subdivisé en cinq sous-grades. À l'origine, les chevrons pointaient vers le bas et étaient deux fois plus larges que ceux portés pendant la première guerre mondiale. Pendant la guerre, les sous-officiers étaient divisés en sous-officiers de ligne et en spécialistes (ces derniers portaient un petit "T" pour *technician* au bas des chevrons). Les chevrons, larges de 80 mm, étaient brodés mécaniquement en soie kaki clair ou tissés en jaune clair sur une étoffe de gabardine bleu foncé.

Le personnage ci-contre est représentatif des soldats de la police militaire (MP) américaine en Grande-Bretagne pendant la guerre. On les appelait les "perceneige" en raison de la couleur blanche de leur casque, de leur ceinture, de leurs gants et de leurs guêtres.

Date :	Décembre 1942
Unité :	Police militaire
Grade :	Caporal
Théâtre :	Nord-ouest de l'Europe
Lieu :	Londres

Soldat de 2ᵉ classe 29ᵉ division d'infanterie

Ce soldat de l'armée américaine porte l'uniforme de classe A sous son manteau gris vert olive. Son pantalon, confectionné dans le même tissu, est rentré dans ses houseaux en toile. Ses bottillons en cuir sont protégés par des sur-bottes en caoutchouc. L'homme est coiffé d'un calot à passepoil bleu clair.

Cette tenue est représentative de celle des soldats américains qui arrivèrent en Grande-Bretagne à partir de 1942 pour préparer l'invasion alliée des pays d'Europe occupés par les Allemands. Le masque à gaz, transporté dans un grand sac sous le bras gauche, était souvent le premier équipement dont les soldats se débarrassaient lorsqu'ils arrivaient sur le front (il était trop volumineux et encombrant). Dans bien des cas, ils abandonnaient aussi dans le véhicule de transport leur sac à dos et leur couverture roulée. Tous les hommes d'infanterie recevaient une trousse de premiers secours, qui se portait à l'origine au-dessus de la fesse gauche mais qui fut par la suite ramenée sur l'avant droit de la ceinture, endroit plus facile d'accès.

Le soldat ci-contre appartient à une division d'infanterie, la formation de base de l'armée de terre américaine. Une division comptait 15 500 hommes divisés en trois régiments d'infanterie et un régiment d'artillerie, plus des unités de soutien du génie, des transmissions et des subsistances. Les divisions furent rationalisées en 1942 et leur mobilité générale accrue avec l'apport de camions et de Jeep, soit environ 1 440 véhicules, ce qui rabaissa la présence humaine à 14 253 hommes en moyenne. La puissance de feu, toutefois, fut augmentée avec l'introduction de canons antichars de 57 mm et le remplacement des obusiers de 75 mm par des modèles de calibre 105 mm.

Date :	*Décembre 1942*
Unité :	*29ᵉ division d'infanterie*
Grade :	*Soldat de 2ᵉ classe*
Théâtre :	*Nord-ouest de l'Europe*
Lieu :	*East Anglia (Angleterre)*

Sergent-chef
1re division d'infanterie

Ce sous-officier de l'armée de terre porte l'uniforme et le fourniment de combat standard. Par-dessus sa chemise en laine gris vert olive, il a revêtu une veste de campagne. Sa tenue est complétée par un pantalon gris vert olive, des houseaux en toile et des bottillons brun roux. (À l'origine, les fantassins américains reçurent une combinaison en sergé de couleur gris vert olive clair, mais elle fut remplacée par une chemise en laine et un pantalon de même tissu que la combinaison.) Sa veste de campagne imperméable, de couleur sable, se fermait à l'aide d'une fermeture à glissière et de six ou sept boutons ; elle comportait des poches basses à fente oblique.

Ce GI (abréviation de *government issue*, c'est-à-dire "matériel fourni par le gouvernement", et donc par métonymie "soldat américain") porte le nouveau casque en acier Mk 1, de finition sableuse, qui avait remplacé le modèle britannique au cours de l'hiver 1941 (ce dernier était composé d'une protection interne en fibre ultralégère et d'une coque en acier pour le combat). Ce casque fut utilisé dans l'armée de terre américaine jusque dans les années 1980.

Les débarquements américains en Algérie se faisant par voie amphibie, ce GI est équipé d'un gilet de sauvetage sous son matériel. Il porte plusieurs cartouchières autour du cou, abritant des munitions pour sa carabine M 1 semi-automatique calibre 30. (Cette arme servit jusqu'en 1958.) Sur ses manches figurent ses insignes de grade ainsi que le drapeau américain, car les Américains craignaient que les Français ne les confondent avec des Anglais, ceci à cause des mauvaises relations franco-britanniques de l'époque.

Date :	*Novembre 1942*
Unité :	*1re division d'infanterie*
Grade :	*Sergent-chef*
Théâtre :	*Méditerranée*
Lieu :	*Oran*

Major général
1ʳᵉ division de cavalerie

Cet officier est le major général Innis P. Swift, représenté à Los Negros, îles de l'Amirauté, en 1944. Il porte la tenue type du théâtre du Pacifique, composée d'un pantalon et d'une chemise kaki clair, associés à des houseaux en toile et des bottes en cuir brun roux.

Au début de la guerre du Pacifique, les Américains portaient l'uniforme de classe C qu'ils appelaient "chino", en coutil kaki. Les simples soldats avaient un casque colonial, une chemise à manches longues (portée ouverte ou avec une cravate assortie), un pantalon long assorti et des chaussures et chaussettes noires. Les officiers portaient le même uniforme, complété par une tunique de tenue de service en coutil kaki (les officiers et les soldats disposaient aussi d'une casquette en coutil à visière en cuir noir et à jugulaire).

Au combat, les troupes ajoutaient à leur uniforme de classe C soit l'ancien modèle de casque britannique, soit le nouveau modèle Mk 1, ainsi que des houseaux en toile et des bottillons bruns à lacets. Cette tenue se révéla à la fois peu pratique et inconfortable pour combattre dans la jungle. Elle fut remplacée par la combinaison M1942 gris vert olive, mais cette nouvelle tenue laissa elle aussi à désirer.

Swift affiche sur son casque deux étoiles qui indiquent son grade de major général. Cette façon de personnaliser son casque fut monnaie courante tout au long de la guerre chez les officiers américains, quel que soit le théâtre.

Bien que l'armée ait eu deux divisions de cavalerie dans le Pacifique, seule la 1ʳᵉ vit le feu, au sein de la 6ᵉ armée. Elle était composée de deux brigades de cavalerie comprenant chacune deux régiments, plus deux bataillons d'artillerie et unités de soutien.

Date :	*Janvier 1944*
Unité :	*1ʳᵉ division de cavalerie*
Grade :	*Major général*
Théâtre :	*Pacifique*
Lieu :	*Los Negros*

Soldat de 2ᵉ classe
3ᵉ division d'infanterie

Ce soldat fait partie de la 5ᵉ armée américaine qui servit en Italie. Cette formation particulière était une force multinationale qui incluait des troupes britanniques, françaises, indiennes, brésiliennes, mais la majorité des divisions étaient américaines. La 5ᵉ armée envoya des hommes au débarquement d'Anzio, et après la chute de Rome sept de ses divisions furent retirées pour prendre part à l'invasion de la France.

Le soldat illustré ci-contre porte un casque standard M1, une veste de campagne M1941 gris vert olive, un pantalon gris vert olive, des houseaux en toile et des bottes en cuir. Son équipement comprend un havresac avec pelle, une baïonnette M1942 et un bidon attaché à sa ceinture-cartouchière. Son arme est l'omniprésent fusil Garand M1.

En haut de sa manche gauche, ce soldat arbore l'insigne de sa division. Pour faciliter l'identification, les Américains avaient utilisé des pattes de couleur pendant la guerre de Sécession et il fallut attendre 1918 pour que les épaulettes soient officiellement introduites. Pendant la première guerre mondiale, l'armée de terre américaine possédait une surabondance d'épaulettes, mais pendant l'entre-deux-guerres ces pattes furent simplifiées et modifiées. Elles étaient portées sur le haut de la manche gauche, ou sur le haut de la manche droite pour le personnel temporairement attaché à une formation plus élevée. On peut voir ici l'insigne de manche de la 3ᵉ division d'infanterie : trois barres blanches (pour marquer le numéro de la division) sur fond bleu.

Ce soldat fait partie de la plus petite unité au sein d'une division : une escouade de 14 à 16 hommes.

Date :	*Janvier 1944*
Unité :	*3ᵉ division d'infanterie*
Grade :	*Soldat de 2ᵉ classe*
Théâtre :	*Méditerranée*
Lieu :	*Anzio*

Soldat de 2ᵉ classe
Groupe d'armée indienne

En réponse aux réclamations concernant la combinaison M1942 gris vert olive portée par les troupes du Pacifique, le bureau de l'intendant général d'armée de première classe (OQMG) se mit en œuvre de modifier la combinaison et de développer de nouveaux articles adaptés à la jungle. Il fallut soudain accélérer le processus lorsque le général Douglas MacArthur réclama 150 000 unités de matériel de jungle.

Le résultat de cette étude fut une combinaison de camouflage, parfaite pour la jungle de Panama mais qui laissait à désirer pour celle de Nouvelle-Guinée, où elle se révéla trop lourde (et devenait encore plus lourde dans l'atmosphère humide de la jungle), inconfortable et trop chaude. Elle retourna donc au bureau d'études. Le nouvel uniforme deux pièces que l'on voit ici s'alourdissait moins en devenant humide, et il fut donc adopté comme tenue de jungle d'ordonnance en mai 1943.

La couleur de l'uniforme posa elle aussi problème, l'expérience montrant que les soldats immobiles étaient bien camouflés, mais dès qu'ils se mettaient en mouvement ils devenaient facilement repérables. C'est pourquoi un nouvel uniforme de jungle en coutil de coton et en popeline fut testé sur le terrain au début de l'année 1944. Les remarques des soldats qui les avaient testés donnèrent naissance à un uniforme deux pièces en popeline vert olive ultralégère.

Ce tireur isolé plie sous le poids de sa gourde d'eau, de ses cartouchières, des pinces coupantes attachées à sa ceinture, de son sac à dos et de son casque M1. Son arme est un fusil de sniper M1903 équipé d'une lunette M73 B1 (Weaver 330c).

Date :	*Mars 1944*
Unité :	*Groupe d'armée indienne*
Grade :	*Soldat de 2ᵉ classe*
Théâtre :	*Pacifique*
Lieu :	*Birmanie*

Sergent 4ᵉ grade 101ᵉ division aéroportée

Ce sous-officier à l'aspect quelque peu déguenillé porte en fait l'uniforme spécial de combat deux pièces, ainsi que le casque en acier M1 et les bottillons à lacets spécialement développés pour les soldats de l'aéroportée. Contrairement à leurs homologues allemands et britanniques, les parachutistes américains ne portaient pas de sarrau par-dessus leur équipement. Au lieu de cela, ils se servaient de sangles pour plaquer contre leur corps tout ce qui pouvait se prendre dans les suspentes du parachute.

Sur le haut de sa manche gauche, ce sergent porte le drapeau américain afin que la population locale (en l'occurrence française puisque nous sommes en Normandie en juin 1944) puisse identifier son origine. Sur l'autre manche, on peut voir l'insigne de son unité (la 101ᵉ division aéroportée), l'aigle "Screaming Eagle" connu sous le nom de "Old Abe", à l'origine la mascotte d'un régiment de la brigade de fer pendant la guerre de Sécession ; le bouclier noir rend hommage à la brigade de fer. L'arme du sergent est une carabine M1A1 calibre 30 à crosse pliante.

La 101ᵉ participa au débarquement du jour J, larguée derrière les lignes afin de provoquer le maximum de perturbations. Et bien que la division se trouvât dispersée lors des largages qui eurent lieu avant le lever du soleil (aux premières lueurs du jour elle n'avait réuni que 1 100 hommes sur 6 600 et avait perdu énormément de matériel et toute son artillerie larguée par planeurs), la présence de ses hommes au sein de l'ennemi empêcha une contre-attaque sur les plages du débarquement.

Date :	*Juin 1944*
Unité :	*101ᵉ division aéroportée*
Grade :	*Sergent 4ᵉ grade*
Théâtre :	*Nord-ouest de l'Europe*
Lieu :	*Normandie*

Major général
82ᵉ division aéroportée

Ce major général de la 82ᵉ division aéroportée est coiffé d'un calot à passepoil doré. Dans l'armée américaine, l'arme était indiquée par des insignes en métal apposés aux revers pour les officiers ou sur le côté gauche du col pour les gradés. Ces derniers portaient également l'insigne de leur arme à l'avant gauche de leur calot. De plus, les combattants de tous grades arboraient des cordelettes sur leur chapeau de campagne et un passepoil de couleur sur leur calot. Le passepoil or que l'on voit ici indique le rang d'officier général, tandis que l'insigne sur le calot est celui des parachutistes en planeurs de l'infanterie.

La veste de campagne "Ike" M1944 de cette illustration fut déclinée en plusieurs modèles (remarquez le galon kaki autour des poignets). Elle était généralement associée à une chemise et une cravate kaki clair. Ce major général a rentré les jambes de son pantalon gris vert olive dans ses bottes de parachutistes en cuir à lacets. Sa veste est garnie de nombreux insignes. Sur la poitrine, du côté droit, il porte un insigne de citation de l'unité, tandis que du côté gauche on peut voir l'insigne des parachutistes juste au-dessus de celui de l'infanterie de combat. Ce dernier, toujours épinglé à cheval sur la poche, était en argent et en émail bleu ; institué le 15 novembre 1943, il récompensait une bravoure exemplaire au combat. Le parachute ailé apposé sur la poitrine, du côté gauche, se portait toujours au-dessus de la poche et des rubans ; il ornait également l'uniforme de campagne.

Surnommée "All America", la 82ᵉ division aéroportée intervint en Sicile, en Normandie, à Nimègue et dans les Ardennes.

Date :	*Mai 1944*
Unité :	*82ᵉ division aéroportée*
Grade :	*Major général*
Théâtre :	*Nord-ouest de l'Europe*
Lieu :	*Angleterre*

Major général 6ᵉ armée US Nouvelle-Guinée

Le personnage ci-contre est vêtu de l'uniforme de service kaki clair que portaient les officiers américains dans le Pacifique à partir de 1943. Tous les officiers avaient des galons de manchette gris vert olive de 12,7 mm de large ; ceux des officiers généraux affichaient les lettres "US" or sur fond or, et le passepoil or du calot indiquait le rang d'officier général.

Les officiers généraux de l'*US Army* portaient un insigne de grade de chaque côté du col de chemise, et apposaient entre une et quatre étoiles à cinq branches à l'avant gauche de leur calot. Ce dernier, version kaki clair, était surnommé "chino". Aux États-Unis, le rang d'officier général se distingue par un certain nombre d'étoiles depuis 1780, date à laquelle il n'existait que deux grades distincts (brigadier et major général).

Dans le Pacifique, la création de nouveaux uniformes fut dictée par le climat et les conditions de combat. Comme cela a été dit page 63, ceci déboucha sur l'abandon de la tenue de combat tropicale standard au profit d'un uniforme plus pratique. Les insignes devaient eux aussi répondre à des considérations pratiques. En général, aucun insigne de grade n'était porté sur le champ de bataille ; cependant, les différentes unités étaient repérées par des symboles peints à l'arrière des casques, donc seulement visibles de dos.

Du point de vue militaire, la 6ᵉ armée US fut le fer de lance de la campagne du Pacifique. En service dès janvier 1943, elle combattit vaillamment pour regagner, île après île, les possessions prises par les Japonais. À la fin de la guerre, la 6ᵉ armée se composait de trois corps de dix divisions chacun.

Date :	*Juin 1944*
Unité :	*6ᵉ armée US*
Grade :	*Major général*
Théâtre :	*Pacifique*
Lieu :	*Nouvelle-Guinée*

Officier
Corps d'armée féminin US

Cette femme officier porte une casquette et une tunique gris vert olive foncé, ainsi qu'un chemisier et une cravate kaki clair. Son insigne de casquette est celui de l'armée de terre, qui était porté par les combattants de tous grades sur la casquette à visière. Il représente l'aigle américain protégé par un bouclier orné de la bannière étoilée. Dans sa serre droite, l'oiseau tient une branche de laurier, et dans la gauche un faisceau de flèches. La devise *E Pluribus Unum* est inscrite sur un rouleau tendu entre les ailes, et le tout est surmonté d'un nuage rond avec treize étoiles en son centre. Cet insigne est aujourd'hui encore porté par les membres de l'*US Army*.

Les insignes de casquette des officiers, en laiton brut ou doré, mesuraient 75 mm x 65 mm. Les officiers du corps d'armée féminin (WAC) arboraient un aigle différent (bien que ce ne soit pas le cas ici), composé d'un aigle simple, sans fioritures.

Sur la tunique de ce personnage, on peut voir les pattes de col du corps d'armée féminin : les lettres "US", en haut, et en dessous un insigne représentant la tête d'Athéna Pallas, déesse grecque de la guerre (portée par les membres de tous grades du WAC). C'est le galon vert olive sur ses manchettes qui indique son rang d'officier.

Contrairement à leurs homologues russes, les femmes américaines ne prirent jamais part aux combats sur le front, que ce soit sur terre ou dans les airs. Cependant, l'arrivée d'un grand nombre de femmes dans l'*US Army* se révéla d'une importance cruciale pour l'effort de guerre américain, permettant d'envoyer un maximum d'hommes au front.

Date :	*Juin 1944*
Unité :	*Corps d'armée féminin*
Grade :	*Officier*
Théâtre :	*Pacifique*
Lieu :	*Pearl Harbor*

Soldat de 2ᵉ classe Division d'infanterie

Pour la campagne de Normandie de juin 1944, l'armée américaine produisit la tenue de camouflage deux pièces ici représentée, sans se rendre compte que les soldats de la Waffen-SS portaient une tenue très similaire. Naturellement, les soldats américains vêtus de cet uniforme furent confondus avec l'ennemi, et la tenue fut immédiatement retirée.

Lorsqu'arriva le débarquement, l'armée américaine était parvenue à produire un nouvel uniforme à la fois pratique et résistant pour les divisions destinées au front ; il comprenait un casque en acier M1, une veste de campagne M1941, un pantalon gris vert olive, des guêtres en toile et des bottillons en cuir.

Ce soldat est armé du fusil semi-automatique Garand, arme très fiable, et d'un pistolet automatique Walther subtilisé à un Allemand, dans son étui. Les troupes américaines participant au débarquement de Normandie appartenaient à la 1ʳᵉ armée US, sous les ordres du général Bradley, qui débarqua à Omaha Beach et à Utah Beach. Malgré le carnage d'Omaha Beach, les positions sur les deux plages purent être consolidées et une tête de pont fut établie. À partir d'une force initiale de sept divisions d'infanterie et de deux divisions aéroportées, les forces américaines déferlèrent sur la Normandie, et le 1ᵉʳ août Bradley était à la tête de 21 divisions.

La division d'infanterie de 1944 à laquelle appartient ce soldat comprenait une compagnie d'état-major, une compagnie de canons d'infanterie, une compagnie antichar, une compagnie de service et trois bataillons d'infanterie composés chacun de 860 hommes. Forte de 14 253 hommes, la division recevait le soutien d'unités de blindés, d'artillerie et antiaériennes.

Date :	*6 juin 1944*
Unité :	*Division d'infanterie*
Grade :	*Soldat de 2ᵉ classe*
Théâtre :	*Nord-ouest de l'Europe*
Lieu :	*Normandie*

Soldat de 2ᵉ classe 101ᵉ division aéroportée

Au cours du dernier hiver de la guerre, les soldats américains se virent attribuer un uniforme de combat M1943, qui comprenait la tunique droite à quatre poches plaquées que l'on voit ci-contre. Cette tunique gris vert olive était confectionnée en coton à la fois imperméable et coupe-vent, et agrémentée d'une épaisse doublure amovible en tissu.

La 101ᵉ était l'une des deux divisions aéroportées américaines qui servirent dans le nord-ouest de l'Europe (l'autre étant la 82ᵉ). Elle représentait une force initiale de 8 505 hommes, mais dès septembre 1944 ce nombre fut porté à 12 979. Elle se composait de deux régiments d'infanterie parachutiste de 2 364 hommes répartis en trois bataillons, un état-major de régiment et une compagnie de service ; d'un régiment d'infanterie avec planeurs composé de 2 978 hommes répartis en trois bataillons, un état-major de régiment, une compagnie de service et une compagnie antichar ; d'un bataillon antichar et antiaérien ; d'une artillerie de division composée de trois batteries de 75 mm d'obusiers de bât ; et de diverses unités de soutien. C'était une unité aéroportée de petite taille qui pouvait s'insérer derrière les lignes ennemies.

À l'image de la plupart des soldats américains confrontés à de sévères conditions hivernales, cet homme est équipé d'un équipement supplémentaire destiné à le tenir au chaud, notamment des sur-bottes en caoutchouc munies d'attaches métalliques qui se portaient par-dessus les bottes en cuir. À ce stade avancé de la guerre (1944), la plupart des GI avaient déjà reçu la tenue de campagne M1943, mais certains devaient encore se contenter des vestes M1941 et des pantalons en laine de la tenue de service.

Date :	*Novembre 1944*
Unité :	*101ᵉ division aéroportée*
Grade :	*Soldat de 2ᵉ classe*
Théâtre :	*Nord-ouest de l'Europe*
Lieu :	*Belgique*

Soldat de 2ᵉ classe 1ᵉʳ bataillon de Rangers

Les soldats du 1ᵉʳ bataillon de Rangers portaient une combinaison de travail en sergé à chevrons, comme c'est le cas ici. Ce Ranger porte le casque Mk1 qui remplaça le M1917A1 à l'automne 1942, mais durant leurs raids les Rangers étaient souvent coiffés d'une calotte en laine tricotée ou d'une casquette M1941 gris vert olive "jeep" tricotée ; cette dernière comportait une petite visière rigide et des oreillettes en tricot.

En général, les Rangers préféraient porter une chemise et un pantalon en laine dans les déserts nord-africains, car cette tenue permettait à ces soldats aux déplacements rapides de rester au chaud sans avoir besoin de s'encombrer d'une couverture. Le soldat de cette illustration porte sur son dos un havresac M1928, et à sa ceinture une gourde d'eau. Son harnais est un modèle d'ordonnance. Parmi son matériel non conforme, citons sa dague de commando *Fairburn-Sykes*, dont la gaine était cousue sur la jambe de pantalon. Certains Rangers disposaient d'une pince coupante M1938.

Le 1ᵉʳ bataillon de Rangers fut fortement engagé dans la campagne italienne, où il prit part aux combats en Sicile et en Italie continentale. En août 1944, décimé au combat, le bataillon fut finalement dissous. Il fut récompensé des *Presidential Unit Citations* pour sa contribution à El Guettar et à Salerne, et reçut les honneurs pour sa participation à plusieurs campagnes, dont quatre amphibies.

Date :	*Août 1944*
Unité :	*1ᵉʳ bataillon de Rangers*
Grade :	*Soldat de 2ᵉ classe*
Théâtre :	*États-Unis*
Lieu :	*Camp Butner, Caroline du Nord*

70

Soldat de 2ᵉ classe
1ʳᵉ division d'infanterie

Voici la version finale de l'uniforme de combat porté dans le nord-ouest de l'Europe par les soldats de l'*US Army*, qui avaient alors reçu l'uniforme de combat M1943 composé d'une tunique droite avec quatre poches plaquées et pantalon assorti, le tout en coton gris vert olive imperméable. La tenue comportait une doublure amovible en tissu. Des bottes en cuir à lacets remplaçaient les bottillons avec guêtres en toile.

Le casque de ce soldat est recouvert d'un filet de camouflage, et sa ceinture-cartouchière est chargée d'étuis à munitions pour son fusil Browning modèle 1918 calibre 7,62 mm, dont le pied a été enlevé pour des raisons de poids.

En 1944, les combattants de l'armée américaine furent équipés d'une veste de campagne en laine très similaire à la vareuse britannique. Les gradés portaient une veste de modèle standard, tandis que les officiers disposaient de plusieurs modèles différents.

Date :	*Avril 1945*
Unité :	*1ʳᵉ division d'infanterie*
Grade :	*Soldat de 2ᵉ classe*
Théâtre :	*nord-ouest de l'Europe*
Lieu :	*Gex*

Officier
10ᵉ division de montagne

En juin 1943, l'armée de terre américaine autorisa la formation de la 10ᵉ division légère (peloton alpin), constituée à partir du 10ᵉ régiment d'infanterie de montagne. L'afflux de skieurs, de sportifs et de grimpeurs fit que la division compta finalement plus de 14 000 hommes.

Après avoir suivi des stages intensifs de ski et d'escalade, les recrues recevaient une formation tactique lors d'exercices effectués dans des conditions hivernales très difficiles. Lorsqu'elle rejoignit la 5ᵉ armée US en Italie en janvier 1945, la 10ᵉ de montagne (10th Mountain) était donc la division la mieux entraînée de toute l'armée américaine. Fer de lance de l'attaque du mont Belvédère, elle participa ensuite à l'avancée alliée dans la vallée du Pô jusqu'à Vérone. À la reddition allemande le 5 mai 1945, la division avait été en action 144 jours durant et plus de 4 000 de ses hommes avaient été tués ou blessés.

Le plus bel exploit de cette division eut lieu dans le nord de l'Italie en février 1945. Avant de prendre Bologne et de dégager la vallée du Pô, la division "nettoya" une série de crêtes vaillamment défendues qui surplombaient la route principale reliant Rome à Bologne. Les pertes de cette opération s'élevèrent à 850 hommes, dont 195 tués.

Cet officier porte la tenue type pour une campagne dans les montagnes du nord de l'Italie : pantalon de laine, chemise kaki pour climat tempéré et cartouchière en coton pour loger les munitions et son arme individuelle (un fusil semi-automatique M1). Autour de sa taille est attachée une ceinture à pistolet en sangle. L'insigne de la division, sur sa manche, se composait de deux épées rouges croisées sur fond bleu.

Date :	*Mai 1945*
Unité :	*10ᵉ division de montagne*
Grade :	*Officier*
Théâtre :	*Méditerranée*
Lieu :	*Italie*

Parachutiste
82ᵉ division aéroportée

Les Américains furent lents à instituer leurs unités de parachutistes : les premières datent en effet de juin 1940, date à laquelle le succès des unités aéroportées allemandes commençait à faire des envieux. Le premier véritable uniforme de saut était composé d'un casque Riddle, d'une combinaison en satinette gris vert olive et de bottes de saut à lacets avec semelles en caoutchouc.

Les parachutistes Américains se distinguaient de leurs homologues britanniques et allemands en ceci qu'ils ne portaient pas de sarrau par-dessus leur équipement ; ils se contentaient d'attacher le long du corps toute pièce qui pouvait se prendre dans les suspentes du parachute avec de longues sangles en toile. Pour plus de sécurité, les soldats étaient munis de deux parachutes : le principal se mettait sur le dos, et un parachute de secours était sanglé horizontalement sur le devant du corps.

Ce soldat arbore l'uniforme standard des troupes de parachutistes. Très proche de la tenue de combat M1943, il avait reçu quelques modifications au niveau des poches. Remarquez les bouteilles d'eau attachées à la ceinture tissée du parachutiste. Son arme, un pistolet mitrailleur Thompson M1 de calibre 45, était surnommé "Tommy Gun". Alimenté par une boîte-chargeur de 20 ou 30 cartouches ou par un tambour-chargeur, le Thompson était relativement lourd mais bien conçu, robuste et fiable (qualités importantes qui assurèrent sa popularité auprès des parachutistes qui combattaient derrière les lignes ennemies). L'insigne "All America" de la division se portait sur le haut de la manche gauche.

Date :	*Mai 1945*
Unité :	*82ᵉ division aéroportée*
Grade :	*Soldat de 2ᵉ classe*
Théâtre :	*Nord-ouest de l'Europe*
Lieu :	*Allemagne*

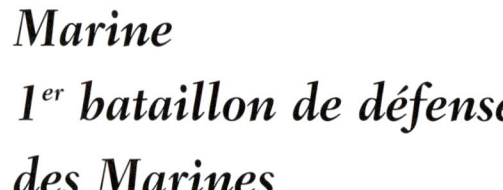

Marine
1er bataillon de défense des Marines

Voici la tenue type des Marines américains au début de la guerre du Pacifique. Elle se compose d'un uniforme kaki clair, de houseaux en toile et de bottes en cuir. Le casque de ce soldat date de la première guerre mondiale (modèle M1917) et son arme est un fusil M1903 calibre 7,62 mm avec baïonnette. Le sac qu'il porte en bandoulière est un étui pour masque à gaz.

Ce Marine appartient au 1er bataillon de défense des Marines, qui comptait 450 hommes et reçut pour mission de défendre l'île de Wake. La toute première offensive amphibie japonaise, lancée sur l'île le 8 décembre 1941, fut repoussée par les Marines. Le 23 décembre, les Japonais revinrent avec 1 000 hommes. Cette fois, ils réussirent à encercler le petit détachement de Marines. Sans aucun espoir d'être secourus, ces derniers n'eurent d'autre choix que de se rendre. Néanmoins, ils infligèrent de lourdes pertes à l'ennemi, réussissant à couler deux destroyers et à endommager plusieurs vaisseaux légers.

Fort d'un millier d'hommes, un bataillon de défense des Marines se composait d'éléments antiaériens, antichars et d'armements spéciaux. En 1944, afin d'augmenter la puissance des six divisions de Marines, 17 des 20 bataillons de défense furent transformés en bataillons antiaériens, ceci se traduisant par le transfert d'une partie de leur personnel dans des unités antiaériennes, tandis que les soldats restants furent orientés vers des régiments d'infanterie de ligne.

Date :	*Décembre 1941*
Unité :	*1er bataillon de défense des Marines*
Grade :	*Marine*
Théâtre :	*Pacifique*
Lieu :	*île de Wake*

Sergent-chef spécialiste en canonnage Corps des Marines US

Ce sergent-chef est revêtu de son uniforme de cérémonie. Porté tout au long de la guerre par les membres des Marines à Washington et à Londres, il faisait office soit de tenue de cérémonie, soit de tenue de sortie.

Le grade était indiqué par les chevrons sur le haut de la manche. Les Marines employaient trois types de chevrons pour leurs sous-officiers : or sur fond rouge pour l'uniforme de cérémonie bleu ; vert sur fond rouge pour l'uniforme d'hiver ; et noir sur fond kaki clair pour la chemise d'été. L'insigne indiquant le grade de sergent-chef spécialiste est reconnaissable à ses trois chevrons et deux arcs. Jusqu'en septembre 1942, les chevrons se portaient sur le haut des deux manches, mais par la suite ils ne furent plus affichés que sur la manche gauche.

Des galons de service, chacun représentant quatre ans de service, figuraient sur la partie extérieure de l'avant-bras gauche, dans des couleurs assorties aux chevrons sur la même manche.

Sur sa casquette de cérémonie bleue et blanche, ce sergent-chef porte l'emblème en laiton du corps des Marines, qui représente l'aigle américain posé sur la Terre, le tout superposé avec une ancre surjalée. Sur le côté gauche de sa poitrine, l'homme arbore des médailles de service : la médaille de service au Nicaragua, l'insigne du corps expéditionnaire des Marines et un "Purple Heart". Sous ses médailles figurent deux insignes de compétence : l'insigne d'expert en tir au fusil et l'insigne du tir au pistolet.

Date :	*Décembre 1941*
Unité :	*Corps des Marines*
Grade :	*Sergent-chef*
Théâtre :	*États-Unis*
Lieu :	*Washington*

Capitaine
Corps des Marines US

Le corps des Marines US était une unité de combat spéciale dotée de traditions, d'uniformes et d'une organisation qui lui étaient propres. En 1912, un uniforme appelé "vert" était venu remplacer l'uniforme kaki existant des Marines. Cependant, des problèmes de production l'avaient empêché d'entrer en service avant 1914. Après quelques modifications supplémentaires apportées en 1919, l'uniforme fut finalisé tel qu'on peut le voir ci-contre.

En 1942, l'ensemble ceinturon et baudrier des officiers fut remplacé par une ceinture en toile de la couleur de l'uniforme avec une boucle à deux dents. Une casquette en tissu du même vert avec une visière en cuir, une jugulaire et l'insigne du corps en bronze sur le devant complétaient la tenue. Sur le fond, les officiers portaient un trèfle à quatre feuilles en galon vert, tandis que le chapeau de campagne possédait un bord plus étroit que le modèle de l'armée de terre et ses cordelettes étaient vert moucheté de rouge.

Les insignes apposés au col de cet officier représentent l'emblème standard des Marines, sans la cordelette. Ils étaient similaires à ceux portés sur la casquette, avec plusieurs variantes argent et or ou laiton et bronze selon le type d'uniforme. Cependant, quel que fût le métal, tous les insignes de col étaient portés deux par deux, avec l'ancre tournée vers l'intérieur.

Ce capitaine est coiffé d'un casque de service M1917 et sa poitrine est décorée de la croix de guerre française, attribuée aux 5e et 6e Marines pour leur état de service en France pendant la première guerre mondiale. Remarquez également ses bottes à lacets.

Date :	*Janvier 1942*
Unité :	*Corps des Marines US*
Grade :	*Capitaine*
Théâtre :	*nord-ouest de l'Europe*
Lieu :	*Islande*

Soldat de 2ᵉ classe Corps des Marines US

Ce Marine manifestement usé par les combats, ici représenté en Nouvelle-Guinée, porte un casque M1 recouvert d'un filet de camouflage. Son treillis deux pièces en sergé à chevrons fut introduit en 1942. Sa ceinture tissée (modèle généralement réservé aux officiers) est équipée d'étuis contenant des chargeurs et des paquets de pansements.

La Nouvelle-Guinée s'avéra être un environnement difficile pour les Marines. En raison de la chaleur humide, les soldats devaient se charger de pansements car la moindre égratignure ou blessure pouvait s'infecter rapidement. Lors des opérations dans la jungle, l'uniforme était rapidement détrempé par la sueur et l'eau, ce qui le rendait très lourd. C'est pour cette raison qu'il fut finalement retiré du service.

Au début de la guerre, le corps des Marines était composé des 1ʳᵉ et 2ᵉ divisions des Marines, dont les effectifs étaient cependant insuffisants (ils ne furent atteints qu'au milieu de l'année 1942). Avec 20 000 hommes en 1939, le corps en comprenait 65 881 lorsque les États-Unis entrèrent en guerre en décembre 1941. À la fin du conflit, on comptait 450 000 Marines, une véritable armée à elle seule qui disposait même de sa propre force aérienne !

Les Marines étaient destinés à deux fonctions simples mais fondamentales : conduire leurs propres opérations amphibies et agir en tant que troupes au sol pour le compte de la marine. Pendant la seconde guerre mondiale, le corps des Marines connut une très forte expansion à mesure qu'il progressait imperturbablement d'île en d'île lors d'opérations contre les Japonais dans le Pacifique.

Date :	*Octobre 1943*
Unité :	*Corps des Marines US*
Grade :	*Soldat de 2ᵉ classe*
Théâtre :	*Pacifique*
Lieu :	*Nouvelle-Guinée*

Marine 2e division des Marines

Ce Marine porte l'uniforme deux pièces dit *dungaree* "calicot", qui se différenciait du modèle de l'armée de terre par sa poche sans rabat sur la poitrine gauche. Il est chaussé de bottes en cuir brun roux surmontées de guêtres dissimulées sous son pantalon. Son casque est recouvert d'une housse de camouflage "de plage", qui révèle l'intégration progressive du camouflage dans l'uniforme des Marines, en commençant par le casque, puis par le poncho et finalement par la combinaison complète de camouflage pour la jungle.

Ce survivant de la sanglante bataille de Tarawa y a capturé deux trophées japonais : une épée et une gourde. Les combats pour la prise de Tarawa comptent parmi les plus coûteux en vies humaines de l'histoire militaire américaine. Environ 5 000 hommes de la 2e division de Marine débarquèrent sur l'île en novembre 1943, et à la fin du premier jour 1 500 d'entre eux étaient morts ou blessés. Le lendemain, la réserve de la division débarqua et 344 Marines supplémentaires (officiers et soldats confondus) tombèrent à leur tour sous le feu cinglant des Japonais. Lorsque toutes les positions eurent été nettoyées après cinq jours de combats acharnés, il ne restait plus que 17 hommes de la garnison japonaise ; les Marines dénombrèrent 985 morts et 2 193 blessés. Malgré l'écrasante supériorité de la puissance de feu américaine, Tarawa ne dut sa reconquête qu'au courage de chaque individu. La tactique se limitait à des assauts frontaux au cours desquels les Marines surent prouver toute leur bravoure.

Date :	*Novembre 1943*
Unité :	*2e division des Marines*
Grade :	*Marine*
Théâtre :	*Pacifique*
Lieu :	*Tarawa*

Marine 2ᵉ division des Marines

Ce soldat épuisé porte un treillis deux pièces en sergé à chevrons, une paire de bottes marron et un casque en acier M1 recouvert de la housse de camouflage. L'arme qu'il porte en bandoulière est un fusil semi-automatique Garand M1. On peut aussi voir sa gourde et ses étuis à munitions, ainsi que sur sa poitrine gauche le monogramme "USMC".

Ce soldat appartient à la 2ᵉ division des Marines, qui fit l'expérience du feu au cours de la seconde guerre mondiale lorsque son 2ᵉ régiment des Marines participa à l'opération de Guadalcanal. Peu de temps après, le reste du régiment débarqua à Tulagi et dans les îles voisines dans une mission de nettoyage des forces japonaises. Le régiment tout entier fit ensuite route vers Guadalcanal pour se joindre à l'offensive de la 1ʳᵉ division de Marine le long de la côte nord, lors d'une opération qui allait marquer la première victoire d'envergure des Alliés sur les Japonais. Fidèles à leur habitude, les Japonais combattirent avec ténacité, bien que souffrant de sévère dénutrition pour bon nombre d'entre eux. En 1943, la 2ᵉ division fournit le gros de la force qui prit Tarawa et le reste des îles Gilbert dans le Pacifique, puis elle repartit au combat dans les îles Mariannes en 1944.

L'insigne de la 2ᵉ division de Marine, porté sur le haut de la manche, s'inspirait de celui de la 1ʳᵉ division, avec le chiffre "2" en forme de serpent et inscrit de la même devise honorifique. Cet insigne serait plus tard remplacé par un autre motif en forme de main tenant une torche et la croix du Sud, le tout sur un fond rouge en pointe de flèche.

Date :	*Novembre 1943*
Unité :	*2ᵉ division des Marines*
Grade :	*Marine*
Théâtre :	*Pacifique*
Lieu :	*Tarawa*

Pilote
Corps des Marines US

Ce pilote servant dans le Pacifique équatorial porte une tenue légère, qui contraste fortement avec celle du personnel volant sur le théâtre européen, lourde et encombrante. Un gilet de sauvetage gonflable recouvre sa combinaison de vol kaki clair. Son équipement de base, accroché à sa ceinture, comprend un étui de pansements (sur le côté droit), un second étui contenant deux chargeurs pour pistolet automatique, et un dernier pour sa gourde.

Son casque de vol est en cuir, mais il en existait de nombreux modèles en tissu. Ses lunettes possédaient des verres teintés.

Les aviateurs des Marines servirent pour la première fois au cours de la première guerre mondiale aux côtés d'unités britanniques et françaises. À la fin de ce conflit, leurs effectifs comprenaient 2 462 hommes et 340 appareils. Au début de la seconde guerre mondiale, l'aviation des Marines ne comptait plus que 251 appareils et 708 pilotes. Lorsque les deux brigades de Marines furent réorganisées en divisions en février 1941, leurs groupes de soutien aérien furent renommés 1re et 2e *Marine Aircraft Wings* (ou MAWs – escadres aériennes des Marines). Dès janvier 1945, le nombre de pilotes avait atteint 10 412, trois MAWs supplémentaires avaient été formées et leur nombre total de groupes se montait désormais à 132. Il est intéressant de noter que les pilotes des Marines étaient plus souvent engagés dans des combats aériens singuliers que dans le soutien des débarquements amphibies des Marines. Ceci s'explique par le fait que les raids étaient souvent hors de portée des appareils des Marines, basés à terre.

Date :	*Juin 1943*
Unité :	*Corps des Marines US*
Grade :	*Pilote*
Théâtre :	*Pacifique*
Lieu :	*Bougainville*

Spécialiste 5ᵉ grade USAAF

Le 20 juin 1940, les unités volantes de l'armée de terre américaine furent officiellement placées sous un commandement centralisé pour former la *United States Army Air Force* (USAAF). En tant que branche de l'*US Army*, son personnel portait l'uniforme de l'armée de terre. Le spécialiste ci-contre est vêtu d'un uniforme de classe A avec casque en acier, réservé aux cérémonies. Son arme est un fusil américain Springfield modèle M1903.

Les insignes indiquant que ce soldat appartient à l'armée de l'air figurent sur son col et sur sa manche. À l'image de leurs homologues de l'armée de terre, les membres de l'USAAF portaient leurs chevrons et leurs arcs en haut des manches. Institués en janvier 1942, les grades de spécialistes étaient identifiés par la lettre "T"(pour *technician*) sous les chevrons (certaines versions non officielles comportaient une petite hélice ailée à la place du "T"). Larges de 80 mm, les chevrons étaient brodés mécaniquement en soie gris vert olive ou gris sable sur fond bleu foncé. Un galon oblique gris vert olive porté sur l'avant bras gauche, comme ici, indiquait trois années de bons et loyaux services.

Malgré sa taille et ses ressources, l'armée de l'air connut des débuts modestes. En juin 1941, l'USAAF comptait 9 078 officiers, 143 563 simples soldats et environ 6 000 appareils. Lorsqu'elle atteignit son apogée en mars 1944, ses effectifs se montaient à quasiment deux millions et demi d'hommes pour quelque 250 000 appareils.

Date :	*Décembre 1942*
Unité :	*USAAF*
Grade :	*Spécialiste 5ᵉ grade*
Théâtre :	*Méditerranée*
Lieu :	*Maroc*

Capitaine
7ᵉ Air Force USAAF

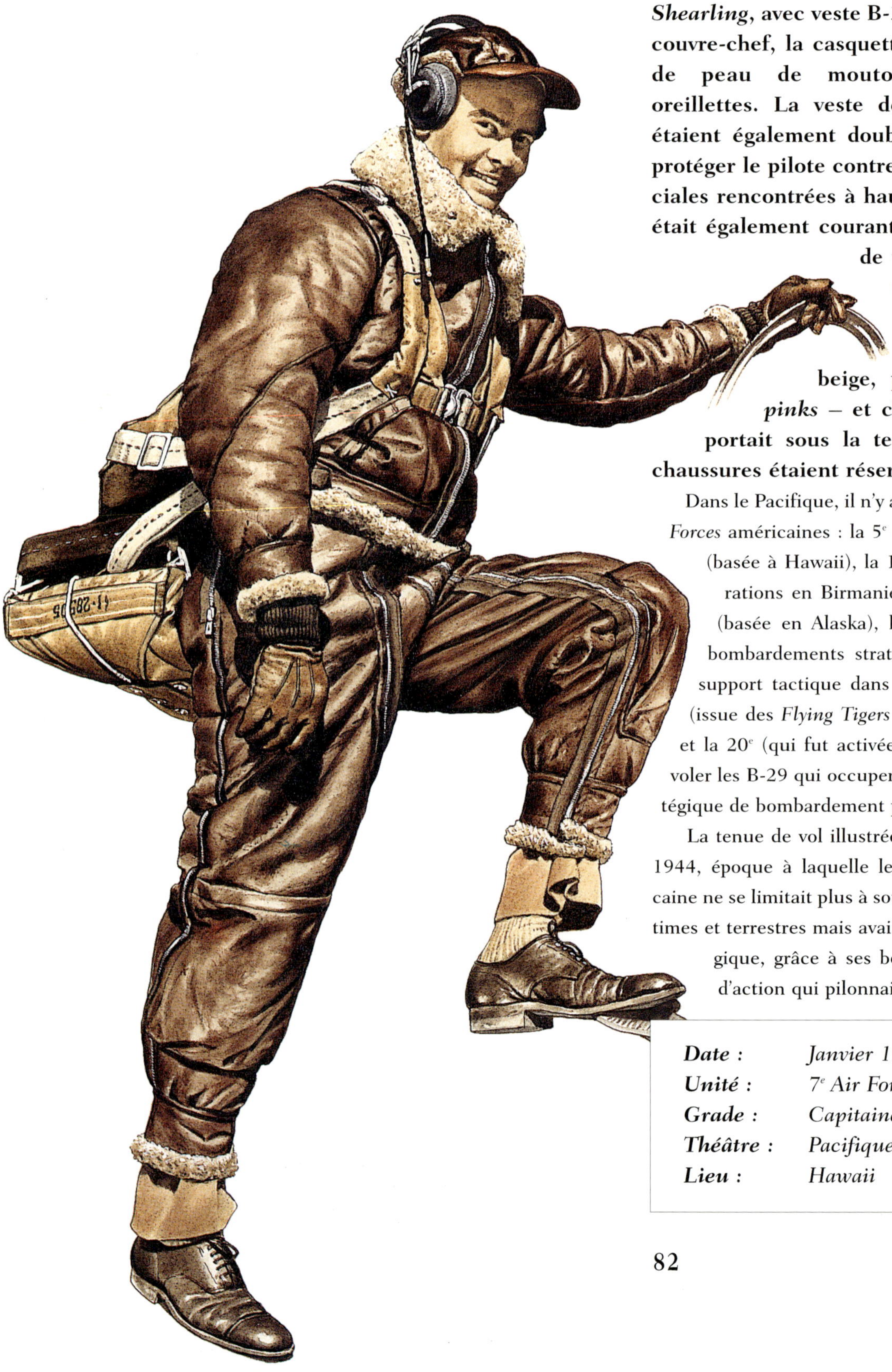

Cet officier porte la tenue de vol dite *Shearling*, **avec veste B-3 et pantalon A-3. Son couvre-chef, la casquette de vol B-2 doublée de peau de mouton, comportait des oreillettes. La veste de vol et le pantalon étaient également doublés de fourrure pour protéger le pilote contre les températures glaciales rencontrées à haute altitude. En vol, il était également courant de porter des bottes de vol fourrées A-6. Une tenue en coutil kaki (casquette, chemise et cravate beige, pantalon beige – ou** *pinks* **– et chaussures marron) se portait sous la tenue de vol, mais les chaussures étaient réservées au sol.**

Dans le Pacifique, il n'y avait pas moins de sept *Air Forces* américaines : la 5ᵉ (basée en Australie), la 7ᵉ (basée à Hawaii), la 10ᵉ (qui soutenait les opérations en Birmanie et en Thaïlande), la 11ᵉ (basée en Alaska), la 13ᵉ (qui effectuait des bombardements stratégiques et fournissait un support tactique dans les îles Salomon), la 14ᵉ (issue des *Flying Tigers* et qui opérait en Chine), et la 20ᵉ (qui fut activée en avril 1944 pour faire voler les B-29 qui occuperaient le rôle de force stratégique de bombardement principale).

La tenue de vol illustrée ci-contre fut portée vers 1944, époque à laquelle le rôle de l'aviation américaine ne se limitait plus à soutenir les opérations maritimes et terrestres mais avait pris une tournure stratégique, grâce à ses bombardiers à grand rayon d'action qui pilonnaient le territoire japonais.

Date :	*Janvier 1944*
Unité :	*7ᵉ Air Force*
Grade :	*Capitaine*
Théâtre :	*Pacifique*
Lieu :	*Hawaii*

Major général
9ᵉ Air Force USAAF

Cet officier supérieur porte la tenue de service type des membres de l'*Air Force* affectés au théâtre des opérations européennes (ETO). Il arbore ses insignes de grade (deux étoiles pour un major général) sur ses épaulettes et le côté gauche de son calot.

L'insigne sur le haut de sa manche gauche indique qu'il appartient à la 9ᵉ *Air Force*. Cette organisation s'était lancée dans le conflit au Moyen-Orient en 1942, attaquant les voies de ravitaillement ennemies dans l'Est de la Méditerranée et coopérant étroitement avec la 8ᵉ Armée britannique pour repousser l'Afrika Korps vers l'ouest. Le 16 octobre 1943, la 9ᵉ *Air Force* devint la branche tactique de l'armée de l'air américaine en Europe, jouant le rôle d'escorte et de soutien pour les bombardements à moyenne distance. Par la suite, elle couvrit également le débarquement du jour J. Pendant toute la durée de la guerre, elle détruisit non moins de 9 497 appareils ennemis et largua quelque 582 701 tonnes de bombes.

L'insigne d'épaule de la 9ᵉ *Air Force* fut officiellement approuvé le 16 septembre 1943. Son dessin, qui s'inspirait du marquage sur le fuselage des appareils américains de l'entre-deux-guerres, représentait une étoile à cinq branches avec un rond rouge en son centre, le tout sur un rond bleu. L'étoile était appelée à devenir l'emblème principal de tous les insignes de l'USAAF.

Les ailes en argent sur la poitrine de ce personnage montrent que cet officier général était véritablement un pilote (les différentes armes de l'USAAF se reconnaissaient à leurs badges de qualification ou "ailes" (*wings*) en argent qui se portaient sur la poitrine, à gauche, au-dessus des rubans).

Date :	*Juin 1944*
Unité :	*9ᵉ Air Force*
Grade :	*Major général*
Théâtre :	*Nord-ouest de l'Europe*
Lieu :	*East Anglia (Angleterre)*

Capitaine
8ᵉ armée de l'air US

Ce pilote d'un Mustang P-51B porte une veste d'aviateur en cuir additionnée d'un gilet de sauvetage. En Europe et en Afrique du Nord, le personnel navigant était vêtu soit d'une combinaison de vol beige, soit d'une tenue deux pièces en cuir doublée de peau de mouton avec un casque et une casquette à visière avec oreillettes. Ce capitaine de la 8ᵉ *Air Force* porte son insigne de grade sur le côté gauche de son calot, et son pantalon gris vert olive est rentré dans ses bottes de vol A-6.

Durant la seconde guerre mondiale le Mustang occupa un rôle essentiel dans la stratégie de bombardement de l'USAAF en Europe. Malgré le fait que les forteresses volantes Boeing B-17, qui effectuèrent la plupart des raids aériens, étaient armées de 15 mitrailleuses de défense et volaient en formation en carré, elles restaient vulnérables face aux avions de chasse allemands. Ce n'est qu'au début de 1944 que les Mustangs firent leur apparition, fournissant ainsi aux flottes de bombardiers une escorte de chasse tout au long du voyage.

À son apogée, la 8ᵉ *Air Force* comptait seulement 40 groupements de bombardiers lourds, 15 groupements de chasseurs et deux groupements d'avions de reconnaissance. Au cours des 1 034 052 vols qu'elle accomplit, elle abattit 20 419 avions ennemis et perdit 11 687 de ses appareils. À l'origine, ses cibles se limitaient à des sites militaires situés en France, mais elles furent par la suite étendues à des bombardements stratégiques de bases industrielles allemandes. Avant la mise en place d'escortes de chasseurs efficaces, l'aviation allemande infligea de lourdes pertes aux bombardiers américains.

Date :	*Juillet 1944*
Unité :	*8ᵉ armée de l'air US*
Grade :	*Capitaine*
Théâtre :	*Nord-ouest de l'Europe*
Lieu :	*East Anglia (Angleterre)*

Membre d'équipage 8ᵉ armée de l'air US

À partir de 1943, les équipages des bombardiers lourds furent équipés d'un gilet de protection contre les éclats d'obus. Cette tenue pare-balles avait été conçue en octobre 1942 par le brigadier général Grow en coopération avec la compagnie Wilkinson Sword. Elle était composée de plaques d'acier au manganèse qui pouvaient arrêter des balles de calibre 45 tirées à courte distance. Rapidement très populaire auprès des équipages de bombardiers, elle permit de réduire les pertes humaines de façon notoire. Son poids d'environ 9 kg n'était pas assez dissuasif pour empêcher quelque 13 500 hommes en service dans la 8ᵉ armée de l'air US de la porter dès 1944.

Ce membre d'équipage est vêtu d'une combinaison de vol gris vert olive, de bottes en cuir marron et d'une casquette à visière d'ordonnance. Désireux de personnaliser leur uniforme, les aviateurs enlevaient souvent le renfort de bandeau de leur casquette afin de lui donner un aspect "écrasé".

La 8ᵉ armée de l'air *US* fut formée le 28 janvier 1942 à Savannah, en Géorgie, en tant que composante du projet d'invasion de la côte du nord-ouest de l'Afrique. Cependant, avec l'escalade de la guerre du Pacifique, la 8ᵉ fut détournée sur la Grande-Bretagne où elle prit part aux bombardements contre l'Allemagne. À cette fin, il fut proposé que la 8ᵉ réunisse 33 groupements de bombardiers, 12 groupements de chasseurs et 15 groupements d'appareils de transport et d'observation, soit un total de 3 500 appareils. Les bombardiers étaient des B-17 Flying Fortress et des B-24 Liberators qui volaient en formation en carré pour une vulnérabilité réduite.

Date :	*Juillet 1944*
Unité :	*8ᵉ armée de l'air US*
Grade :	*Membre d'équipage*
Théâtre :	*Nord-ouest de l'Europe*
Lieu :	*East Anglia (Angleterre)*

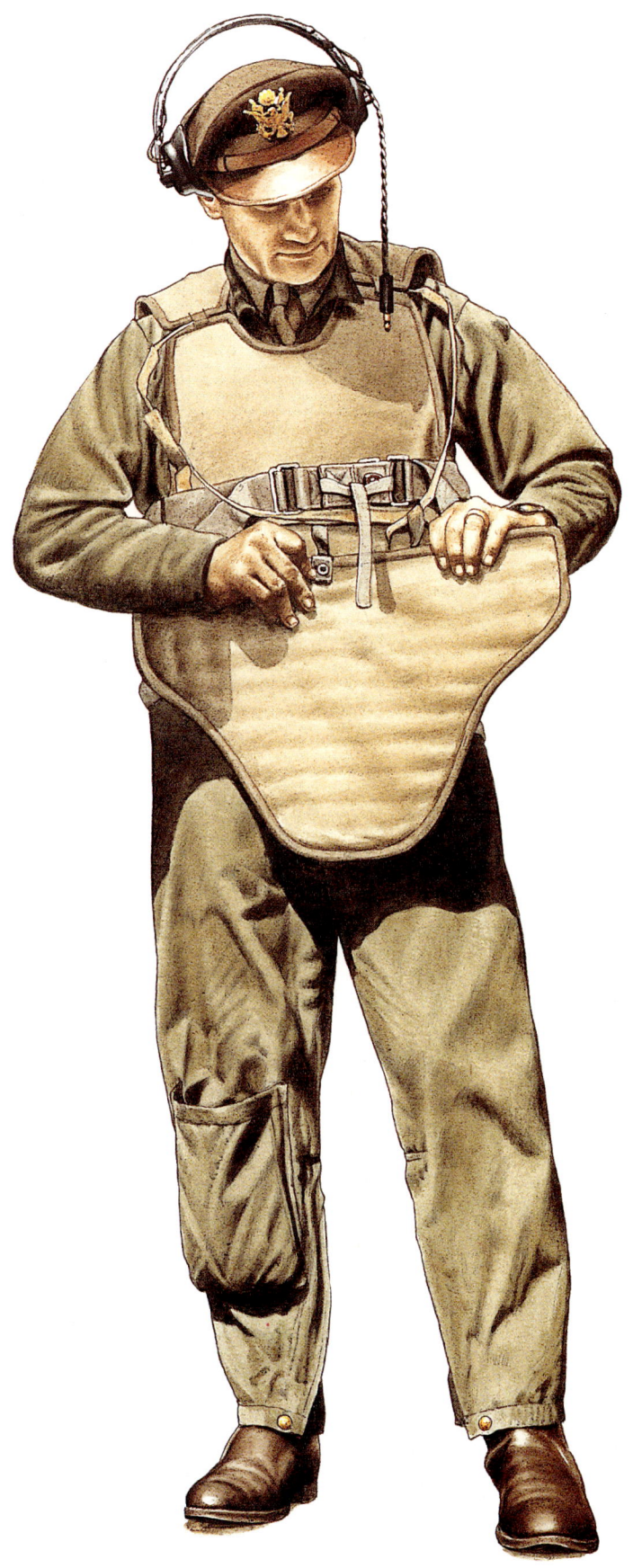

Bombardier 322ᵉ groupement de bombardiers

Le lieutenant Benjamin McCartney (ci-contre), est vêtu de l'uniforme clair de l'armée de l'air américaine (USAAF). Sous son gilet de sauvetage, une chemise kaki clair complète son pantalon kaki de tenue de cérémonie, ses chaussures et sa casquette d'officier d'ordonnance.

À son col de chemise, le lieutenant McCartney arbore la barrette argent qui correspond à son grade. Le personnel de l'aviation utilisait les insignes de grade du service auquel ils étaient affiliés, ce qui explique pourquoi les membres de l'USAAF portaient ceux de leurs homologues de l'*US Army*. L'unité de McCartney, le 322ᵉ groupement de bombardiers, fut mis en action en Floride le 19 juin 1942 ; il comprenait les 449ᵉ, 450ᵉ, 451ᵉ et 452ᵉ groupes. L'entraînement commença avec le bombardier Marauder B-26. Au moment où le groupement reçut l'ordre de se rendre en Grande-Bretagne il connaissait une pénurie d'appareils et le premier groupe aérien n'y arriva qu'en mars 1943.

Le 322ᵉ groupement de bombardiers était attaché à la 3ᵉ escadre de bombardiers, qui avait adopté une stratégie de bombardement en altitude "zéro" pour échapper à l'artillerie antiaérienne allemande et multiplier les missions sous une couverture nuageuse basse. Cependant, cette stratégie n'était pas sans risque et le 17 mai 1943 le groupement perdit une force de frappe lors d'une attaque à basse altitude (l'une des leçons infligées aux Américains au-dessus du ciel d'Europe). Néanmoins, dès le mois d'octobre le 322ᵉ avait accompli 34 missions, et le 16 de ce même mois il fut affecté à la 9ᵉ *Air Force* en soutien aux opérations au sol qui allaient suivre le débarquement allié en Europe.

Date :	*Juillet 1944*
Unité :	*322ᵉ groupement de bombardiers*
Grade :	*Bombardier*
Théâtre :	*Nord-ouest de l'Europe*
Lieu :	*Angleterre*

Sergent-chef spécialiste 2ᵉ grade 9ᵉ armée de l'air US

Ce membre d'équipe au sol porte la combinaison gris vert olive de la 9ᵉ armée de l'air US en Grande-Bretagne. Il est coiffé d'une casquette de corvée standard de style "base-ball", et son grade figure en haut des manches. Les équipes au sol remplissaient la fonction essentielle de maintenir les appareils en état de vol pour accomplir leurs missions.

Toutes les armées de l'air US étaient organisées de façon similaire, avec quelques différences dues à des conditions géographiques et climatiques ainsi qu'à des considérations tactiques. Pour des besoins administratifs, la plus petite unité était le groupement, composé de deux à quatre groupes.

Les groupes s'entraînaient toujours ensemble et associaient leurs services administratifs lorsqu'ils étaient basés de façon permanente. En somme, un groupement aérien était l'équivalent d'un régiment dans l'armée de terre.

En Europe, les diverses armées de l'air US furent impliquées dans les combats en Méditerranée (en Afrique du Nord, en Sicile et en Italie continentale) et dans les airs du nord-ouest de l'Europe. Par ailleurs, les Américains collaborèrent étroitement avec les Britanniques et les autres forces alliées. Grâce aux efforts des équipes au sol, les Américains réussirent à faire décoller des centaines d'appareils au moment crucial. Ainsi, au 1ᵉʳ mars 1944 les 8ᵉ et 9ᵉ armées de l'air US avaient totalisé 107 001 sorties, au cours desquelles elles avaient perdu 1 509 appareils.

Date :	*Janvier 1945*
Unité :	*9ᵉ armée de l'air US*
Grade :	*Sergent-chef spécialiste 2ᵉ grade*
Théâtre :	*Nord-ouest de l'Europe*
Lieu :	*East Anglia (Angleterre)*

Membre d'équipage de bombardier 8ᵉ armée de l'air US

Ce membre d'équipage de bombardier Boeing B-17 Fortress porte une tenue de vol intermédiaire doublée de laine et d'alpaga, avec gilet de sauvetage, casque A-11, lunettes de vol B-8 et masque à oxygène A-10. Pour combattre les températures glaciales de la haute altitude, l'homme est également chaussé de bottes doublées de fourrure.

L'équipage d'un B-17 comprenait dix hommes : le pilote, le copilote, le navigateur, le bombardier, l'ingénieur de vol, le radio et quatre artilleurs (deux au centre, un dans la tourelle ventrale et un dans la queue). Dans un but défensif, le navigateur disposait de deux mitrailleuses pointées à travers les fenêtres du cockpit, tandis que le bombardier contrôlait la mitrailleuse avant et l'ingénieur de vol se chargeait de deux mitrailleuses dorsales. Au total, le B-17 était donc doté d'un armement défensif de 15 mitrailleuses de calibres différents.

Cependant, et malgré le fait que les bombardiers américains volaient en formation défensive, les raids aériens effectués de jour affichaient de lourdes pertes infligées par la Luftwaffe. Lors du raid sur Schweinfurt le 14 octobre 1943 notamment, sur les 291 bombardiers B-17 engagés, 60 furent abattus par l'armée de l'air allemande et 133 autres furent endommagés. Ce raid, que la 8ᵉ armée de l'air US surnomma "jeudi noir", donna lieu à une réévaluation de sa politique de bombardements diurnes, même si trois des cinq usines de roulements à billes qu'elle visait avaient été sévèrement endommagées.

Date :	*Février 1945*
Unité :	*8ᵉ armée de l'air US*
Grade :	*Membre d'équipage*
Théâtre :	*Nord-ouest de l'Europe*
Lieu :	*East Anglia (Angleterre)*

Lieutenant de vaisseau
Pilote de l'US Navy
USS Enterprise

Cet officier porte la tenue de service verte d'ordonnance des pilotes de l'aéronavale américaine. Sur le col de sa chemise en coutil kaki, qui se portait boutonnée avec une cravate noire, on aperçoit des barrettes indiquant son grade – indications complétées par les galons noirs et l'étoile à ses manchettes. Sur sa poitrine, au côté gauche, figurent les ailes de pilote de l'aéronavale. Ces dernières furent adoptées en 1919 et furent utilisées tout au long de la seconde guerre mondiale par les pilotes de l'*US Navy*, du corps des Marines et des gardes-côtes.

Comme il était d'usage dans l'*US Navy*, la couleur de la casquette était assortie à celle du reste de l'uniforme. La casquette comportait un bandeau noir, tout comme le fond de l'insigne, ainsi qu'une visière en cuir noir et une jugulaire en galon doré. Jusqu'en mai 1941 l'aigle sur l'avant de la casquette regardait à gauche, puis il fut tourné vers la droite. Il existait deux sortes de broderies dorées sur la visière de la casquette : une double rangée de feuilles de chêne et de glands pour les officiers généraux, et une simple rangée pour les officiers supérieurs (les capitaines). Après le 1er janvier 1944, la casquette à visière brodée ne fut plus portée que lors des occasions officielles.

Au début de la guerre du Pacifique, un groupement de porte-avions américains comprenant plus d'un porte-avions était divisé afin de pouvoir lancer un plus grand nombre d'avions. À partir de 1943 cependant, les corps expéditionnaires restèrent groupés afin d'augmenter l'efficacité de leurs *Combat Air Patrols*.

Date :	*Décembre 1941*
Unité :	USS Enterprise
Grade :	*Lieutenant de vaisseau*
Théâtre :	*Pacifique*
Lieu :	*Centre de l'Océan pacifique*

Premier maître
Task Force 34

L'uniforme de base de la marine américaine porté durant la seconde guerre mondiale était en fait une évolution en plusieurs étapes de l'uniforme mis en service lors de la guerre de Sécession. Les officiers et les premiers maîtres portaient l'uniforme illustré ci-contre : casquette à visière avec coiffe bleue ou blanche, calot, caban avec chemise blanche et cravate noire, pantalon assorti, chaussures et chaussettes noires. Le manteau et le ciré étaient croisés avec deux rangées de quatre boutons sur le devant.

En tant que premier maître, ce personnage porte les chevrons et l'insigne de son arme à la manche gauche. Son insigne de grade se composait d'un aigle, de chevrons, d'un arc et d'un insigne de spécialité (l'aigle et l'insigne d'arme étaient blancs). Les premiers maîtres et les maîtres comptant au moins douze années de service et ayant obtenu trois récompenses consécutives pour conduite exemplaire (ou un titre équivalent) étaient autorisés à porter des chevrons or avec un aigle et un insigne de spécialité brodés d'argent sur leur uniforme bleu.

La manchette de ce premier maître est ornée de quatre galons, chacun indiquant quatre années de service. Son insigne d'arme est celui de mécanicien, révélant son appartenance au corps des ingénieurs. Introduits en 1841, les insignes de spécialité étaient bleu foncé pour l'uniforme blanc, et brodés de fil blanc ou argent pour l'uniforme bleu. Son insigne de casquette était pour sa part réservé aux maîtres.

Ce personnage servait à bord de l'un des nombreux navires (plus de cent) qui prirent part à l'invasion de l'Afrique du Nord.

Date :	*Novembre 1942*
Unité :	*Task Force 34*
Grade :	*Premier maître*
Théâtre :	*Méditerranée*
Lieu :	*Océan Atlantique*

Maître de 1ʳᵉ classe Task Force 34

Ce maître arbore le fameux col carré des gradés et des marins. Par temps froid, ces derniers portaient également un caban court avec deux rangées de gros boutons en plastique marqués de l'aigle américain. Notre homme et coiffé du bonnet blanc de corvée qui remplaçait l'impopulaire bonnet "Donald Duck" (tel qu'il était porté par le personnage de Disney).

Son troisième échelon dans la marine américaine est indiqué par les galons blancs de ses manchettes, et ses insignes de grade et de spécialité (radio) figurent sur sa manche gauche. Lorsqu'un marin nouvellement recruté devenait matelot breveté, un galon blanc venait orner les poignets de son pull-over. Plus tard, il passait matelot de 2ᵉ classe (avec deux galons), ou pompier de 3ᵉ classe (avec un seul galon). Chaque galon mesurait 5 mm de large, et les galons doubles et triples étaient reliés par des bandes verticales. En tout, l'insigne mesurait environ 120 mm de long.

Fidèles à l'accoutumée, l'aigle et l'insigne de spécialité de ce maître étaient blancs et les chevrons rouges. En tant que membre de la *Task Force 34*, le personnage prêta son aide lors des débarquements américains en Afrique du Nord. Ce corps expéditionnaire comprenant 30 navires reçut le soutien de la *Royal Navy*. Les chefs d'état-major américains étaient opposés à ces débarquements, qui selon eux détournaient les forces des actions vitales à mener dans le nord-ouest de l'Europe. L'opération, baptisée "Torch", eut cependant lieu le 8 novembre 1942. Ce fut la plus grande opération amphibie jamais menée à l'époque, avec plus de 100 000 hommes.

Date :	*Novembre 1942*
Unité :	*Task Force 34*
Grade :	*Maître de 1ʳᵉ classe*
Théâtre :	*Méditerranée*
Lieu :	*Océan Atlantique*

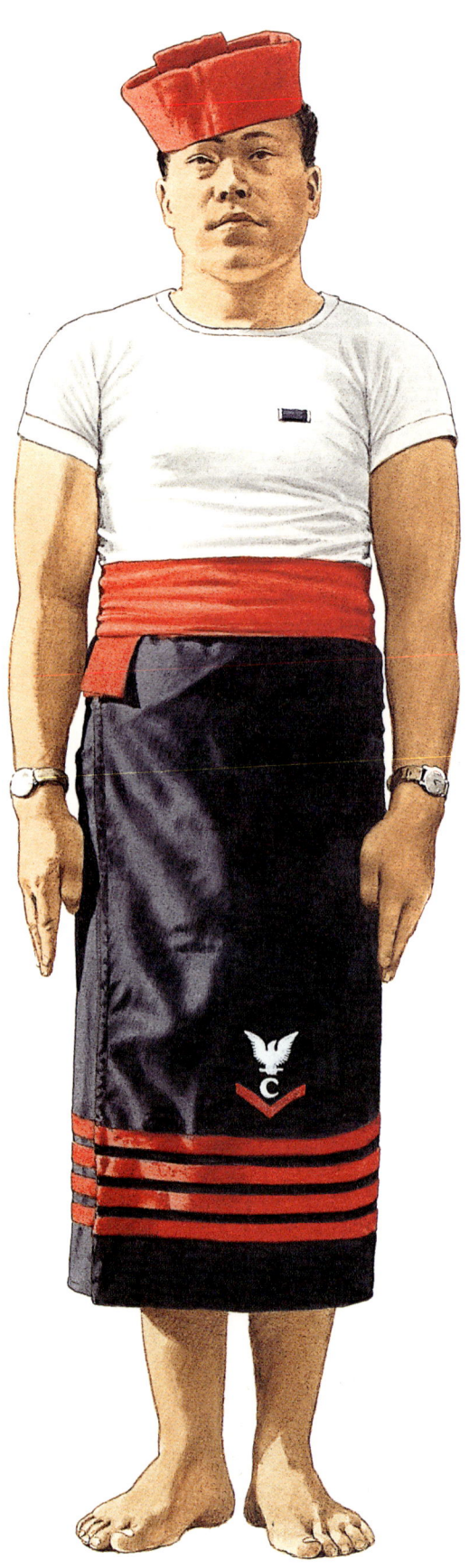

Maître de 3ᵉ classe
USS Saratoga

La marine américaine employait des milliers d'étrangers pour servir à bord de ses navires et permettre le fonctionnement ininterrompu de ses voies de ravitaillement. Le personnage ci-contre est un Samoan vêtu de son traditionnel *lava-lava* à l'avant duquel figure son insigne de spécialité de cuisinier-boulanger. Sur son maillot de corps d'ordonnance de la marine, on peut voir le ruban du *Purple Heart* (décoration des blessés de guerre). Sa tenue est complétée par un turban rouge, une ceinture à nœud et quatre bandes sous son insigne.

Dans le Pacifique les Américains mirent en place deux commandements : la zone océan Pacifique sous les ordres de l'amiral Chester W. Nimitz, et la zone Pacifique sud-ouest qui dépendait du général MacArthur (la force navale de soutien de MacArthur était sous le commandement de l'amiral Halsey).

Les ressources militaires des États-Unis étaient telles que le pays n'eut aucun problème à maintenir ces deux commandements, et en 1943 la 5ᵉ flotte de l'amiral Nimitz était devenue la plus importance force navale que le monde ait connu. Elle comprenait trois corps expéditionnaires *Task Forces* : la TF50, une force de porte-avions rapide avec 11 porte-avions, 6 cuirassés et 6 croiseurs lourds ; la TF54, qui comprenait la force d'assaut amphibie ; et la TF57, qui contrôlait les navires à quai, les navires de réparation, les destroyers ravitailleurs et les remorqueurs.

À l'image de ce personnage, les auxiliaires de la marine américaine effectuaient pour la plupart des tâches manuelles et terre à terre, mais ils contribuèrent de façon très significative à la victoire finale de la marine américaine sur le théâtre du Pacifique.

Date :	Novembre 1943
Unité :	USS Saratoga
Grade :	Maître de 3ᵉ classe
Théâtre :	Pacifique
Lieu :	Îles Salomon

Enseigne de vaisseau de 2ᵉ classe Flotte atlantique US

Cet enseigne de vaisseau porte la tenue de service d'ordonnance des officiers, avec une casquette à coiffe blanche. On peut voir à ses poignets les galons indiquant son grade, et l'étoile à cinq branches qui marque son statut d'officier de ligne. Sur l'uniforme de service bleu, les galons de manchettes étaient de couleur or. Au début de la guerre ils faisaient le tour du poignet, par la suite ils ne furent plus posés que sur l'extérieur de la manche.

À partir du 1ᵉʳ janvier 1944, seul les galons de manchettes courts furent autorisés sur la tenue de service. Le galon simple que l'on voit sur les manches de ce personnage indique son grade d'enseigne de vaisseau, grade également indiqué par un galon moyen en boucle sur les épaulettes et une barrette de métal doré sur le col de chemise et le calot. L'aiguillette était l'attribut des aides de camp du président.

Même si aux yeux des Américains l'Atlantique Nord demeurait un théâtre secondaire en comparaison avec le Pacifique, la marine consacra d'importantes ressources pour remporter la bataille de l'Atlantique. Dès 1944, on y comptait notamment sept groupes de porte-avions d'escorte, comprenant sept porte-avions et 97 destroyers dont la mission était de détruire les sous-marins allemands et de protéger les navires alliés et neutres. Pour faciliter le travail de cette force, l'Atlantique était divisé en zones maritimes représentant chacune un secteur allant d'une section de la côte jusqu'à 320 km au large. Le commandant de chaque zone contrôlait tous les vaisseaux qui y naviguaient pendant toute la durée de leur voyage.

Date :	*Juin 1944*
Unité :	*Flotte atlantique US*
Grade :	*Enseigne de vaisseau de 2ᵉ classe*
Théâtre :	*Atlantique*
Lieu :	*Washington*

Officier de signalisation USS Princeton

Dans la marine américaine, le personnel de pont d'envol des porte-avions était équipé de casques, de casquettes de base-ball, de T-shirts et de vestes de diverses couleurs, avec leur nom, leur grade et leur fonction souvent peints en lettres noires sur leurs vêtements. La couleur du casque servait à identifier la fonction de chaque homme à bord du porte-avions : rouge pour les capitaines en charge des appareils, gris pour les manutentionnaires, rouge pour les pompiers et le personnel du feu, vert pour le personnel d'appontage, jaune pour le personnel des hangars, rose pour le personnel du service du matériel et des dépôts, etc.

Cet officier de signalisation du porte-avions *USS Princeton* guide la manœuvre d'approche d'un appareil pendant la bataille du golfe de Leyte. Il porte la chemise en coton ou en popeline kaki clair de la tenue de service des officiers et un pantalon kaki clair, avec un débardeur et un casque jaunes.

Bien que le *USS Princeton* fût coulé lors de cette bataille, l'opération à laquelle il participa permit de paralyser la flotte et l'aviation japonaises et de réduire le nombre de soldats japonais aux Philippines (environ 135 000 d'entre eux se retrouvèrent isolés par l'avancée américaine). Les Nippons perdirent quatre porte-avions, trois cuirassés, six croiseurs lourds, quatre croiseurs légers, onze destroyers et un sous-marin, contre un porte-avions léger, deux porte-avions d'escorte, deux destroyers et un escorteur du côté américain. Au sol, la campagne fit 70 000 tués et blessés dans le camp japonais et 15 584 victimes américaines.

Date :	*Octobre 1944*
Unité :	USS Princeton
Grade :	*Officier de signalisation*
Théâtre :	*Pacifique*
Lieu :	*Golfe de Leyte*

Grande-Bretagne

En 1939 la Grande-Bretagne s'engagea dans la guerre avec un armement et un matériel développés avant ou pendant la première guerre mondiale, s'attendant à connaître un conflit similaire. Malgré les défaites de 1940 et 1941, l'esprit combatif du soldat britannique de base ne faiblit jamais; il se caractérisait par une détermination farouche dans l'attaque et une défense inébranlable.

Caporal
1re division antiaérienne

Eu égard à la contribution féminine lors de la première guerre mondiale au sein d'organisations telles que le *Women's Army Auxiliary Corps* (WAACs – corps des auxiliaires féminines de l'armée), les femmes servaient déjà dans l'armée de terre britannique lorsque la seconde guerre mondiale éclata.

Le personnage ci-contre appartient au corps des auxiliaires du service territorial (ATS), qui reçut l'assentiment royal le 9 septembre 1939. Au début de la guerre, les membres de l'ATS furent employés en tant que cuisinières, secrétaires ou chauffeurs, ce qui leur donnait un statut ambigu. En 1940, des téléphonistes et chauffeurs de l'ATS furent envoyées en France, mais ce n'est qu'à partir de Dunkerque que l'ATS prit de l'ampleur et que ses membres reçurent un véritable statut militaire. Le personnel de l'ATS remplissait des fonctions dans l'armée de terre, telles que celles d'opératrice de recherche, de radar ou d'artillerie.

Ce caporal porte un calot de campagne, acheté de ses propres deniers, avec un uniforme kaki type. L'emblème de son unité, en haut de ses manches, est celui de la 1re division antiaérienne, chargée de la défense aérienne de Londres contre les raids de la Luftwaffe de 1940 à 1941. En tant que personnel attaché à l'artillerie royale, cette femme porte son insigne au-dessus de sa poche poitrine gauche.

L'ATS possédait sa propre organisation et son propre système administratif à base de sections, de compagnies et de groupes. Une section comprenait de 23 à 75 femmes ; deux à cinq sections formaient une compagnie ; et un groupe était composé de plusieurs compagnies, avec un minimum de 250 femmes. L'ATS contribua de façon non négligeable à l'effort de guerre.

Date :	*Septembre 1940*
Unité :	*1re division antiaérienne*
Grade :	*Caporal*
Théâtre :	*Nord-ouest de l'Europe*
Lieu :	*Londres*

Sergent
Welsh Guards
Division royale

Ce sergent est vêtu d'une tenue de service kaki avec une culotte de golf et de longues bandes molletières, une configuration dépassée en 1940 (date de cette illustration) et qui avait été majoritairement remplacée par le battle-dress. Ce dernier, porté pour la première fois en 1937, comprenait une vareuse évasée à partir de la taille et un long pantalon ample resserré aux chevilles. Malgré cette tentative de modernisation, le nouvel uniforme restait peu pratique, même s'il était facile à confectionner et relativement bon marché. La tenue de combat d'été en treillis était plus légère.

L'ancienne tenue de service kaki continua cependant sa carrière, comme on le voit ici. Par-dessus sa veste, ce sous-officier porte un débardeur en cuir doublé d'un épais tissu kaki, vêtement à la fois confortable et pratique introduit lors de la première guerre mondiale. Sa tenue était complétée par un harnais et un masque à gaz modèle 1937 en position prête à l'emploi, sur sa poitrine. L'homme est armé d'un fusil Mk 3 SMLE (*Short Magazine Lee-Enflied*) n° 1 calibre 7,69 mm, arme à la fois efficace, fiable et robuste.

Le personnage ci-contre est un sergent des *Welsh Guards*, l'un des cinq régiments de gardes à pied de l'armée de terre britannique qui, lorsque la guerre éclata en 1939, comptaient 227 000 hommes en comptant ses forces en Inde et en Birmanie. Ces effectifs comprenaient deux régiments de la Cavalerie de la garde royale, 20 régiments de cavalerie de ligne et 64 régiments d'infanterie de ligne.

Date :	*Septembre 1940*
Unité :	*Welsh Guards Division royale*
Grade :	*Sergent*
Théâtre :	*Nord-ouest de l'Europe*
Lieu :	*Pirbright (Angleterre)*

Capitaine
3e Hussards du roi

Dans les déserts d'Afrique du Nord, les officiers de cavalerie britanniques portaient souvent des calots aux couleurs vives ornés d'insignes brodés, comme on peut le voir ici. Sur ses épaules, ce capitaine des Hussards du roi (*King's Own Hussards*) porte des étoiles fixées à des épaulettes amovibles en coutil kaki.

Au commencement de la guerre dans le désert, l'uniforme tropical de l'armée britannique n'était pas très pratique : il contenait une quantité d'amidon et avait besoin d'être repassé. Au début des hostilités, en 1940, un uniforme plus pratique fit son apparition ; il fut rapidement adopté par les hommes de tous grades.

Les officiers portaient une version tropicale de la tenue de service confectionnée en coutil, en gabardine ou en *barathea* kaki. Elle comprenait une tunique, une chemise, une cravate et un short ou un pantalon, porté soit avec des bandes molletières et des bottillons, soit avec des chaussures et des chaussettes kaki. Les soldats de cavalerie s'habillaient d'une culotte de cheval avec des bottes de campagne ou des bandes molletières. Au front, les hommes de tous grades revêtaient une chemise en coutil kaki, un pull-over et un pantalon ou un short (en général, l'uniforme des officiers était de meilleure qualité que celui des gradés).

De leur côté, les officiers arboraient un pantalon en velours côtelé et des bottes en daim à semelles en caoutchouc surnommées *chukka* (illustrés ci-contre). Les bottes en daim ne faisaient pas partie de l'uniforme officiel mais étaient adaptées au désert. Le harnais modèle 1937 de cet officier comporte un étui, sur la droite, destiné au compas, tandis que sur la gauche se trouve un étui à munitions. Son arme, rangée dans son étui, est un revolver Webley d'une grande fiabilité.

Date :	*Octobre 1941*
Unité :	*3e Hussards du roi*
Grade :	*Capitaine*
Théâtre :	*Méditerranée*
Lieu :	*Afrique du Nord*

100

Caporal-chef Hampshire Regiment

Ce sous-officier porte la nouvelle tenue de combat de l'époque et un casque Mk 1 à jugulaire élastique. Sa vareuse droite, en serge, comportait un col cassé, une fermeture sous patte, des poches poitrines à plis avec rabat et fermées par un bouton dissimulé. Les boutons de la vareuse, de couleur verte, étaient fabriqués à partir d'un composé naturel.

La taille de la vareuse était resserrée par une ceinture fermée par une boucle plate en métal. Le pantalon comportait des poches revolver et latérales, et aussi une grande poche plaquée avec rabat sur la cuisse gauche, comme on peut le voir sur l'illustration. Le bas de la jambe de pantalon était muni d'une patte et d'un bouton, ce qui permettait de le resserrer autour de la cheville lorsqu'il était porté avec des bottillons noirs.

Le harnais modèle 1937 inclut un étui à jumelles, et un masque à gaz de service, sur la poitrine (c'est-à-dire en position dite "d'alerte" ou "prête à l'emploi").

Les bottes de caoutchouc du caporal-chef sont révélatrices du style de campagne que les Britanniques pensaient affronter en France en 1940. Bien que ne faisant pas partie de l'équipement d'ordonnance, elles étaient destinées à être distribuées par temps très humide aux soldats qui servaient dans les tranchées. Cependant, elles ne furent pas nécessaires car il n'y eut pas de tranchées à l'Ouest en 1940, seulement une retraite vers Dunkerque suivie d'une évacuation vers la Grande-Bretagne pour les plus chanceux.

Les efforts de l'armée française pour retarder les forces allemandes et la décision d'Hitler d'arrêter les Panzers aux portes de Dunkerque permirent d'évacuer 224 320 Britanniques et 141 842 Alliés, succès qui donna un coup de fouet au moral des Britanniques.

Date :	*Juin 1940*
Unité :	*Hampshire Regiment*
Grade :	*Caporal-chef*
Théâtre :	*Nord-ouest de l'Europe*
Lieu :	*France*

Soldat
East Yorkshire Regiment

Pendant la drôle de guerre sur le front de l'Ouest, au cours de l'hiver 1939-1940 (le seul mouvement allié de cette période fut une timide tentative de percée française vers Sarrebruck), la stratégie principale était une politique de blocus et de fortification défensive visant à épuiser l'Allemagne. Ce soldat en service sur la ligne Maginot (la fameuse série de fortifications et de places fortes le long de la frontière est de la France) porte par-dessus son battle-dress une tenue spécialement fabriquée pour la neige. Les munitions de son fusil Mk 3 Lee-Enfield n° 1 sont contenues dans sa cartouchière en tissu.

Le *East Yorkshire* était un régiment de ligne ; il formait l'épine dorsale de l'armée de terre britannique. En temps de guerre, il était réuni en divisions d'infanterie, qui comprenaient trois brigades d'infanterie de trois bataillons chacune et trois régiments d'artillerie de campagne (soit une force totale de 13 600 hommes). Fort de 33 officiers et 780 hommes, chaque bataillon d'infanterie était divisé en quatre compagnies d'infanterie légère, chacune avec son quartier général et trois sections. De plus, le bataillon possédait une compagnie d'état-major qui comprenait six sections, à savoir : de transmissions, antiaérienne, de mortiers, de transport, de sapeurs et d'administration.

Le régiment d'infanterie était une unité à caractère administratif, mais qui restait néanmoins idéale pour le recrutement et le moral des troupes. Ceci parce que ses membres étaient toujours recrutés dans le secteur où le régiment était basé, ce qui développait chez eux un fort esprit de corps.

Date :	*Janvier 1940*
Unité :	*East Yorkshire Regiment*
Grade :	*Soldat*
Théâtre :	*Nord-ouest de l'Europe*
Lieu :	*Ligne Maginot*

Soldat
49ᵉ division d'infanterie

Comme des milliers d'autres, ce soldat de l'armée de terre britannique participa à la campagne de Norvège d'avril 1940. Il est vêtu d'un manteau *"Tropal"* doublé de kapok, à la fois lourd et inconfortable. Pour mieux résister au froid, il porte également un passe-montagne. Son masque à gaz est en position prête à l'emploi et les deux cartouchières en bandoulière sur ses épaules contiennent des munitions pour sa mitrailleuse Bren.

Au début de la seconde guerre mondiale, l'armée de terre britannique était une grande organisation qui comprenait 227 000 hommes, en comptant ceux qui servaient et Inde et en Birmanie. L'armée de terre était subdivisée en deux régiments de Cavalerie de la garde royale, 20 régiments de cavalerie de ligne, cinq régiments de gardes à pied, 64 régiments d'infanterie de ligne, l'artillerie royale, le régiment royal de blindés et les unités et services auxiliaires. L'organisation régulière recevait le soutien de l'armée territoriale, forte de 204 000 hommes et officiers et organisée en une force de campagne comprenant neuf divisions d'infanterie, une division motorisée, deux brigades de cavalerie et un corps antiaérien de cinq divisions.

Le soldat britannique jouissait d'une belle réputation, même si la cuirasse présentait certaines faiblesses. Hitler résumait ainsi l'état de l'armée de terre britannique : "Le soldat britannique a conservé les traits qui le caractérisaient lors de la première guerre mondiale : très courageux et opiniâtre en défense, maladroit à l'attaque et lamentablement commandé. Son armement et son matériel sont excellents, mais son organisation générale est mauvaise." Ces remarques étaient entièrement justifiées.

Date :	*Avril 1940*
Unité :	*49ᵉ division d'infanterie*
Grade :	*Soldat*
Théâtre :	*Arctique*
Lieu :	*Narvik*

Caporal-chef 6ᵉ régiment royal de blindés

Ce sous-officier porte le béret caractéristique du régiment royal de blindés (*Royal Tank Regiment*), noir avec un insigne argent. Sa tenue est complétée par l'uniforme d'ordonnance pour le désert : chemise et short kaki, chaussettes, bandes molletières courtes et bottillons en cuir. Notez les parements de couleurs vives sur ses épaulettes, et son cordon noir. Les équipages de blindés portaient un revolver Mk 1 Enfield n° 2 calibre 38 dans un étui spécial généralement attaché plus bas qu'à l'habitude, sur la cuisse.

Pour les climats plus frais, les tankistes britanniques enfilaient par-dessus leur tenue de combat une combinaison en treillis noir, à laquelle ils ajoutaient un casque en fibres kaki ou noir, des gants et des lunettes de protection. La combinaison et le casque furent rapidement réservés aux hommes en formation, les équipages en action retrouvant leurs vêtements.

Au Moyen-Orient, les Britanniques commencèrent à préparer la guerre blindée dans le désert dès 1938 avec la formation de la *Matruh Mobile Force*, qui allait devenir la division motorisée en octobre 1939. Cette division se composait de la *Light Armoured Brigade* (7ᵉ, 8ᵉ et 11ᵉ hussards), de la *Heavy Armoured Brigade* (1ᵉʳ et 6ᵉ régiments royaux de blindés), ainsi que d'unités de la *Royal Horse Artillery* et d'infanterie. En avril 1940, les unités blindées furent réorganisées : la *Light Armoured Brigade* devint la 7ᵉ brigade de blindés (*Armoured Brigade*), et la *Heavy Armoured Brigade* la 4ᵉ brigade de blindés. La formation qui en résultat fut baptisée 7ᵉ *Armoured Division* (division de blindés).

Date :	*Janvier 1941*
Unité :	*6ᵉ régiment royal de blindés*
Grade :	*Caporal-chef*
Théâtre :	*Méditerranée*
Lieu :	*Afrique du Nord*

Sergent Commando n° 1
HMS Campbeltown

Ce commando de l'armée britannique participa au raid contre le bassin de radoub de Saint-Nazaire à la fin mars 1942. Les sous-marins allemands de l'Atlantique avaient alors infligé de lourdes pertes aux Alliés. De plus, les vaisseaux de guerre ennemis y préparaient une offensive contre les faibles défenses britanniques. Saint-Nazaire disposait du plus grand bassin de radoub du monde, qui pouvait loger de grosses unités de guerre allemandes ; il était donc essentiel de le détruire.

La force d'assaut du commando chargé de cette mission se composait du commando n° 2, des équipes de démolition des commandos n°s 1, 2, 3, 4, 5, 6, 9 et 12, ainsi que des marins, soit un total de 611 hommes. Le raid fut couronné de succès, même si 197 Britanniques furent tués et 200 autres faits prisonniers. Cependant, leur sacrifice permit la destruction du bassin de radoub et signifia la fin des incursions des grosses unités de guerre allemandes dans l'Atlantique.

Le commando illustré ci-contre est vêtu d'une tenue de combat kaki, de guêtrons grattés et de brodequins à semelles de caoutchouc. Sous sa vareuse, il porte un pull-over à col roulé de la marine et un gilet de sauvetage (dont on aperçoit le tube qui servait à le gonfler). Son sac à dos est rempli d'explosifs, tandis que ses cartouchières ventrales contiennent des grenades et des munitions pour son pistolet Browning semi-automatique, dans son étui. À l'image de la plupart des commandos, il est armé d'une dague *Fairburn-Sykes*. Ce raid se distingua par le courage héroïque dont firent preuve les hommes qui y participèrent, et pas moins de cinq d'entre eux se virent décerner la *Victoria Cross* (la plus haute décoration militaire).

Date :	*28 mars 1942*
Unité :	*Commando n° 1*
Grade :	*Sergent*
Théâtre :	*Nord-ouest de l'Europe*
Lieu :	*Saint-Nazaire*

Caporal Police militaire royale

Ce policier militaire (MP) servait dans la 46ᵉ division (*North Midland and West Riding*) lors de la campagne italienne. Il est coiffé d'un casque en acier avec un bandeau peint où figurent les lettres "MP". Par-dessus sa manche droite, un brassard bleu porte la même inscription. Son manteau est d'un modèle spécial confectionné pour les motocyclistes. Les MP soignaient particulièrement leur apparence, car ils étaient supposés montrer l'exemple.

Lors de l'invasion de la Sicile et de l'Italie continentale, la 8ᵉ Armée britannique fut organisée ainsi : 13ᵉ corps, comprenant les 5ᵉ et 50ᵉ divisions et la 231ᵉ brigade, et 30ᵉ corps composé de la 51ᵉ division et de la 1ʳᵉ division canadienne. L'invasion de la Sicile commença le 25 juillet 1943 pour prendre fin le 17 août. L'Italie du Sud fut envahie le 3 septembre 1943, lorsque les troupes de la 8ᵉ Armée traversèrent le détroit de Messine. Six jours plus tard, le 5ᵉ Armée américaine débarquait à Salerne. La 5ᵉ était composée de troupes américaines et britanniques. La participation britannique (le 10ᵉ corps) comprenait la 7ᵉ division blindée, les 46ᵉ et 56ᵉ divisions d'infanterie et la 23ᵉ brigade blindée. La prise de Salerne coûta aux unités britanniques 725 tués (des hommes et des officiers), 2 739 blessés et 1 800 portés disparus. Naples tomba le 1ᵉʳ octobre et l'avancée sur Rome débuta onze jours plus tard.

Date :	*Octobre 1943*
Unité :	*46ᵉ division*
Grade :	*Caporal*
Théâtre :	*Méditerranée*
Lieu :	*Naples*

106

Caporal
Home Guard
Herts Regiment

Le 14 mai 1940, Anthony Eden, ministre britannique de la Guerre, appela les hommes en bonne santé âgés de 16 à 65 ans à s'engager dans une organisation appelée *Local Defence Volunteers* (LDV – volontaires pour la défense locale), milice mieux connue sous le nom de *Home Guard*. Dès le 20 mai, quelque 250 000 citoyens avaient répondu à l'appel et l'on en comptait 50 000 de plus à la fin du mois. Fin juillet 1940 la *Home Guard* comptait 500 000 volontaires de tous grades, une illustration supplémentaire du patriotisme britannique.

Le caporal ci-contre faisait partie de ces volontaires. À l'origine, les recrues du LDV s'habillaient de leurs propres vêtements avec un brassard kaki au bras droit portant l'inscription "LDV" en lettres noires. Le nombre d'armes destinées à ces volontaires enthousiastes était limité. Ce n'est que plus tard que des uniformes et des armes seraient mis à leur disposition.

Cette recrue porte une version légère du battle-dress de travail et son calot est orné de l'insigne du *Hertfordshire Regiment*. Sur le haut de sa manche gauche, on lit *Home Guard*, puis le monogramme HTS (pour Hertfordshire) et le numéro de son bataillon. Le ruban sur sa poitrine date de la première guerre mondiale et comprend, à l'extrême gauche, la *British War Medal* (médaille de guerre britannique) de 1914-1920. Ses cartouchières en tissu étaient confectionnées pour la *Home Guard* et la bande rouge sur son fusil US Enfield M1917 calibre 7,62 mm indique qu'il tire des munitions différentes du fusil d'ordonnance (calibre de 7,62 mm au lieu de 7,69 mm).

Date :	*Septembre 1940*
Unité :	*Home Guard, Hertfordshire Regiment*
Grade :	*Caporal*
Théâtre :	*Nord-ouest de l'Europe*
Lieu :	*Sud-est de l'Angleterre*

Sergent
6ᵉ bataillon des
Grenadier Guards

Ce sous-officier posté en Tunisie porte une tenue de combat complète en serge ornée du nom de son régiment et de ses chevrons de sergent en haut des manches. Son casque en acier est recouvert de toile de jute, et il est chaussé de brodequins et de guêtrons à sangles modèle 1937.

L'homme porte une mitrailleuse allemande MG34 calibre 7,92 mm prise à l'ennemi. Cette arme fut la première d'une catégorie de mitrailleuses réputées multi-usages. Sa béquille permettait de l'utiliser en tant qu'arme automatique légère, mais une fois équipée d'un trépied la MG34 se transformait en une mitrailleuse moyenne.

Le 6ᵉ bataillon des *Grenadier Guards* fut levé à Caterham, dans le Surrey, le 18 octobre 1941 et quitta l'Angleterre le 16 juin 1942 à destination de la Syrie. En novembre 1943, il patrouillait dans le nord de la Syrie. Il connut son baptême du feu lors de la bataille de Horseshoe, les 16 et 17 mars 1943.

À la fin de la campagne d'Afrique du Nord, le bataillon entra dans une période de remise en état. Puis, le 9 septembre 1943, il débarqua à Salerne (Italie). C'était le premier bataillon des Grenadiers à toucher le sol d'Europe continentale depuis l'évacuation de Dunkerque. Suite à son attitude remarquable lors de l'opération *"Bare Back Ridge"* à Camino au début 1944, le bataillon fut retiré du front et réorganisé. La plupart des hommes furent affectés au 5ᵉ bataillon, tandis que les autres furent orientés vers le Camp d'entraînement des renforts. Le 6ᵉ bataillon fut finalement démantelé le 4 décembre 1944.

Date :	*17 mars 1943*
Unité :	*6ᵉ bataillon des Grenadier Guards*
Grade :	*Sergent*
Théâtre :	*Méditerranée*
Lieu :	*Tunisie*

Adjudant
77ᵉ brigade indienne

Au début de la guerre du Pacifique, les troupes de l'armée de terre britannique portaient le même uniforme en coutil kaki que leurs camarades qui combattaient au Moyen-Orient. Cependant, cet uniforme se révéla inadapté dans la jungle : il n'était ni de la bonne couleur (sable) ni confortable. En 1942, un uniforme vert jungle fut introduit. Confectionné dans un tissu en maille aérée vert jungle, il comprenait une saharienne, une chemise, un pantalon et un short. Le couvre-chef variait, mais au combat la préférence allait le plus souvent vers un casque en acier ou un chapeau mou à large bord. Le harnais était souvent peint en vert foncé ou en noir pour une meilleure résistance à l'humidité.

Ce *Chindit*, membre d'un groupe d'infiltration et de reconnaissance qui opérait derrière les lignes japonaises en Birmanie (*Chindit* est dérivé de *Chinthe*, qui désigne les créatures mythiques qui gardent les temples birmans), est équipé pour affronter les jungles birmanes. La tenue vestimentaire était plus dictée par la liberté de mouvement que par l'étiquette militaire. Cet officier porte une chemise à manche longue kaki clair et un pantalon en coutil. Son chapeau à larges bords est agrémenté d'un voile kaki en mousseline qui, une fois défait, servait de protège-nuque. Cet accessoire était associé aux Australiens et aux Néo-Zélandais, mais il était apprécié des *Chindit*. L'homme porte des brodequins et des guêtrons à sangles (dont les soldats se débarrassaient au combat). Son étui cache un pistolet américain Smith & Wesson. Les *Chindit* étaient équipés de vêtements d'ordonnance, que la jungle finissait par réduire à l'état de guenilles.

Date :	*Avril 1943*
Unité :	*77ᵉ brigade indienne*
Grade :	*Adjudant*
Théâtre :	*Pacifique*
Lieu :	*Birmanie*

Lieutenant Groupe de reconnaissance du désert

Ce personnage est le lieutenant "Tiny" Simpson. Il porte un gros pull-over de style commando, apprécié des membres des forces spéciales britanniques, complété par un pantalon de combat et une paire de brodequins noirs. Sa ceinture modèle 1937 est munie d'un étui à pistolet et d'une cartouchière. Son couvre-chef est le béret noir du *Royal Tank Regiment* (régiment royal de blindés).

Le lieutenant Simpson appartenait au *Long Range Desert Group* (LRDG – Groupe de reconnaissance du désert), unité britannique de reconnaissance et de renseignements mise en place en juillet 1940. En campagne, les patrouilles du LRDG étaient dotées d'armes américaines (carabines M1 et PM Thompson). Les hommes utilisaient un pistolet automatique Colt. Les mitrailleuses BREN et les lance-fusées antichars PIAT n'étaient en usage que lors des missions offensives.

Chaque combattant recevait un matériel d'évasion IS9, un sac à dos Bergen et un sac de couchage Thompson Black ou une version de chez Baxter, Woodhouse et Taylor, plus lourde mais imperméable.

La tenue du LRDG était un mélange de vêtements d'origine britannique et des pays du Commonwealth, complété par quelques articles américains. Le casque en acier ne fut jamais utilisé car les sauts en parachutes s'effectuaient avec un casque britannique en caoutchouc, qui était abandonné à terre et remplacé par le bonnet avec cache-nez ou le béret sable caractéristique des LRDG (mais certains hommes, à l'image du lieutenant Simpson, conservaient le béret noir qu'ils avaient porté lors de la campagne du désert).

Date :	*Juin 1944*
Unité :	*Groupe de reconnaissance du désert*
Grade :	*Lieutenant*
Théâtre :	*Méditerranée*
Lieu :	*Yougoslavie*

Soldat
4ᵉ division d'infanterie
8ᵉ Armée

L'homme de cette illustration est vêtu de l'uniforme type du soldat britannique lors de la campagne d'Italie. Sur le dos, il porte son harnais équipé M1937, où il a glissé sa tenue de combat sous le rabat supérieur. Son casque Mk1 est muni d'un filet de camouflage sur lequel on ajoutait souvent des bandes vertes et noires en toile de jute. Parmi le matériel d'ordonnance inclus dans le harnais modèle 1937, citons une pioche qui servait également de pelle, et à l'intérieur du paquetage une gamelle avec couvercle, des vivres de réserve, une fourchette et une cuiller, un gilet, des chaussettes, un bonnet avec cache-nez et un nécessaire pour faire la lessive.

Il existait d'autres articles, dont le soldat de cette illustration n'était pas équipé, notamment un tapis de sol attaché sous le rabat du sac à dos, un masque à gaz sur la hanche gauche et une gourde sur la droite.

Dès novembre 1943, la 8ᵉ Armée comptait 351 000 hommes et officiers en Italie. La taille moyenne d'une division était de 40 000 hommes. Cette campagne coûta cher aux Britanniques : entre septembre 1943 et mars 1944, l'armée perdit 46 000 hommes au combat. Dès février 1944 les bataillons d'infanterie des 1ʳᵉ et 56ᵉ divisions ne fonctionnaient plus qu'avec respectivement 72 et 68 pour cent de leurs effectifs. Lorsque les Alliés pénétrèrent dans Rome le 4 juin 1944, les pertes totales des Britanniques et des troupes du Commonwealth enregistrées depuis le débarquement de Sicile se montaient à 73 122 hommes (soit 14 331 morts, 47 966 blessés et 10 825 portés disparus).

Date :	*Juin 1944*
Unité :	*4ᵉ division d'infanterie*
Grade :	*Soldat*
Théâtre :	*Méditerranée*
Lieu :	*Rome*

Lieutenant – 1er régiment de pilotes de planeurs

Ce personnage est le lieutenant J. F. Hubble, du 1er régiment de pilotes de planeurs. Il est vêtu d'un sarrau Denison de parachutiste et d'un pantalon ordinaire de tenue de combat. Le sarrau Denison fit son apparition dans l'armée à la fin de l'année 1941 ; il était porté sur ou au lieu de la vareuse de combat. Le lieutenant Hubble est coiffé d'un casque en fibres, sous lequel on aperçoit un casque de vol type C muni d'un masque à oxygène type F. Les ailes sur sa poitrine, du côté gauche, indiquent qu'il est pilote de planeur qualifié.

Les ailes de pilote de planeur se portaient au-dessus de la poche poitrine gauche, et tous les parachutistes et pilotes de planeurs ne faisant pas partie de l'armée régulière avaient un parachute ou un planeur blanc brodé sur fond bleu clair sur la manche gauche, au niveau de l'avant-bras. À Arnhem, tant de pilotes de planeurs moururent que les apprentis pilotes virent leur entraînement écourté pour être nommés pilotes en second ; leur insigne comportait des ailes plus petites et un "G" doré dans un cercle doré. Le béret rouge que le lieutenant Hubble tient à la main droite est le couvre-chef des parachutistes britanniques.

En prévision du jour J, les effectifs de la 6e division aéroportée furent portés à 12 000 hommes, avec deux brigades de parachutistes et une brigade de débarquement aérien. La division avait pour mission de larguer ses hommes avant le débarquement sur les plages afin de prendre des ponts et des canaux stratégiques et d'anéantir les batteries côtières ennemies. Pour ceci, elle déploya un grand nombre de planeurs : le 6 juin, 250 d'entre eux atterrirent au sud-est de Ranville pour y déposer la 6e brigade de débarquement aérien.

Date :	*6 juin 1944*
Unité :	*1er régiment de pilotes de planeurs*
Grade :	*Lieutenant*
Théâtre :	*Nord-ouest de l'Europe*
Lieu :	*Normandie*

Caporal-chef
6ᵉ infanterie légère du
Rajputana – 8ᵉ Armée

Chez les Indiens, le couvre-chef traditionnel était un turban (le *puggaree* kaki) dont la forme variait selon la religion et la tribu de son propriétaire. Les musulmans portaient une calotte pointue (ou *kullah*) sous leur turban, auquel cas l'une des extrémités du *puggaree* était repliée pour former une grande crête dressée derrière la *kullah*, tandis que l'autre descendait jusqu'au creux des reins et servait à protéger le visage de la poussière et des tempêtes de sable.

Les Sikhs portaient le *puggaree* sikh avec leurs cheveux longs formés en un chignon attaché avec du tissu rouge. Les Jats et autres hindous arboraient le turban de leur tribu ou de leur clan. Ce *Naik* de la 6ᵉ infanterie légère du Rajputana en Afrique du Nord est vêtu de l'uniforme standard de l'armée indienne avec son *puggaree* et l'insigne de son régiment. Sous son pull-over, on voit sa chemise sans col, confectionnée en tissu gris. Sa ceinture et ses étuis sont de fabrication indienne, tout comme sa baïonnette.

En prévision des troubles qui allaient suivre, plusieurs unités de l'armée indienne avancèrent vers des points stratégiques de l'Empire britannique avant que la guerre n'éclata. Au début du mois d'août 1939, par exemple, la 11ᵉ brigade d'infanterie, qui comprenait la 6ᵉ infanterie légère du Rajputana, était partie pour l'Égypte, suivie le 23 septembre par la 5ᵉ brigade indienne et un état-major de division, qui allaient tous deux faire partie de la 4ᵉ division d'infanterie indienne.

Date :	*Juin 1944*
Unité :	*6ᵉ infanterie légère du Rajputana*
Grade :	*Caporal-chef*
Théâtre :	*Méditerranée*
Lieu :	*Italie*

Marine Commando n° 40 Brigade de commando 2

Le premier commando de Marines britanniques fut formé en 1942, lorsque l'état-major des opérations combinées décida d'établir un commando de Marines constitué de volontaires de la division des Marines. Créé le 14 février et basé à Deal, dans le Kent, il était commandé par le lieutenant-colonel J. Picton (qui périt lors du raid avorté sur Dieppe en août 1942).

Auparavant vêtus de l'uniforme de service kaki de l'armée de terre, les Marines (*Royal Marines*) furent équipés au début de la guerre de la tenue de combat kaki d'ordonnance de l'armée de terre. Leur seul insigne distinctif était un écusson droit rouge et bleu portant l'inscription "*Royal Marines*" au sommet de la manche. Les commandos de Marines étaient quant à eux habillés d'une tenue de combat dont le haut des manches était orné d'un écusson "*Royal Marines*" bleu tissé, avec le numéro du commando au-dessus et le mot commando en lettres rouges au-dessous.

Ce Marine du Commando n° 40 porte une tenue de combat en serge kaki complétée par un harnais modèle 1937 et une paire de guêtrons. Sous le filet qui recouvre son casque, il a glissé des pansements. Il est armé d'un pistolet mitrailleur Thompson M1928A1.

Fin 1942, il existait six commandos (les n°ˢ 40, 41, 42, 43, 44 et 45), auxquels vint s'ajouter un supplémentaire (n° 48) en mars 1944. En novembre 1943, la brigade de service spécial 2 (rebaptisée Brigade de Commando 2) fut formée en Italie ; elle comprenait les commandos n°ˢ 2, 9, 40 et 43, et les troupes belges et polonaises du commando n° 10 interallié.

Date :	*Avril 1945*
Unité :	*Commando n° 40*
Grade :	*Marine*
Théâtre :	*Méditerranée*
Lieu :	*Italie*

Soldat
Commandement des
bombardiers – RAF

Ce soldat porte une veste et un pantalon à isolation thermique en peau de mouton glacée. Cette tenue pouvait être branchée pour chauffer les gants et les chaussettes du personnel navigant (fonction très utile pour protéger les mains et les pieds des grands froids).

Lorsqu'éclata la seconde guerre mondiale, la RAF possédait 1 000 Fairey Battle et 1 000 Bristol Blenheim. Le pays avait placé bien des espoirs en ces bombardiers légers, mais lorsqu'ils furent mis à l'épreuve au début de l'année 1940 ils furent abattus comme des mouches par la DCA et les chasseurs ennemis.

Cette situation tragique obligea la RAF à réfléchir à de nouvelles options. Parmi ces dernières, citons les bombardements stratégiques de nuit, initialement effectués avec des Wellington, des Whitley et des Hampden. On pensa que le Short Stirling serait l'appareil décisif de la campagne, mais au cours des opérations on se rendit compte que son plafond le plaçait au cœur du feu de la DCA ennemie. Il devint indispensable de trouver d'autres appareils.

C'est alors qu'arriva le Halifax, suivi du Avro Manchester. Ce dernier causa des soucis en raison de problèmes liés à ses moteurs Vulture. Le manufacturier les remplaça donc par quatre moteurs Merlin sur une envergure plus grande. Cet appareil prit le nom de Lancaster, l'un des meilleurs avions de la guerre et la vedette du commandement des bombardiers. À bien des égards, le Lancaster allait donner raison aux réflexions d'avant-guerre quant au caractère décisif des bombardements stratégiques.

Date :	*Septembre 1939*
Unité :	*Commandement des bombardiers*
Grade :	*Soldat*
Théâtre :	*Nord-ouest de l'Europe*
Lieu :	*Angleterre*

Membre d'équipage 102ᵉ groupe RAF

La Force expéditionnaire britannique (BEF) qui se rendit en France au début de la guerre était accompagnée d'un élément aérien composé de deux groupes de bombardiers de reconnaissance, de quatre groupes de chasseurs, de six groupes de coopération avec l'armée de terre et de deux escadrilles d'un groupe de communication d'état-major. La BEF était également dotée d'un autre élément de la Royal Air Force (RAF) : une force de frappe composée de bombardiers moyens issus du commandement des bombardiers.

Le personnage ci-contre est un membre d'équipage du commandement des bombardiers, navigant sur un Whitley. Par-dessus sa tenue de service, il porte un *"Irvin Harnsuit"*, vêtement qui comportait un gilet de sauvetage gonflable et trois points d'attache pour un parachute. L'homme est équipé d'un casque de type B et d'un masque à oxygène avec microphone et d'un tube à oxygène. Ses bottes sont un modèle de 1936 en cuir noir lustré doublé de peau de mouton.

Bien qu'obsolète dès le début de la guerre, le Whitley eut l'honneur d'être le premier appareil de la RAF à larguer des bombes sur l'Allemagne depuis 1918 (le 19 mars 1940). Par la suite, ces solides bombardiers effectuèrent des missions lointaines, qui les amenèrent jusqu'à Milan ou Plzen.

Après 1942, les Whitley furent utilisés pour transporter des radars et des systèmes de contre-mesure expérimentaux. Son armement défensif comprenait une mitrailleuse dans la tourelle avant et quatre dans la tourelle de queue (à moteur électrique). Son chargement type comprenait 3175 kg de bombes installées dans des cellules du fuselage et à l'intérieur des ailes.

Date :	*Mai 1940*
Unité :	*102ᵉ groupe*
Grade :	*Membre d'équipage*
Théâtre :	*Nord-ouest de l'Europe*
Lieu :	*Angleterre*

Caporal Women's Auxiliary Air Force

L'aviation britannique employait des femmes depuis le début de la première guerre mondiale. Son premier corps féminin avait été démantelé en 1920, mais lorsque la guerre recommença à planer au-dessus de l'Europe en 1938 de nouvelles femmes furent recrutées au sein du corps des auxiliaires du service territorial (ATS). Les unités de ce dernier furent rattachées à la RAF pour finalement devenir le *Women's Auxiliary Air Force* (WAAF).

Tout comme leurs homologues masculins, les femmes du WAAF étaient habillées d'un uniforme gris bleu mais leurs titres de grade étaient différents. Les officiers et sous-officiers du WAAF portaient des casquettes particulières et les gradés arboraient un béret bleu foncé (plus tard remplacé par un couvre-chef similaire à celui des officiers supérieurs). Selon le service effectué et son grade, une femme touchait les deux tiers de la solde d'un homme.

Ce caporal porte la version féminine de la tenue de service d'ordonnance de la RAF, adaptée pour le WAAF. Sur sa manche gauche, on voit l'aigle de la RAF au-dessus de la lettre "A" (pour auxiliaire), ainsi que l'éclair des radiotélégraphistes et une hélice horizontale, qui indique le rang de caporal au sein des auxiliaires. L'aigle de la RAF se portait sur les deux manches en dessous du grade d'adjudant-chef. Adopté en 1918, cet insigne était à l'origine rouge sur un uniforme kaki ; il devint bleu clair lorsque l'uniforme gris bleu fut introduit. À l'image de l'aigle de la RAF, les insignes de grade et de fonction du personnel étaient brodés en bleu clair sur fond bleu foncé.

Date :	*Mai 1940*
Unité :	*Corps des auxiliaires féminines*
Grade :	*Caporal*
Théâtre :	*Nord-ouest de l'Europe*
Lieu :	*Kent, Angleterre*

117

Sergent
Royal Air Force

Ce sous-officier porte la tenue de service d'ordonnance des gradés de la RAF. Coupée de façon identique à celle des officiers, elle était cependant confectionnée en serge. Avant le début de la guerre, l'uniforme de la RAF différait peu de celui de l'armée de terre britannique, si ce n'est par sa couleur gris bleu. Comme on le voit ci-contre, les hommes de tous grades portaient une tunique ouverte avec une chemise et une cravate, ainsi que des chaussures et des chaussettes noires. La tenue de mauvais temps comprenait un manteau croisé avec une ceinture en tissu assorti, un mackintosh et un imperméable.

Ce sergent est coiffé d'un casque en acier Mk 1, mais le couvre-chef se composait plus fréquemment d'une casquette de campagne ou d'une casquette dure ornée d'un insigne en métal. Son grade est indiqué en haut de chaque manche par trois chevrons brodés en worsted sur fond noir. Lorsqu'ils portaient une combinaison, les officiers comme les gradés affichaient leurs insignes de grade sur un brassard bleu foncé, méthode également adoptée par les sous-officiers lorsqu'ils étaient en bras de chemise. Le plus haut grade de sous-officier de la RAF était sergent-chef (*flight sergeant*), qui se distinguait du grade de sergent de cette page par une couronne au-dessus des trois chevrons.

En juillet 1940, la RAF comptait 530 avions de chasse déployés et 289 appareils de réserve. Les forces de la Luftwaffe étaient supérieures en nombre à celles des Britanniques, mais le commandement des chasseurs (*Fighter Command*) de la RAF parvint à empêcher les Allemands d'obtenir la supériorité aérienne au-dessus de l'Angleterre et donc d'envahir le pays.

Date :	*Juillet 1940*
Unité :	*11ᵉ groupement*
Grade :	*Sergent*
Théâtre :	*Nord-ouest de l'Europe*
Lieu :	*Comtés autour de Londres*

118

Pilote
Groupe n° 112
Royal Air Force

Ce pilote porte une combinaison de vol et le parachute de type "siège" destiné aux pilotes de chasseurs monoplaces. Le système d'attache rapide (le disque en métal) du parachute est situé sur le devant, tandis que la poignée d'ouverture se trouve sous l'avant-bras gauche du pilote. Son casque de vol en cuir est de type RAF "B", avec possibilité de raccordement extérieur, et il porte des chaussures civiles non réglementaires.

Réformé le 16 mai 1939, le groupe n° 112 fut doté de biplans Gloster Gladiator et envoyé en Égypte comme partie de la force du canal de Suez. Lorsque la guerre éclata, il participa à des patrouilles au-dessus du désert occidental, prit part à la défense d'Athènes et couvrit la retraite des troupes britanniques de Grèce. Le groupe fut alors redéployé en Égypte et rééquipé de chasseurs Curtiss Tomahawk. Ces derniers ne correspondaient pas aux nécessités de la chasse mais étaient parfaits pour soutenir les unités au sol contre l'Afrika Korps.

Le groupe se distingua dans le désert nord-africain en effectuant de nombreuses missions de bombardement d'escorte et d'attaque au sol. À la fin de la campagne d'Afrique du Nord, il prit part aux campagnes de Sicile et d'Italie en soutenant les débarquements alliés. Le groupe n° 112 termina la guerre équipé de Mustang nord-américains, apportant son soutien au débarquement de Normandie en 1944. Il fut démantelé à la fin de la guerre, puis fut reformé pour servir jusqu'en 1957 comme composant de la force aérienne tactique de la RAF.

Date :	*Novembre 1941*
Unité :	*Groupe n° 112*
Grade :	*Pilote*
Théâtre :	*Méditerranée*
Lieu :	*Afrique du Nord*

Sergent Groupe n° 120 Commandement côtier

Le commandement côtier (*Coastal Command*) de la RAF avait pour mission de contrecarrer la menace des sous-marins allemands dans l'océan Atlantique. Cette tâche se révéla sans espoir : le *Coastal Command* ne disposait que de 196 appareils, dont seuls 12 Lockheed Hudson et 18 Short Sunderland pouvaient opérer à plus de 480 km de leur base.

Toutefois, dès septembre 1941 des Consolidated Liberator à grand rayon d'action entrèrent en service au sein du groupe n° 120, puis par la suite des groupes n°s 59 et 86. Ces avions permettaient de repousser les sous-marins allemands dans le golfe de Gascogne, où ils étaient à la portée des autres appareils de la RAF. Le premier *U-Boot* coulé par le *Coastal Command* fut le U-55, le 30 janvier 1940.

Le sergent Harold Oliver, ci-contre, porte la combinaison de vol type des équipages qui effectuaient des missions longue distance au-dessus de l'Atlantique et de l'Arctique sous les ordres du commandement côtier. En tant que pilote de Liberator, sa tenue insistait sur les deux points essentiels pour les vols longs d'au moins 12 heures : le confort et le côté pratique. Son pull-over à col roulé, connu sous le nom de "*Frock White*", et sa veste Irvin en peau de mouton enfilée par-dessus une combinaison de vol d'avant-guerre répondaient à ces deux nécessités. Le sergent Oliver est chaussé de bottes de vol modèle 1941 à empeigne en daim marron. Entre le daim et la garniture en peau de mouton se trouvait une doublure intermédiaire de protection formée de 30 couches de soie de parachute. Son calot porte l'insigne jaune des gradés de la RAF.

Date :	*Juin 1943*
Unité :	*Groupe n° 120*
Grade :	*Sergent*
Théâtre :	*Atlantique*
Lieu :	*Golfe de Gascogne*

Lieutenant-colonel Groupe n° 85 Royal Air Force

Le lieutenant-colonel John Cunningham porte la combinaison de vol noire d'avant-guerre, une écharpe en soie et des chaussures noires. Il tient à la main son casque de vol en cuir et son masque à oxygène. Lorsque cet as du vol de nuit entra dans la RAF, il fut affecté au groupe n° 604. Au début de la guerre, le groupe de Cunningham était équipé de chasseurs bimoteurs Bristol Blenheim. Cette unité fut affectée à des missions d'escorte, qui furent remplies jusqu'en juin 1940.

Le groupe commença alors son entraînement au vol de nuit et reçut ses premiers Bristol Beaufighter en septembre 1940. Le 20 novembre, Cunningham obtint la première victoire nocturne de son unité et il fut décoré de la *Distinguished Flying Cross* en janvier 1941, après avoir abattu son troisième avion ennemi. Dès avril 1941, il avait inscrit 10 appareils à son tableau de chasse, dont trois en une seule nuit. Récompensé de la *Distinguished Service Order* (DSO) il fut promu en août au grade de lieutenant-colonel pour prendre le commandement du groupe n° 604.

Cunningham était alors le pilote de nuit le plus talentueux et le plus expérimenté de la RAF. Il intervenait dans le développement de nouvelles tactiques et de nouveaux matériels. En juin 1942, avec 16 avions ennemis à son palmarès, il fut nommé à un poste d'état-major, plus tranquille. Mais après cet intermède, il prit le commandement du groupe n° 85, au sein duquel il abattit quatre appareils supplémentaires, devenant ainsi le deuxième meilleur pilote de nuit de la RAF de la seconde guerre mondiale.

Date :	*Juin 1943*
Unité :	*Groupe n° 85*
Grade :	*Lieutenant-colonel*
Théâtre :	*Nord-ouest de l'Europe*
Lieu :	*Sud de l'Angleterre*

Guetteur en chef Corps des observateurs de la DCA – RAF

Le corps des observateurs de la défense contre avions (*Royal Observer Corps*, ou ROC) fut fondé en 1918. En 1929, il fut intégré à la RAF sous les ordres du ministère de l'Aviation britannique. Ce corps était une organisation créée pendant la guerre pour permettre aux civils de participer à la défense du pays. En avril 1941, le corps reçut le brevet royal, devenant ainsi le *Royal Observer Corps*, fort de 30 000 hommes.

À l'origine, les recrues portaient des habits civils avec un brassard à rayures verticales bleues et blanches comportant l'inscription *Observer Corps* en lettres rouges. C'est en juin 1941 que la tenue de combat de type RAF en serge grise fut adoptée, comme on le voit ci-contre. En plus du béret noir, il existait un casque noir de service, en acier, sur lequel étaient parfois peints en blanc les mots "*Observer Corps*".

L'insigne du *Royal Observer Corps*, porté sur le béret et la poitrine, au côté gauche, représentait un guetteur côtier de l'époque élisabéthaine tenant une torche, au-dessus de la devise *Forewarned is Forearmed* (un homme averti en vaut deux), le tout entouré d'une couronne de feuilles et surmonté de la couronne royale. Les officiers portaient le monogramme ROC au revers de leur col, tandis que les gradés arboraient l'aigle de la RAF entouré du titre de *Royal Observer Corps* brodé sur la poitrine, l'ensemble entouré d'un cercle surmonté de la couronne royale. L'officier ci-contre porte sur sa manche gauche un insigne en forme de Spitfire, indiquant son grade de *master spotter* (maître guetteur), grade introduit en janvier 1944.

Date :	*Juin 1944*
Unité :	*Corps des observateurs de la DCA*
Grade :	*Guetteur en chef*
Théâtre :	*Nord-ouest de l'Europe*
Lieu :	*Kent (Angleterre)*

122

Lieutenant-colonel Groupe n° 617 – RAF

Le lieutenant-colonel Guy Gibson porte la tenue de combat d'ordonnance de la RAF avec des bottes de vol doublées de peau de mouton. Ces dernières ne se contentaient pas de tenir les pieds au chaud : elles pouvaient être transformées pour servir en territoire ennemi. Un petit couteau était fourni pour permettre de détacher la tige de la botte et en faire une chaussure de marche. Le gilet de sauvetage gonflable que l'on voit ici est le modèle d'ordonnance, connu sous le nom de type LS yellow. Le lieutenant-colonel Gibson est coiffé d'une casquette de service d'officier, et porte à la main droite un casque de vol type C.

Au printemps 1943, Guy Gibson était à la tête du célèbre groupe *"Dam Buster"*, le n° 617. Son expérience en vol, acquise au sein du groupe n° 106, était inégalable. Plus exceptionnelles encore étaient ses qualités de chef, mais aussi sa sévérité en tant que commandant de personnel navigant. Les brèches ouvertes dans les barrages de la Ruhr en mai 1943 justifiaient la confiance que la RAF avait placée en lui. En effet, ce succès était dû à la préparation soigneuse de l'opération et aux innovatrices bombes à rebond employées, et au talent de Gibson. Sur les 19 Lancaster et 133 hommes qui partirent à l'assaut des barrages, neuf appareils et 56 hommes ne revinrent pas. Gibson fut récompensé de la *Victoria Cross*, et 33 de ses hommes furent également décorés.

Gibson dirigeait toujours ses hommes depuis l'avant et ne ménageait pas ses efforts pour venir en aide à ses camarades pilotes. Sa *Victoria Cross* était une juste récompense pour un pilote ô combien courageux qui devait donner sa vie pour son pays.

Date :	*Mai 1943*
Unité :	*Groupe n° 617*
Grade :	*Lieutenant-colonel*
Théâtre :	*Nord-ouest de l'Europe*
Lieu :	*Angleterre*

Lieutenant Groupe n° 617 – RAF

Ce lieutenant appartient à l'aviation austra-lienne (*Royal Australian Air Force*). Pilote de bombardier Lancaster, il servit dans le groupe n° 617. Il porte la tenue de combat d'ordonnance de la RAF britannique, surmontée d'un gilet de sauvetage gonflable.

En haut de la manche de cet officier, on peut voir l'insigne de sa nationalité. Comme lui, de nombreux étrangers servirent dans la RAF pendant la seconde guerre mondiale ; ils étaient identifiés au moyen d'un insigne où figurait le nom de leur pays d'origine. En général, celui des officiers était arrondi, brodé de fil bleu clair sur fond gris bleu, tandis que celui des autres gradés était rectangulaire, brodé de fil bleu clair sur fond bleu foncé ou noir. Sur l'uniforme tropical, les hommes de tous grades arboraient un insigne rouge et kaki en haut de la manche.

Il existait une grande variété d'insignes de nationa-lité. Certains comprenaient l'aigle de la RAF et la nationalité sur le même insigne, et les lettres elles-mêmes présentaient différents styles typographiques. Par exemple, un insigne représentait un aigle au-des-sus du sigle "*USA*". Inversement, les pilotes britan-niques qui servaient au Canada portaient la marque "*GT. BRITAIN*". Toutes les nations du Common-wealth, tous les territoires et toutes les colonies bri-tanniques étaient ainsi représentés.

Ce lieutenant appartient à une force de bombar-dement nocturne, dont le travail reposait sur l'adresse et le discernement de la *Pathfinder Force* (force d'ap-pareils éclaireurs). En effet, pour que les bombardiers sachent où larguer leurs bombes, il fallait que les navi-gateurs de la *Pathfinder* identifient la cible et y lar-guent des bombes incendiaires en guise de marqueurs.

Date :	*Juin 1944*
Unité :	*Groupe n° 617*
Grade :	*Lieutenant*
Théâtre :	*Nord-ouest de l'Europe*
Lieu :	*Angleterre*

Commandant
Réserve volontaire – RAF

Avant la guerre, le personnel de la RAF servant sous les tropiques portait un casque colonial Wolseley agrémenté d'un voile et d'un écusson aux couleurs de la RAF sur le côté gauche (ou, en Inde, un autre type de casque colonial, le *pith hat*), ainsi qu'une tunique en coutil kaki, une chemise, une cravate, un pantalon ou un short, des chaussettes en laine kaki avec des chaussures ou brodequins noirs. Vers la fin de la guerre en Extrême-Orient, les officiers s'habillaient d'une tenue vert jungle et d'un chapeau mou à larges bords.

Cet officier du *Royal Air Force Volunteer Reserve* arbore la tenue tropicale de la RAF mais il a conservé la casquette de son uniforme de service gris bleu. Son insigne de grade figure sur ses épaulettes. Sur l'uniforme tropical, les insignes de grade étaient brodés ou tissés en rouge sur fond kaki clair. Les officiers supérieurs se distinguaient par deux galons moyens séparés par un galon fin, ou par trois ou quatre galons moyens noirs ou bleu clair autour des poignets et des épaulettes. Les officiers subalternes étaient identifiés par un galon étroit, ou un ou deux galons moyens noirs ou bleu clair autour des poignets et des épaulettes. Le statut de réserviste de cet officier est indiqué par les lettres "VR" de son col de veste, tandis que sa qualité d'observateur est symbolisée par la demi-aile qu'il porte à la poitrine, du côté gauche. La formalité de sa tenue contraste avec l'apparence plus détendue des forces armées britanniques du Pacifique.

En 1945, la RAF employait 207 632 hommes en Extrême-Orient, dont 13 225 officiers de la RAF et 118 582 gradés britanniques. À ceci, il fallait ajouter la *Royal Indian Air Force*, qui comptait 29 201 hommes.

Date :	*Juin 1945*
Unité :	*Réserve volontaire de la RAF*
Grade :	*Commandant*
Théâtre :	*Pacifique*
Lieu :	*Inde*

Membre d'équipe au sol Unité de lutte anti-incendie – RAF

Ce personnage à l'allure futuriste est revêtu d'un costume en amiante conçu pour protéger des flammes et de la chaleur dégagées par du kérosène en feu. Ces combinaisons étaient distribuées aux équipes au sol des unités de lutte anti-incendie qui travaillaient sur les aéroports de la RAF et les porte-avions de la *Royal Navy*. L'homme voyait au travers d'une plaque de verre teinté renforcé.

La menace du feu, qu'il soit provoqué par un accident ou par une attaque ennemie, a toujours été très présente sur les bâtiments militaires, en particulier les navires de transport. En Extrême-Orient, cette menace était décuplée par les attaques des kamikazes japonais sur les porte-avions britanniques et américains.

De façon générale, la RAF était en sous-effectif dans le Pacifique par rapport à l'aviation japonaise. De plus, les appareils de la RAF (le chasseur Brewster Buffalo et le bombardier lance-torpilles Vildebeest) étaient largement surpassés par les "Zero" nippons. (Il faut dire qu'à cette époque l'Extrême-Orient figurait au bas de la liste des priorités de la RAF.)

Il fallut attendre l'arrivée des Spitfire et des Thunderbolt en 1943 et 1944 pour voir la situation se renverser. L'un des principaux problèmes des opérations en Extrême-Orient résidait dans la difficulté de construire et d'exploiter des pistes d'atterrissage en dehors d'espaces plats et ouverts. Ce n'est qu'une fois que la RAF eut gagné la supériorité aérienne qu'elle put non seulement effectuer des bombardements stratégiques contre des cibles japonaises, mais aussi apporter son soutien aux formations au sol.

Date :	*Juin 1945*
Unité :	*Commandement (Asie du Sud-Est)*
Grade :	*Soldat*
Théâtre :	*Pacifique*
Lieu :	*Malaisie occidentale*

Capitaine
Flotte intérieure
Royal Navy

L'uniforme porté par la marine britannique durant la seconde guerre mondiale remontait au milieu du XIXᵉ siècle. On voit ci-contre l'uniforme de base des officiers, composé d'une casquette à visière, d'un caban croisé avec pantalon assorti, d'une chemise blanche, d'une cravate noire et de chaussures et chaussettes noires. Il y avait également un manteau croisé complété par des gants de cuir marron.

Les casquettes des officiers de la *Royal Navy*, en tissu bleu marine, étaient munies d'une visière, d'une jugulaire et d'un bandeau de mohair noire large de 44,5 mm. L'insigne de casquette consistait en une couronne de feuilles de laurier d'or englobant une ancre argent et surmontée de la couronne royale brodée d'or et d'argent. L'ancre était soit brodée de fil d'argent, soit partiellement faite de métal argenté. La jugulaire était en cuir de veau noir verni et la visière de la casquette des officiers supérieurs (qui avaient le droit de porter des broderies) était recouverte de tissu bleu et entourée de cuir.

Le grade du capitaine de cette illustration est indiqué par les quatre galons or autour de ses poignets et la rangée de feuilles de chêne sur la visière de sa casquette. Dans la *Royal Navy*, l'insigne de grade des officiers était composé de plusieurs galons or aux manchettes, le galon supérieur formant une boucle. La largeur des galons était de 14 mm pour les capitaines. Entre les trois fins galons qui composent chacun des quatre galons, la couleur violette indique l'arme de ce personnage, celle des mécaniciens de la marine.

Date :	*Janvier 1940*
Unité :	*Flotte intérieure*
Grade :	*Capitaine*
Théâtre :	*Nord-ouest de l'Europe*
Lieu :	*Grande-Bretagne*

Premier maître
Flotte intérieure
Royal Navy

Dans la *Royal Navy*, l'uniforme des premiers maîtres était presque identique à celui des officiers, si ce n'est que les premiers portaient un insigne de casquette spécial et des insignes de sous-officier aux manches. On voit ci-contre l'uniforme de tous les jours des premiers maîtres, comportant une veste droite avec trois boutons aux poignets (une veste croisée était revêtue pour toutes les autres occasions). Le même uniforme de base servait également aux maîtres et aux sous-officiers qui n'appartenaient pas à l'arme des marins.

Sous les tropiques, les premiers maîtres portaient une casquette à coiffe blanche, une tunique blanche droite à col Mao, à poches poitrines plaquées sans rabat et à quatre boutons en laiton, ainsi qu'un pantalon blanc et des chaussures en toile blanche.

Les insignes de grade et de fonction étaient rouges pour l'uniforme bleu, bleus pour l'uniforme blanc et brodés d'or pour l'uniforme n° 1. Les premiers maîtres affichaient leurs insignes or sur l'avant-bras droit de la tunique blanche, au-dessus des trois boutons. Celui de cette illustration porte un insigne de fonction d'aide-artilleur à son col de veste. Cet insigne se composait de deux canons disposés en croix au-dessus d'une étoile, et surmontés d'une couronne (le canon fut la première arme adoptée sur l'insigne en 1860, sous forme d'une antique bombarde remplacée par une version plus moderne en 1903).

Lorsque la guerre éclata en 1939, la *Royal Navy* était la marine la plus puissante du monde, avec de nombreuses bases et une grande quantité de navires.

Date :	*Janvier 1940*
Unité :	*Flotte intérieure*
Grade :	*Premier maître*
Théâtre :	*Nord-ouest de l'Europe*
Lieu :	*Scapa Flow, Orcades*

Maître
Flotte intérieure
Royal Navy

Les matelots et les gradés de la *Royal Navy* **portaient le col carré, qui servit de modèle aux uniformes de nombreuses marines du monde. Au début de la guerre, le bandeau du bonnet qui mentionnait le nom du navire fut remplacé par un modèle ou seule figurait l'inscription "HMS" ou** *"His Majesty's Ship"*, **le nom du vaisseau étant abandonné en temps de guerre par mesure de sécurité.**

Bien que ce ne soit pas visible ici, les matelots et les gradés de la *Royal Navy* recevaient un manteau long de coupe droite, et non un manteau court tel qu'on le rencontrait dans certaines marines. Ce vêtement comportait cinq boutons noir sur le devant et une ceinture ; il pouvait se porter ouvert ou fermé.

Pour les tâches quotidiennes, matelots et gradés portaient un bleu de travail ou l'une des nombreuses autres tenues de protection utilisées dans la marine. Par temps froid, ils recevaient un épais pull-over en laine, des chaussettes pour mettre à l'intérieur de leurs bottes en caoutchouc, un bonnet avec cache-nez en tricot de laine, ainsi que l'omniprésent duffel-coat. Lorsque la mer était démontée, ils revêtaient leur tenue imperméable, le plus souvent composée d'un chapeau *"sou'wester"* et d'un ciré.

Ce maître porte à sa manche droite un insigne de fonction de servant de pièce de première classe (deux étoiles et deux canons en croix). L'insigne sur sa manche gauche, représentant deux ancres croisées, indique son grade (les grades de maîtres furent unifiés en 1913). Remarquez les deux chevrons pour bonne conduite en haut de sa manche gauche.

Date :	*Mai 1940*
Unité :	*Flotte intérieure*
Grade :	*Maître*
Théâtre :	*Atlantique*
Lieu :	*océan Atlantique*

Matelot
HMS Warspite
Royal Navy

Le matelot ci-contre fait partie de l'équipage des servants de pièce antiaérienne du cuirassé *HMS Warspite*. Il porte la tenue type des servants de pièce de la marine britannique lors de la seconde guerre mondiale, composée d'un duffel-coat surmonté d'un gilet de sauvetage, et d'un pantalon de marine rentré dans des bottes en caoutchouc.

L'homme est coiffé d'un casque en acier. En tant qu'artilleur, il est également équipé d'une cagoule anti-feu en amiante, protection contre le retour de flamme résultant parfois de la mise à feu des canons. (La *Royal Navy* utilisait de la cordite, poudre censée ne pas produire de flamme, ce qui permettait à ses vaisseaux de faire feu la nuit sans être vus alors que leurs ennemis illuminaient le ciel de leurs tirs de canon.)

Lancé en 1913, le *HMS Warspite* avait vu le feu lors de la Grande Guerre. En 1939, il était armé de huit canons de 15 pouces répartis en quatre tourelles ainsi que de huit canons de 6 pouces, huit canons de 4 pouces, 32 canons de 2 livres et 16 canons antiaériens de 0,5 pouce. Il servit à Narvik en avril 1940 puis dans la Méditerranée en 1941. Gravement endommagé lors de l'évacuation de la Crète en mai 1941, il fut réparé aux États-Unis avant de retourner en Méditerranée en 1942. Il appuya les débarquements alliés en Europe, et bien que quasiment coulé lors d'une bataille il resta en service jusqu'à la fin 1945.

Durant la bataille de Crète, la *Royal Navy* perdit 2 011 hommes. Elle parvint toutefois à contrecarrer les tentatives allemandes d'envoyer des renforts dans l'île et à évacuer les défenseurs alliés de Sfakia.

Date :	*Mars 1941*
Unité :	HMS Warspite
Grade :	*Matelot*
Théâtre :	*Méditerranée*
Lieu :	*Large de la Crète*

Capitaine de corvette Royal Navy

Le capitaine de corvette Kimmins de la *Royal Navy* est vêtu de l'uniforme qu'il porta lors d'une opération alliée en Norvège : une tenue de service de la marine, un casque de l'armée de terre et un débardeur en cuir. Son harnais est de modèle 1937 et ses jumelles sont marquées d'une large flèche blanche, indiquant qu'elles sont la propriété du ministère de la Guerre britannique. Le cordon blanc autour de son cou est relié à un couteau de poche.

Kimmins porte ses insignes de capitaine de corvette aux poignets : deux galons or moyens (14 mm de large) de part et d'autre d'un "demi-galon" plus étroit (6,5 mm), le galon supérieur formant une boucle. Juste au-dessus on voit les ailes de pilote de la *Fleet Air Arm* (aéronavale).

En plus de ses responsabilités dans l'Atlantique qui consistaient à protéger les convois et à repérer les vaisseaux ennemis, la *Royal Navy* était fortement impliquée dans les missions de convoi de l'océan Arctique visant à escorter les navires de ravitaillement alliés vers l'Union soviétique. Bizarrement, malgré la supériorité allemande en 1941, ces convois ne rencontrèrent que peu de résistance. Par exemple, les six convois qui empruntèrent cette route durant l'automne 1941 parvinrent à livrer 121 900 tonnes de ravitaillement, ne subissant que des pertes minimes. L'année suivante cependant, les attaques aériennes et sous-marines allemandes infligèrent de lourdes pertes. La plus meurtrière de ces attaques frappa le convoi PQ 17, qui débarqua 152 500 tonnes mais en perdit 101 500, coulées par les Allemands.

Date :	*Août 1941*
Unité :	*Royal Navy*
Grade :	*Capitaine de corvette*
Théâtre :	*Arctique*
Lieu :	*Cap Nord*

Maître
Convois
Royal Navy

Ce maître servant à bord d'un navire escorte dans l'océan Atlantique tient un obus de canon de 4,7 pouces (119 mm). Sur sa casquette à visière figure l'insigne particulier des maîtres. Le reste de son uniforme se compose d'un passe-montagne, d'un duffel-coat, de chaussettes de marin et de bottes. Le duffel-coat existait également en bleu foncé et en blanc, mais la couleur que l'on voit ci-contre était la plus courante.

Après conquête de l'Europe occidentale par l'Allemagne en 1940, la Grande-Bretagne vit sa flotte militaire menacée par la présence de sous-marins ennemis dans ses eaux territoriales. Avant la guerre, le pays avait accordé très peu d'importance au système de convois, même s'il s'était révélé des plus efficaces durant la première guerre mondiale. Et ce ne sont que les lourdes pertes subies lors des premiers mois du conflit qui amenèrent l'amirauté à réinstaurer un système de convois. Cependant, les navires d'escorte faisaient alors défaut et il fallut attendre la fin 1941 pour pouvoir organiser des convois de côte à côte.

Les convois britanniques opéraient selon un système centré autour de trois bases de l'approche occidentale : Liverpool et Greenwich en Angleterre, et Londonderry en Irlande du Nord. En tout, 70 destroyers et 95 navires plus petits répartis en 25 groupes d'escorte participèrent aux opérations. Un groupe d'escorte se composait habituellement de huit navires, mais il arrivait que seuls six fussent disponibles. En mer, tout était fait pour éviter la dispersion du groupe afin de maximiser ses chances d'arriver à bon port.

Date :	*Juin 1941*
Unité :	*Royal Navy*
Grade :	*Maître*
Théâtre :	*Atlantique*
Lieu :	*Océan Atlantique*

Servant de pièce de 2ᵉ classe Royal Navy

Ce personnage porte la tenue de combat type des servants de pièce britanniques de la seconde guerre mondiale. Par-dessus cette tenue, il a ajouté une combinaison bleue et une ceinture portefeuille en toile. Sous son casque en acier, il est vêtu d'une cagoule anti-feu et ses mains sont protégées par de gros gants. Les servants de pièce faisaient un travail dangereux et leurs sous-vêtements devaient être très propres car une blessure pouvait s'infecter au contact de la saleté.

La combinaison bleue de cette illustration est l'un des nombreux modèles de vêtements de travail portés dans la marine britannique. Les lourdes bottes "de chaufferie" que l'on voit ici se mettaient souvent sans lacet pour que le marin puisse les enlever rapidement avant de sauter à la mer en cas d'évacuation rapide du navire. Sur le haut de sa manche droite, ce matelot porte l'insigne de fonction de servant de pièce.

Malgré l'adoption du système de convois par la marine (voir page 132), les sous-marins allemands infligèrent de lourdes pertes aux Britanniques. La période allant de 1941 à 1943 fut désastreuse, des groupes de *U-Boote* sillonnant l'Atlantique depuis leurs bases des côtes françaises. Le seul mois de juin 1941 vit 301 000 tonnes de cargaisons alliées sombrer au fond de l'océan. Ce n'est que l'affectation massive de ressources, combinée à l'apparition de nouvelles techniques anti-sous-marines et à l'accroissement du nombre et de la qualité des navires d'escorte, qui permit de venir à bout des *U-Boote*. Et en octobre 1943, les Alliées avaient gagné la bataille de l'Atlantique.

Date :	*Juin 1941*
Unité :	*Royal Navy*
Grade :	*Servant de pièce de 2ᵉ classe*
Théâtre :	*Atlantique*
Lieu :	*Océan Atlantique*

Commandant en second Women's Royal Naval Service

Créé en 1917, le *Women's Royal Naval Service* (WRNS – corps des auxiliaires féminines de la marine royale) fut démantelé après la première guerre mondiale puis recomposé en 1939. Il était sous les ordres du chef Vera Laughton Mathews, qui portait à l'origine cinq galons bleus aux poignets, soit l'équivalent du grade de vice-amiral.

Le personnage ci-contre est commandant en second, grade assimilé à celui de lieutenant de vaisseau dans la marine. Le tricorne des officiers du WRNS était orné d'insignes de casquette particuliers. Ces derniers étaient plus petits que ceux de leurs homologues masculins, et leur couronne à six feuilles était brodée en soie bleue. Les officiers se distinguaient aussi par des galons de manchette bleus formant un losange au lieu d'une boucle, comme on peut le voir ci-contre, ainsi que des épaulettes à galons bleus. Les épaulettes comportant l'insigne de grade étaient apposées au manteau et à la tenue tropicale.

L'uniforme que l'on voit ici est la version féminine d'ordonnance de la tenue de service de la marine ; elle se compose d'un tricorne, d'un caban (ou vareuse ajustée) et d'une jupe assortie. L'insigne de grade sur ses manches (deux galons bleus de 12,70 mm de large de part et d'autre d'un galon blanc) indique que cette femme appartient à la branche des commissaires.

Au début de la guerre, toutes les gradées et non gradées du WRNS reçurent un chapeau mou, qui fut rappelé en 1942 et remplacé par un tricorne ou un chapeau rond selon le grade.

Date :	*Janvier 1942*
Unité :	*Women's Royal Naval Service*
Grade :	*Commandant en second*
Théâtre :	*Nord-ouest de l'Europe*
Lieu :	*Whitehall*

Adjudant
Force du Pacifique
Royal Navy

Ce mécanicien de la marine britannique stationné dans le Pacifique porte sa tenue de travail. La casquette de cet officier comporte une coiffe blanche assortie à sa combinaison. Il est également muni de gants épais et ses chaussures n'ont pas de lacets pour pouvoir les enlever rapidement en cas d'urgence.

Lorsque débuta la guerre en Extrême-Orient, la *Royal Navy* y possédait un contingent de taille importante : cinq cuirassés, trois porte-avions légers, sept croiseurs et seize destroyers. La qualité de l'ensemble laissait à désirer. Les porte-avions, notamment, ne soutenaient pas la comparaison avec leurs équivalents japonais. Cette force était sous le commandement de l'amiral sir James Somerville, qui parvint à éviter sa destruction dans l'océan Indien malgré le chapelet de victoires japonaises de 1941 et 1942. Ironie de l'histoire, ce n'est pas l'ennemi qui brisa la force de Somerville, mais la reprise des convois de l'Arctique vers Mourmansk. Somerville reçut néanmoins les porte-avions *Victorious* et *Illustrious* durant l'été 1944.

Cette arrivée s'accompagna du remplacement de Somerville par l'amiral sir Bruce Fraser en août 1944, et en janvier 1945 la *British Pacific Fleet* comptait un cuirassé, quatre porte-avions, trois croiseurs et dix destroyers ; elle était alors basée à Sidney, en Australie. Aussi excellente qu'elle fût, elle paraissait bien maigre par rapport aux flottes américaines de la région. En mars 1945 par exemple, la *British Pacific Fleet* n'était que l'un des multiples composants de la *US Fifth Fleet* (5ᵉ flotte américaine) de l'amiral Spruance, qui comptait plus de 1 200 bâtiments.

Date :	*Juin 1943*
Unité :	*Force du Pacifique*
Grade :	*Adjudant*
Théâtre :	*Pacifique*
Lieu :	*Océan Indien*

Amiral
Flotte de la Méditerranée
Royal Navy

Les officiers de la *Royal Navy* portaient l'uniforme blanc que l'on voit sur cette illustration. Un nouvel uniforme tropical fut cependant introduit en février 1938; il se composait d'une chemise blanche, d'un short blanc et de chaussettes hautes blanches avec chaussures en toile blanche, ou de chaussettes hautes noires avec chaussures en cuir noir.

L'amiral sir John Cunningham, commandant en chef de la flotte de la Méditerranée, arbore ici la tenue d'ordonnance de la marine. Il existait des casquettes à coiffe blanche mais il est probable que la sienne ait été une casquette bleue recouverte d'une "housse" blanche. Les épaulettes portent ses insignes de grades.

Les épaulettes se mettaient sur le manteau, le manteau de quart, la tunique blanche et le veston blanc de soirée. Toutes étaient en tissu bleu, sauf celles des mécaniciens, des officiers médicaux et des officiers généraux comptables. Les officiers généraux tel Cunningham avaient un galon de 51 mm de large cousu sur l'épaulette, ce qui laissait un fin liseré bleu visible sur le pourtour. Les épaulettes mesuraient 133 mm de long et 57 mm de large; elles comportaient un bouton et un renfort en cuir. Sur celles de Cunningham, on peut voir une couronne, des épées en croix et trois étoiles à huit branches.

Sur sa poche gauche, l'amiral Cunningham a épinglé l'*Order of the Bath*, et au-dessous le *Norwegian Royal Order of St Olaf* (ordre royal norvégien de Saint-Olaf) et le *Royal Greek Order of George I* (ordre royal grec de George Ier). Son épée est le modèle d'ordonnance M1891 des officiers de marine.

Date :	*Septembre 1943*
Unité :	*Flotte de la Méditerranée*
Grade :	*Amiral*
Théâtre :	*Méditerranée*
Lieu :	*Le Caire*

Lieutenant de vaisseau Réserve volontaire de la Royal Navy

Ce lieutenant de vaisseau porte l'uniforme des opérations terrestres en zone tropicale. Pendant la guerre, l'uniforme à la mode sous ces climats se composait d'une casquette à coiffe blanche ou d'un casque colonial en coutil kaki, d'une chemise en coutil kaki ou d'une tunique d'infanterie de marine, ainsi que d'un pantalon ou short en coutil kaki.

Cet officier porte un harnais M1937 par-dessus sa veste en coutil kaki, ainsi qu'une paire de houseaux de cuir, matériel d'ordonnance pour les officiers qui portaient la tenue de débarquement (la marine adopta la tenue de combat kaki en 1941, qui se portait avec le couvre-chef de la marine). Durant la guerre, les officiers de la *Royal Navy* jouèrent un rôle inestimable dans la supervision des débarquements amphibies.

Le lieutenant de vaisseau de cette illustration appartient au *Royal Naval Volunteer Reserve*, institué en 1903 et dont les officiers portaient des galons or en zigzag sur les épaulettes, comme on peut voir ici. Larges de 9,5 mm, ces galons étaient disposés parallèlement les uns aux autres et surmontés d'une sorte de "O" à base triangulaire. Le tissu placé entre les galons permettait de distinguer l'arme du combattant.

Pendant la guerre en Méditerranée, le grade du personnel de la *Royal Navy* figurait généralement sous forme d'insignes d'épaulettes, et parfois également de peintures sur le casque en acier. Les officiers des armes civiles de la marine se distinguaient par un fond de couleur sous les galons de leurs épaulettes, tandis que les élèves officiers et les aspirants possédaient un galon de cette même couleur sur leurs épaulettes.

Date :	*Septembre 1943*
Unité :	*Réserve volontaire de la Royal Navy*
Grade :	*Lieutenant de vaisseau*
Théâtre :	*Méditerranée*
Lieu :	*Sicile*

Enseigne de vaisseau
HMS Shakespeare
Flotte du Pacifique

Le personnage ci-contre est l'enseigne de vaisseau A. Lloyd Morgan, qui servit pendant la guerre à bord du sous-marin *Shakespeare* dans le Pacifique. En tant que membre du *Royal Naval Volunteer Reserve*, il porte une chemise et un short en coutil kaki avec son insigne de grade aux épaulettes. Certains officiers, à l'image de cet enseigne de vaisseau, portaient leurs galons de grade sur des barrettes en coutil kaki, fournies avec la chemise, qu'ils enfilaient sur les épaulettes, tandis que d'autres préféraient des épaulettes bleues.

Même si leurs noms se ressemblent, le *Royal Naval Volunteer Reserve* et le *Royal Naval Reserve* étaient deux organisations totalement différentes. Ce dernier fut formé en 1859 et son cadre de services organisé cinq ans plus tard. Les insignes de grade des membres du RNVR formaient un "O" à base triangulaire, tandis que les membres du RNR se distinguaient par une boucle en forme d'étoile et des galons de grade en zigzag (chez les premiers maîtres, les lettres "RNVR" figuraient parfois sur les manchettes au-dessus des boutons, alors que les élèves officiers et les aspirants arboraient une boucle ou des pattes de col bordeaux).

L'uniforme de l'enseigne de vaisseau Morgan semble assez décontracté, comme c'était le cas à bord des sous-marins alliés. Sa casquette, recouverte d'une coiffe blanche, est le modèle d'ordonnance des officiers de la *Royal Navy*. L'uniforme illustré ci-contre allait devenir la tenue des officiers de la marine britannique servant en Extrême-Orient, remplaçant la tenue de service blanche introduite en 1938.

Date :	*Mai 1945*
Unité :	HMS Shakespeare
Grade :	*Enseigne de vaisseau*
Théâtre :	*Pacifique*
Lieu :	*Océan Indien*

Italie

Les nombreuses défaites essuyées par l'Italie durant la seconde guerre mondiale ont injustement fait passer le soldat italien pour un lâche. Entraîné dans le conflit contre son gré, équipé d'un matériel obsolète et souvent dirigé d'une piètre façon, il connaissait naturellement de médiocres résultats. Mais nul ne peut reprocher aux Italiens d'avoir manqué de courage : 200 000 d'entre eux sont tombés au champ de bataille.

Lieutenant
Division d'infanterie
Armée de terre italienne

Dans l'Armée de terre italienne, la coupe de la tenue tropicale était calquée sur celle de l'uniforme des régions tempérées, mais le matériau utilisé était un coutil de couleur kaki clair. Les soldats italiens portaient également une veste de combat semi-officielle, la saharienne, qui devait être très confortable puisqu'elle fut par la suite adoptée aussi bien par les Britanniques que par les Allemands postés en Afrique du Nord.

Ce lieutenant d'infanterie arbore l'habit typique des régions tropicales. À l'avant de sa casquette à visière latérale, appelée *bustina*, se trouve l'insigne de son régiment, avec le numéro du régiment inscrit au centre de la grenade. Cet insigne brodé d'or fut utilisé de 1933 à 1943.

Les deux étoiles des épaulettes indiquent le grade de lieutenant, tandis que celles du col étaient portées indifféremment par les combattants de toutes armes et de tous grades. Les officiers italiens arboraient les insignes de leur grade à la fois sur leur couvre-chef, leurs deux avant-bras et leur veste. Pour l'uniforme noir, l'uniforme d'été blanc et l'uniforme colonial, les insignes des avant-bras étaient remontées aux épaules.

Les épaulettes des premiers lieutenants comportaient non pas les deux étoiles illustrées ci-contre mais un fin galon cousu à leur extrémité externe. Le grade de premier lieutenant était attribué après 12 années de service sous le grade de lieutenant. À mesure que la guère se prolongea, les insignes des grades italiens devinrent de plus en plus petits, et ceux qui étaient en or à l'origine furent remplacés par de la soie jaune.

Date :	*Août 1940*
Unité :	*Division d'infanterie*
Grade :	*Lieutenant*
Théâtre :	*Méditerranée*
Lieu :	*Sidi Azeis*

Colonel
36e régiment d'infanterie

Dans l'Armée de terre italienne, l'uniforme standard des non gradés était confectionné dans une grosse toile gris vert foncé, tandis que celui des officiers était fait d'un sergé beaucoup plus clair, appelé *cordellino* (illustré ci-contre). Les officiers possédaient deux uniformes de base. La tenue de service était une version kaki de l'uniforme gris vert ; enrichie de divers accessoires, elle servait également de tenue de cérémonie.

Ce colonel qui participa à la campagne française de 1940 porte sur son calot un insigne à motif brodé d'or, chose inhabituelle car l'insigne de casquette de l'uniforme de campagne était généralement brodé de fil noir. L'entoilage rouge garance (couleur connue sous le nom de *robbio*) des insignes de grade et du couvre-chef était l'apanage des colonels à la tête d'un régiment. L'insigne de grade porté sur l'avant-bras se composait de trois galons dorés de 10 mm de large, et d'un quatrième de 17 mm de large commun à tous les grades supérieurs.

Les pattes de col de l'uniforme italien étaient de forme rectangulaire. Selon le règlement, elles devaient mesurer 60 mm de long, mais au fil des années de guerre elles allèrent en raccourcissant. L'insigne en forme de couronne et d'épées sur la poitrine de ce personnage indique une promotion reçue pour conduite exemplaire au champ de bataille, tandis qu'au-dessus du ruban on trouve un aigle en métal, signe que ce colonel est sorti de l'académie militaire.

La campagne française débuta le 10 juin 1940 et se termina 15 jours plus tard sur une cuisante défaite de l'Armée de terre italienne. Les Italiens comptèrent plus de 4 000 victimes, et les Français à peine 200.

Date :	*Juin 1940*
Unité :	*36e régiment d'infanterie*
Grade :	*Colonel*
Théâtre :	*Méditerranée*
Lieu :	*Sud de la France*

Caporal
6e bataillon d'Érythrée
Armée coloniale italienne

Au début de la guerre, en tant que puissance impériale, l'Italie fit appel à des troupes coloniales pour remplir un certain nombre de fonctions. Les *Sahariani*, par exemple, étaient d'excellents combattants du désert, possédant leurs propres moyens de transports et leur propre artillerie. Cette force faisait cependant figure d'exception, la plupart d'entre elles étant piètrement armées et sous-entraînées.

Le personnage ci-contre vient d'Afrique orientale italienne. En tant que caporal dans l'Armée coloniale italienne, il porte l'uniforme prescrit par les ordonnances de 1929. Son couvre-chef, appelé *tarbusc*, est orné d'un pompon indiquant l'appartenance du combattant au 6e bataillon d'Érythrée – la ceinture colorée étant un autre signe distinctif de ce groupe. Les chevrons rouges de la manche gauche indiquent le grade, tandis que les trois étoiles étaient obtenues après 10 années de service. L'arme est une Mannlicher-Carcano M91/38, fusil à culasse mobile.

Au début de la guerre, l'Armée italienne d'Afrique de l'Est comptait 88 000 soldats italiens et 200 000 soldats d'origine coloniale. La doctrine militaire italienne soulignait la primauté de l'attaque. Cette armée présentait un certain nombre de faiblesses, telles qu'une artillerie obsolète, et des munitions et du matériel quasi nul. Son commandant était le duc d'Aoste, conscient du fait que son armée ne tiendrait pas plus de six mois en temps de guerre. Ses craintes furent confirmées : en janvier 1941 la Grande-Bretagne envahit l'Éthiopie et en l'espace de quatre mois le duc avait livré tous ses soldats aux mains de l'ennemi.

Date :	*Juin 1940*
Unité :	*6e bataillon d'Érythrée*
Grade :	*Caporal*
Théâtre :	*Afrique*
Lieu :	*Éthiopie*

Caporal
Milizia Volontaria
Per La Sicurezza

La milice fasciste italienne (*Milizia Volon-taria Per La Sicurezza*), mieux connue sous le nom de "Chemises noires", fut constituée en 1922 par son commandant, Mussolini, à partir de troupes d'anciens militaires. Cette milice obéissait à une hiérarchie digne de la Rome antique, avec ses légions et ses cohortes. Au début de la guerre les Chemises noires comportaient trois divisions, mais d'autres bataillons furent créés pour renforcer les divisions d'infanterie. Cette force était divisée en 133 légions, chacune partagée en deux bataillons (l'un composé d'hommes âgés de 21 à 36 ans, et l'autre regroupant les hommes de 37 à 55 ans).

À partir de juin 1940, les membres de la MVSN servant dans l'armée italienne portaient un uniforme standard gris vert. Ils conservaient cependant quelques éléments de noir : cravate noire, pattes de col noires avec *fascio* (faisceau) argent, ainsi que le fez noir orné d'un gland. Le faisceau était l'emblème du parti fasciste ; il était censé symboliser l'unité de la population et démontrer que l'union fait la force. Les insignes de grades étaient semblables à ceux de l'armée de terre, bien que la boucle du galon supérieur fût en forme de losange et non pas de forme arrondie.

Le milicien représenté ici porte un uniforme de l'Armée de terre décoré de passementerie noire. Il arbore plusieurs décorations : ordre du Mérite militaire d'Italie, Campagne d'Éthiopie, Volontaire en Espagne et 10 années au service de la MVSN. Son poignard traduit son appartenance aux Chemises noires.

Date :	*Janvier 1940*
Unité :	*MVSN*
Grade :	*Caporal*
Théâtre :	*Méditerranée*
Lieu :	*Sicile*

Soldat de 2ᵉ classe
Groupe d'armée Albanie
Armée de terre italienne

L'Italie fut l'un des premiers pays à adopter l'uniforme "chemise-cravate" : une tunique droite gris vert, conçue pour être portée ouverte sur un ensemble chemise-cravate accordé. Cette tunique se fermait par cinq boutons et comportait une poche poitrine plaquée et plissée, et deux poches basses à rabat et bouton. Les épaulettes, pointues à l'extrémité, étaient confectionnées dans le même tissu que la tunique, tandis que les manches se terminaient par une manchette arrondie pour les officiers, et pointue pour les gradés.

En 1939, les gradés d'infanterie et armes à pied se virent attribuer une tunique avec ceinture en toile, tandis que la cavalerie et l'artillerie conservaient la tunique avec martingale. Les gradés étaient désormais équipés d'une culotte avec bandes molletières ou chaussettes en laine et bottillons, alors que le personnel à cheval portait une culotte de cheval avec des houseaux en cuir noir et des bottillons.

Ce soldat était mal équipé pour l'hiver : son manteau, confectionné dans une toile bon marché, n'était même pas croisé. L'Italie ne produisit jamais de tenues pour temps froid, les seuls soldats bénéficiant d'uniformes adéquats pour se protéger des rigueurs hivernales étant les unités de montagne. Remarquez les deux étuis de munitions portés sur la ceinture.

Ce soldat d'infanterie participa à la campagne contre la Grèce, lancée à partir de l'Albanie et menée par une armée de 160 000 hommes. Alors que la victoire semblait acquise, la Grèce repoussa l'invasion, à la grande surprise de l'Italie et du reste du monde.

Date :	Décembre 1940
Unité :	Groupe d'armée Albanie
Grade :	Soldat de 2ᵉ classe
Théâtre :	Méditerranée
Lieu :	Albanie

Tankiste
Division Ariete
Armée de terre italienne

Avant la guerre, l'armée de terre italienne était pauvre en blindés, ses divisions n'étant équipées que de blindés légers incapables de percer à travers les territoires ennemis comme le faisaient leurs homologues allemands. La situation s'améliora légèrement pendant le conflit avec l'introduction d'un char moyen plus performant, le M13/40, associé à des autos blindées et à un armement de division plus lourd. Malgré cela, la puissance de feu italienne demeura très largement en retrait par rapport aux divisions blindées britanniques d'Afrique du Nord.

Une division blindée italienne type comprenait un régiment de chars, généralement composé de trois bataillons, mais parfois de cinq. Chaque bataillon possédait un effectif de 457 hommes et 55 chars, subdivisés en une compagnie d'etat-major, une compagnie de réserve de six à huit chars, et trois compagnies de chars. Pendant la seconde guerre mondiale, l'armée italienne comprenait quatre divisions blindées, baptisées *Ariete*, *Littorio*, *Centauro* et *Giovani Fasciti*. La tenue des tankistes, basée sur celle de leurs homologues français, comprenait une combinaison, un casque et un manteau trois quarts en cuir.

Durant les années 1930, les hommes des divisions blindées et motorisées arboraient des pattes de col rectangulaires, ou "flammes", sur leurs cols bleus. En 1940, ils adoptèrent alors leurs propres pattes de col en cousant ces flammes sur un fond rectangulaire bleu (les unités équipées de chenillettes arboraient une double flamme blanche).

Date :	*Janvier 1941*
Unité :	*Division* Ariete
Grade :	*Tankiste*
Théâtre :	*Méditerranée*
Lieu :	*Afrique du Nord*

Caporal
Gruppi Sahariana

Les hommes des troupes coloniales italiennes portaient l'uniforme de l'armée de terre italienne, auquel ils ajoutaient des éléments de leurs cultures, tels que des turbans de couleurs, des sandales à la place des chaussures, ou encore un tarbouche rouge. Ce caporal porte une veste blanche et un pantalon *sirical*. La couleur de sa ceinture révèle son appartenance au 3ᵉ groupe militaire, tandis que l'insigne de grade figurant sur sa manche droite présente le motif introduit en 1939 lorsque les Libyens reçurent la nationalité italienne.

Dans l'armée de terre italienne, seuls les sergents et les sergents-chefs étaient désignés comme sous-officiers. Ces deux grades se distinguaient par leurs chevrons dorés, tandis que les caporaux portaient des chevrons noirs tissés sur les deux avant-bras, au-dessus des manchettes. Peu avant la guerre, ces chevrons furent adoptés sous une forme plus courte et inversée, cousus sur le haut de la manche, et c'est pendant les hostilités que les caporaux-chefs et les caporaux se virent attribuer des chevrons rouges. Ces insignes se présentaient sous forme d'un ruban tissé, puis découpé et cousu en "V" sur un tissu gris vert, l'ensemble étant cousu sur la manche du destinataire.

Ce dessin correspond à 1942, date à laquelle l'Italie avait connu une défaite militaire en Afrique du Nord suite à l'offensive britannique du général Wavel à la fin 1940-début 1941. Durant ce combat, la Force britannique de 130 000 hommes, anéantit 9 divisions italiennes et captura 130 000 combattants, 400 chars et 1 290 pièces d'artillerie. Les Britanniques, qui ne dénombrèrent que 500 morts et 1 373 blessés, obtinrent cette victoire malgré un matériel dépassé.

Date :	*Janvier 1942*
Unité :	*Gruppi Sahariana*
Grade :	*Caporal*
Théâtre :	*Méditerranée*
Lieu :	*Afrique du Nord*

Soldat de 2e classe Carabinieri *du Roi*

L'image de l'armée italienne de la seconde guerre mondiale est celle d'une armée incompétente et apathique. Dans la plupart des cas il s'agit du reflet exact de la situation : le peuple italien dans son ensemble ne voyait pas le conflit d'un bon œil et une grave pénurie de matières premières d'importance stratégique privait l'armée de toute prétention dans une guerre de mouvement moderne. Et si les Italiens s'en sortirent plutôt bien contre l'armée quasi médiévale de l'Éthiopie, les affrontements qui les opposèrent aux armées européennes, et notamment française et britannique, mirent au jour de sérieuses lacunes.

Il serait faux de conclure que les Italiens ne possédaient pas d'unités de valeurs prises une à une, mais la valeur de ces bonnes unités ne suffit jamais à compenser les défauts de l'armée dans son ensemble.

Les *Carabinieri* du Roi constituaient l'arme la plus élevée de l'armée régulière, riche d'une grande tradition. Elle se composait d'individus triés sur le volet, qui accomplissaient des tâches à la fois militaires et policières. Hautement reconnaissable, l'insigne de casquette de leur uniforme représentait une grenade explosant sur un drapeau tricolore italien, et l'unité avait également ses propres pattes de col. Sur l'uniforme tropical, l'ensemble des combattants italiens portaient une cocarde ronde aux couleurs nationales, sur laquelle était piqué l'insigne en laiton de l'arme. Pour les grandes occasions, le *Carabinieri* revêtait sa cravate noire.

Remarquez la cartouchière, qui n'était remise qu'au personnel à cheval ou motorisé. Dès 1942, les bandes molletières commençaient à être démodées.

Date :	*Janvier 1942*
Unité :	Carabinieri *du Roi*
Grade :	*Soldat de 2e classe*
Théâtre :	*Méditerranée*
Lieu :	*Tunisie*

Sergent
Polizia Africa Italiana

Comme dans toutes les armées, la police militaire remplissait des fonctions nombreuses et importantes. Ce sergent de la *Polizia Africa Italiana* porte l'uniforme tropical standard de l'armée de terre italienne, qui comprend un calot appelé *bustina*, une saharienne, une culotte de cheval et des houseaux en cuir pour le personnel motorisé.

La tunique, également standard, offrait quatre poches plaquées et une ceinture en tissu maintenue par deux boutons gris vert (le sous-officier de cette illustration porte pour sa part une ceinture en cuir). La *bustina* avait remplacé la casquette à visière. (En 1942, une nouvelle *bustina* semblable à celle des soldats de l'Afrika Korps fit son apparition ; sa grande visière était plus pratique pour les pays chauds.)

Notez l'aiguillette ou fourragère bleue et le pistolet mitrailleur Beretta M38A calibre 9 mm portés à l'épaule. Les pistolets mitrailleurs étaient des objets rares dans l'armée italienne, car l'arme individuelle d'ordonnance était un fusil à culasse mobile et un assez bon nombre d'unités en manquait.

À partir de 1942, les Italiens durent se contenter des seconds rôles aux côtés de l'Afrika Korps, car seule l'arrivée des Allemands en Afrique du Nord en février 1941 avait empêché l'effondrement total de l'Italie. Bien que Rommel ait fait appel à de nombreuses divisions italiennes durant ses offensives de 1941-1942, les sempiternels problèmes de moral bas et de manque de main-d'œuvre et de matériel ne furent jamais résolus – avec les conséquences que l'on connaît. Ceci dit, le soldat italien était en général un combattant valeureux mais desservi par un commandement et un matériel médiocres.

Date :	*Février 1942*
Unité :	*Polizia Africa Italiana*
Grade :	*Sergent*
Théâtre :	*Méditerranée*
Lieu :	*Afrique du Nord*

Capitaine 184ᵉ division de parachutistes

En 1942, un nouvel uniforme de campagne fut développé à l'intention des parachutistes. Il combinait la tunique et la saharienne déjà existantes. Ouvert au niveau du cou, il ne possédait ni col ni revers, tandis que les manches étaient resserrées aux poignets. Le pantalon, bouffant et porté avec une ceinture en toile, se resserrait au niveau des chevilles.

Comme on peut le voir, la tenue du parachutiste italien ressemblait à celle de son homologue allemand (dans bien des cas les paras italiens recevaient une tenue et un matériel allemand). Cet officier arbore le casque en acier développé pour les parachutistes, avec sa jugulaire en deux parties et son protège-nez en cuir à l'avant. Le sarrau comme le couvre-casque étaient faits de tissu de camouflage allemand et italien, tandis que le gilet de toile sans manches comportait des étuis à l'avant et à l'arrière pour les chargeurs du pistolet mitrailleur que porte ce soldat. Il s'agit d'un Beretta M38A, dont seules les unités spéciales disposaient.

Les deux divisions aéroportées italiennes, baptisées *Nembo* et *Folgore*, étaient chacune divisées en deux régiments de parachutistes, chacun composé de quatre bataillons. Les régiments de parachutistes se partageaient un régiment d'artillerie de deux batteries. Fort de 326 hommes, un bataillon de parachutistes comprenait une unité d'état-major et trois compagnies de parachutistes ; il disposait d'un bon armement, avec 54 mitrailleuses légères et 62 fusils semi-automatiques, et au niveau divisionnaire on trouvait une compagnie de motocyclistes, une compagnie de mortiers de 81 mm, et une compagnie du génie.

Date :	*Décembre 1942*
Unité :	*184ᵉ division de parachutistes*
Grade :	*Capitaine*
Théâtre :	*Méditerranée*
Lieu :	*Tunisie*

Général de division Forces cobelligérantes

La première unité italienne à avoir combattu aux côtés des Alliés après que le pays ait déserté le camp de l'Axe fut le Premier groupe de combat motorisé. Celui-ci prit part aux combats qui se déroulèrent sur le mont Lungo, dans la région de Cassino, à l'automne 1943. Fort de 295 officiers et 5 387 soldats, il contribua à prouver aux Alliés la détermination de l'Italie à combattre l'Allemagne nazie.

Au début de cette nouvelle guerre, les troupes italiennes pro-alliées portaient l'uniforme italien gris vert ou kaki avec l'insigne de la maison de Savoie sur la poitrine. Mais en raison d'une pénurie textile, les Italiens durent bientôt revêtir des tenues alliées – le plus souvent des uniformes britanniques décorés de l'insigne italien. Pour les différencier des autres armées alliées, on leur cousit donc au sommet de la manche gauche un insigne rectangulaire aux couleurs italiennes.

Cet officier général qui commandait le Groupe de combat "Éclair" arbore la tenue militaire typique portée par les Italiens à la fin de la guerre, à savoir une tenue de campagne britannique et un béret kaki, le tout orné d'insignes italiens. Les insignes de grade figuraient sur les poignets et sur le côté gauche du béret (ceux des manches étaient brodés en rouge cerise pour les médecins généraux, sur fond violet pour les intendants généraux, et sur fond gris vert pour tous les autres généraux). Ce général de division porte également les pattes de col bleu clair des parachutistes, et au sommet de sa manche gauche l'insigne de son groupe de combat : un drapeau tricolore italien frappé par un éclair.

Date :	*Mai 1944*
Unité :	*Forces cobelligérantes*
Grade :	*Général de division*
Théâtre :	*Méditerranée*
Lieu :	*Italie*

Milicien Légion Tagliamento

Le 25 juillet 1943, Mussolini fut déposé et remplacé par un nouveau chef d'État, le maréchal Badoglio. Le nouveau gouvernement italien négocia la capitulation avec les Alliés, et c'est ainsi qu'en septembre 1943 l'Italie monarchiste changea de camp et déclara la guerre à son ex-alliée, l'Allemagne. Pendant ce temps, Mussolini constituait sa République sociale italienne à Salo.

Cette situation divisait l'armée italienne en deux unités opposées l'un à l'autre. Les troupes mussoliniennes, composées de quatre divisions formées par les Allemands, portaient l'uniforme italien, du matériel allemand, et des insignes et emblèmes d'inspiration romaine. (Suite à la capitulation, l'Armée de terre italienne avait été entièrement dépouillée par les Allemands.)

Le milicien illustré ci-contre porte l'uniforme typique de l'Italie fasciste de la fin de la guerre. Il s'agit d'un Légionnaire "M." (pour Mussolini) de la Garde nationale républicaine (GNR). Sa coiffure noire est semblable à celle, rouge foncé, des tireurs d'élite connus sous le nom de *bersaglieri*. L'insigne de la Légion, un faisceau argenté sur un "M." rouge, était porté sur le col de la chemise noire ou sur une patte de col noire.

Les autres accessoires de l'uniforme sont d'origine allemande, y compris la ceinture de la Luftwaffe et les grenades à manche. Le milicien possède en revanche deux armes italiennes : le poignard de la MVSN et le pistolet mitrailleur Beretta M38A, réputée pour sa fiabilité et sa robustesse.

Date :	*Juin 1944*
Unité :	Légion Tagliamento
Grade :	*Milicien*
Théâtre :	*Méditerranée*
Lieu :	*Italie du Nord*

Maréchal de l'air Italo Balbo Armée de l'air italienne

La tenue du maréchal de l'air Italo Balbo représenté ici associe des éléments de l'uniforme tropical et de celui des régions tempérées. L'uniforme de l'Armée de l'air italienne était essentiellement identique à celui de l'armée de terre, hormis le fait qu'il était confectionné dans une toile gris bleu. Parmi les différences mineures, citons les rabats de poches pointus, contre droits pour l'uniforme de l'armée de terre.

La casquette à visière du maréchal de l'air Balbo est brodée de la *greca*, l'emblème des généraux et autres officiers généraux. L'insigne de casquette est constitué d'un aigle aux ailes déployées, entouré d'une couronne de laurier et surmonté de la couronne royale. Des insignes de casquette brodés d'or figuraient sur les casquettes des officiers et des sous-officiers. Mais seuls les officiers supérieurs et généraux avaient la couronne royale brodée sur fond pourpre.

Au début de la guerre, l'uniforme de l'Armée de l'air se débarrassa de certains des ornements qui faisaient sa spécificité, tels que les épaulettes et la ceinture d'habit de cérémonie, ainsi que le fond de couleur de l'insigne de grade qui indiquait la provenance de son porteur.

Le maréchal de l'air Balbo porte ses insignes de grade sur les épaulettes de sa saharienne. Sur sa poitrine, on voit son insigne de pilote. Personnage emblématique du mouvement fasciste, il périt durant l'été 1940 lorsque son avion fut abattu par erreur par la DCA italienne près de Tobrouk, peu après la déclaration de guerre de l'Italie.

Date :	*Mai 1940*
Unité :	*Armée de l'air italienne*
Grade :	*Maréchal de l'air*
Théâtre :	*Méditerranée*
Lieu :	*Afrique du Nord*

Commandant
1re brigade
Armée de l'air italienne

Pendant la guerre, l'armée de l'air italienne disposait de deux types de combinaisons de vol : un modèle d'hiver, doublé et confectionné dans un tissu brun vert olive, et un modèle d'été en toile blanche. Tous deux étaient disponibles en une pièce (modèle ici représenté) et en deux pièces. Sous cette combinaison, on portait souvent un short en coutil kaki ou un autre type de pantalon. Le casque était lui aussi fait de toile blanche.

Les vestes militaires des officiers italiens n'ayant pas de manchettes, les galons étaient cousus à 90 mm de l'extrémité de la manche. Confectionnés à partir de galon or, ces galons mesuraient 80 mm de long ; les plus étroits faisaient 12 mm de large, contre 22 mm pour les plus larges, à la base. Sur sa poitrine gauche, ce commandant arbore l'insigne de son groupe.

En 1940, l'armée de l'air italienne comprenait 12 000 pilotes et membres d'équipage, 6 100 officiers non-navigants et 185 000 gradés. Le groupe constituait l'unité tactique de base ; il se composait de neuf avions, plus trois de réserve. Deux ou trois groupes formaient une escadre, et deux escadres ou plus formaient une brigade, ou *stormo*. Deux ou trois brigades se réunissaient pour former une division aérienne.

C'est en Afrique du Nord qu'eut lieu le plus grand déploiement de forces aériennes italiennes à l'étranger, mais les lourdes pertes infligées par les Britanniques à la fin 1940 et au début 1941 nécessitèrent d'énormes renforts. Cependant, la pénurie de carburant et de pièces détachées réduisit considérablement l'efficacité globale de cette force aérienne.

Date :	*Juin 1940*
Unité :	*1re brigade*
Grade :	*Commandant*
Théâtre :	*Méditerranée*
Lieu :	*Libye*

Commandant Zone Sud Armée de l'air italienne

Par-dessus sa tenue de service, ce pilote porte un blouson d'aviateur en cuir ainsi qu'un casque d'aviateur en cuir. Au bas de ses manches sont cousus ses galons qui, pour les officiers, étaient des galons or ; les plus étroits mesuraient 12 mm de large, contre 22 mm pour les plus larges, à la base.

Sur la poitrine de l'officier, à gauche, on voit l'insigne du pilote de bombardier lance-torpilles. Les pilotes, les observateurs et les membres d'équipage portaient tous des insignes tel celui-ci. Les deux premiers modèles avaient vu leur dessin modifié au début des années trente : ils incorporaient le faisceau, au bas de l'insigne. Avant ces modifications, certains pilotes avaient reçu de nouveaux types d'insignes à lettres colorées et émaillées au centre : un insigne frappé d'un "V" rouge pour les pilotes ayant volé sur des appareils à grande vitesse, d'un "S" pour ceux ayant effectué des vols à haute altitude, et d'un "A" pour ceux ayant traversé l'Atlantique.

En récompense pour leurs bons résultats, les aviateurs se voyaient décerner diverses décorations en métal à porter à la poitrine. Il y avait trois catégories d'insignes : or, argent et bronze (bien que pour les premiers seule la partie centrale fût dorée). Pendant la guerre, les insignes d'or et d'argent furent produits en aluminium, tandis que la partie centrale de l'insigne d'or était en fait décorée à la peinture jaune.

Le territoire italien était divisé en quatre zones aériennes : Nord, Centre, Sud et Sud-Est. L'armée de l'air italienne était également très présente en Libye et, dans une moindre mesure, en Afrique orientale.

Date :	*Juin 1942*
Unité :	*Zone Sud*
Grade :	*Commandant*
Théâtre :	*Méditerranée*
Lieu :	*Afrique du Nord*

Général de division aérienne - République sociale italienne

L'armée de l'air de la République sociale italienne (RSI) de Mussolini fut créée le 27 octobre 1943. Son existence même était due aux efforts d'un seul homme : le lieutenant-colonel "Jambe de fer" Botto, officier doué d'un sens de l'organisation hors du commun. Lorsque l'Italie signa sa capitulation avec les Alliés, les Allemands firent main basse sur l'aviation et le matériel italien, ainsi que sur les pilotes et les techniciens. Botto parvint alors à récupérer cette force, mais l'armée de l'air de la RSI ne devint opérationnelle qu'en octobre 1944.

Avec la constitution de la RSI, l'armée de l'air italienne se devait de modifier son uniforme. La couronne de l'insigne de casquette et des épaulettes fut remplacée par l'oiseau ailé que l'on peut voir sur cette illustration. Les galons distinguant les grades sur le bandeau de la casquette furent abolis et remplacés pour les officiers par des cordons à motifs allemands, tandis que les généraux arboraient des broderies d'or sur la visière. Sur le col de l'uniforme, l'étoile à cinq branches céda la place au *gladio*.

En octobre 1944, certains soldats de l'armée de l'air de l'Italie fasciste servaient aux côtés du personnel de la Luftwaffe. C'est pourquoi ils portaient des uniformes de la Luftwaffe ornés d'insignes de grades allemands ou italiens. Notez le ruban de la Croix de fer de 2ᵉ classe porté à la boutonnière par cet officier.

L'armée de l'air de la RSI n'était pas importante, mais elle possédait des chasseurs et des bombardiers. Ses bombardiers furent envoyés sur le front de l'Est.

Date :	*Octobre 1944*
Unité :	*Armée de l'air de la RSI*
Grade :	*Général de division aérienne*
Théâtre :	*Méditerranée*
Lieu :	*Italie du Nord*

Lieutenant de vaisseau Cdt de Tarente Marine italienne

Cet officier de la marine italienne porte la tenue de service typique, avec casquette à visière et caban. Outre ce couvre-chef, les officiers possédaient aussi une casquette de campagne bleue, avec visière en tissu assorti. Dans la marine italienne, la casquette des officiers subalternes et des officiers mariniers était brodée d'un insigne naval en or composé d'un bouclier ovale entouré de six feuilles de laurier et surmonté de la couronne.

Les épaulettes des officiers, en toile bleu marine, étaient semblables en forme et en dimension à celles des officiers généraux. Les épaulettes des officiers supérieurs étaient bordées d'un galon brodé de fil d'or enserrant la couronne et les étoiles correspondant au grade, tandis que les épaulettes des officiers subalternes ne comportaient que la couronne et les étoiles. Celles des lieutenants de vaisseau étaient brodées d'un fin galon. Au bas des manches du caban étaient cousus les galons or, les officiers supérieurs se distinguant par un galon large de 20 mm et entre un et trois galons de 12 mm de large. Le galon supérieur présentait une boucle, et l'ensemble était cousu sur une toile bleu marine ou d'une couleur distincte, selon le corps.

Au début de la guerre, la marine italienne comptait 4 cuirassés, 8 croiseurs lourds, 14 croiseurs légers, 128 destroyers, 115 sous-marins et 62 vedettes lance-torpilles. Il y avait en outre 4 cuirassés en cours d'armement. Forte de 4 180 officiers et 70 500 matelots et gradés, elle représentait une force imposante, mais l'absence de radar et d'aéronavale allait permettre aux Britanniques de prendre l'avantage en Méditerranée.

Date :	*Juin 1942*
Unité :	*Commandement de Tarente*
Grade :	*Lieutenant de vaisseau*
Théâtre :	*Méditerranée*
Lieu :	*Mer Méditerranée*

Sergent-chef Infanterie de marine italienne

Les officiers de l'infanterie de marine portaient une tenue de service gris vert, tandis que les gradés se contentaient de l'uniforme illustré ci-contre : il s'agissait d'une version gris vert du pull bleu avec pantalon assorti, accompagnée d'une culotte et de bandes molletières. Parmi les autres objets portés par les gradés, il y avait un béret vert et une version verte du pull-over de marin, qui pouvait être portée avec une chemise blanche, un col en blue-jean, une écharpe noire et un cordon blanc, ou simplement avec un pull à col roulé.

En Afrique du Nord, les soldats d'infanterie de marine portaient un béret en coutil kaki clair, une chemise, une saharienne, une culotte, un pantalon long ou un short, des bandes molletières, des bas de laine ou des guêtres en toile, et des bottillons ou des chaussures. Ils disposaient en outre d'une version en coutil kaki du pull-over, avec des manchettes en pointe et un col rectangulaire bordé de deux galons blancs. Tous les hommes de l'infanterie de marine arboraient des pattes de col ou de manche écarlates brodées d'un lion de saint Marc en fil d'or ou jaune.

Les officiers arboraient des insignes de grades de la marine, tandis que ce sergent-chef n'avait droit qu'à un petit galon rouge entre deux plus larges, sous forme de chevrons inversés sur le haut des manches.

Le poignard était semblable à celui des miliciens fascistes ; si l'on pouvait douter de son intérêt sur le plan strictement militaire, il était cependant d'une grande importance symbolique, représentant le dévouement de chaque individu à la cause.

Date :	Février 1942
Unité :	Infanterie de marine italienne
Grade :	Sergent-chef
Théâtre :	Méditerranée
Lieu :	Sicile

Matelot
Marine de la République socialiste italienne

Bien que peu d'Italiens s'engageassent dans la marine fasciste créée par Mussolini après septembre 1943, l'uniforme de la marine nationale subit un certain nombre de changements à cette époque. Notamment, la couronne de l'insigne de casquette fut remplacée par un oiseau ailé, et le *gladio* se substitua à l'étoile à cinq branches à la pointe du col.

Les galons faisant le tour de la casquette furent abolis et remplacés pour les lieutenants par un cordon bleu et or, et pour les officiers supérieurs par un cordon tout or. En outre, le traditionnel bonnet de marin céda la place à un béret bleu orné à l'avant d'une petite ancre en métal jaune.

Le matelot de cette illustration est vêtu du traditionnel col carré porté dans toutes les marines du monde, complété par les sangles confectionnées en Grande-Bretagne. Il porte également un casque en acier, à l'avant duquel est peinte un deuxième modèle d'ancre.

Au cours de la guerre, comme pour l'armée de terre et l'armée de l'air, la marine italienne se vit infliger de sévères corrections par les Alliés, notamment à Tarente et à Matapan. En septembre 1943, elle avait perdu un cuirassé, 13 croiseurs et 24 660 hommes. Après la capitulation italienne, la marine de Mussolini ne représentait plus qu'un vingtième de la flotte cobelligérante : cette dernière comprenait en effet 5 cuirassés, 8 croiseurs, 33 destroyers, 39 sous-marins, 12 vedettes lance-torpilles, 22 escorteurs et 3 mouilleurs de mines.

Date :	*Octobre 1944*
Unité :	*Marine de la RSI*
Grade :	*Matelot*
Théâtre :	*Méditerranée*
Lieu :	*Italie du Nord*

Japon

*Le Japon mobilisa 9 100 000 hommes pour son armée de terre, son armée de l'air et sa marine,
et ses troupes marchèrent en vainqueur à travers tout le Pacifique et l'Extrême-Orient en 1941
et 1942. Le soldat nippon se caractérisait par un courage et une résistance témoignant d'un
dévouement absolu envers son pays, mais face au caractère hautement matériel de cette guerre
le fanatisme ne pouvait venir à bout de la puissance économique des États-Unis.*

Soldat de 2ᵉ classe Armée de terre impériale du Japon

Ayant adopté le kaki après la première guerre mondiale, le Japon modifia par la suite son uniforme pour l'adapter aux conditions régnant en Extrême-Orient. Par exemple, la tunique droite à col Mao dur fut remplacée en 1938 par un modèle à col cassé et plus mou. Toutes deux possédaient des poches poitrines et basses à rabat et à bouton, et étaient portées avec une culotte assortie, des bandes molletières entrecroisées avec des rubans kaki, et des chaussures en toile noire.

Les Japonais possédaient deux modèles de manteau : le M90, de coupe droite, avec col rabattu, deux rangées de six boutons à l'avant et des poches basses inclinées et à rabat ; et le M98, croisé.

Le couvre-chef japonais se composait d'une casquette de campagne à visière ornée d'une étoile, une jugulaire et un protège nuque amovible. Durant la guerre cette casquette fut déclinée en plusieurs types de matériau, y compris en paille, et elle fut même camouflée au moyen de peinture et de feuilles et brindilles pour briser sa ligne. Le soldat nippon portait souvent sa casquette sous son casque en acier, peint de couleur moutarde et orné à l'avant d'une étoile jaune à cinq branches. En 1937, deux modèles de casques en acier étaient utilisés, mais le plus ancien avait été retiré au début de la seconde guerre mondiale.

Les combattants japonais en Extrême-Orient portaient un uniforme en coutil de coton, comprenant une tunique légère, droite et à col cassé, un pantalon ou un short assorti, des bottillons en cuir (connus sous le nom de *tabi*) et des bandes molletières.

Date :	*décembre 1941*
Unité :	*Armée de terre impériale du Japon*
Grade :	*Soldat de 2ᵉ classe*
Théâtre :	*Pacifique*
Lieu :	*Luzon*

Major
Armée nationale indienne

L'armée nationale indienne (INA) fut levée en janvier 1942 par les Japonais à Kuala Lumpur, dans l'intention d'obtenir l'indépendance de l'Inde vis-à-vis de la Grande-Bretagne. Elle fut constituée à partir d'Indiens faits prisonniers par le Japon et placés sous les ordres du général Mohan Singh, précédemment à la tête du 14e Régiment du Pendjab. Lorsque Singapour tomba aux mains des Nippons en février 1942, 55 000 soldats indiens furent capturés et 20 000 d'entre eux s'engagèrent dans l'INA. Bien que 20 000 hommes de plus s'enrôlassent durant l'été 1942, ils étaient loin d'être tous pro-Japonais. Il s'agissait pour certains d'échapper aux brutalités des camps, et pour d'autres de retourner au front – puis de déserter pour rejoindre les lignes britanniques.

Les hommes de l'INA portaient l'uniforme de l'armée indienne en coutil kaki, avec soit leur turban traditionnel, soit un calot de campagne en tissu kaki. Mais certains se virent attribuer un uniforme de l'armée japonaise. Un insigne de casquette en laiton était apposé sur le côté gauche du calot ; il représentait une carte de l'Inde frappé du sigle "INA".

Ce major porte l'uniforme de l'armée indienne en coutil kaki et un turban kaki. Son grade est indiqué par les galons de ses épaulettes : les épaulettes des sous-officiers comprenaient de un à trois galons, celles des officiers subalternes le signe "INA" surmonté de un à trois galons, celles des officiers supérieurs de un à trois galons surmonté(s) du signe "INA" puis d'une étoile à huit branches, et celles des officiers généraux de une à trois barrettes surmontée(s) de sabres entrecroisés puis d'une étoile à huit branches.

Date :	*septembre 1942*
Unité :	*Armée nationale indienne*
Grade :	*Major*
Théâtre :	*Pacifique*
Lieu :	*Malaisie*

Parachutiste Troupes parachutistes de la marine

Les parachutistes de la marine japonaise portaient un uniforme de couleur gris vert olive et un casque décoré à l'avant d'un insigne jaune en forme d'ancre. L'insigne de leur arme était cousu sur leur manche droite. Les parachutistes ayant toutes les qualifications arboraient en outre un emblème en forme d'aile en soie jaune sur la poitrine, du côté droit.

Les parachutistes de l'armée de terre japonaise portaient quant à eux des sarraus de type allemand, des casques en cuir et des bottillons à lacets. Plus tard, ces casques seraient remplacés par des modèles en acier recouverts de toile (il existe des documents prouvant que des casques de parachutistes allemands ont été livrés à leurs homologues nippons). Le parachutiste de la marine de cette illustration porte ce dernier type de casque, préférable au modèle qu'il remplaçait (en fibre végétale) puisqu'il protégeait également la tête contre les balles de fusil. La combinaison que l'on voit ici était parfois portée par-dessus l'uniforme gris vert olive de la marine. Notez également le sac ventral attaché au harnais du parachute, qui pouvait contenir soit un mortier léger, soit des armes individuelles.

Pendant la guerre, les Japonais développèrent toute une gamme d'armes pour parachutistes – telles que le lanceur de grenades Modèle 89 avec quatre grenades de 50 mm, la bougie fumigène M94, une grenade antichar ou encore un petit piolet – qui logeaient dans un petit sac en toile fixé à la jambe du soldat. Quant à l'autre jambe, elle recevait un deuxième sac abritant un fusil de parachutiste M2 calibre 7,7 mm, une baïonnette, quatre grenades et trente cartouches.

Date :	*octobre 1942*
Unité :	*Marine japonaise*
Grade :	*Soldat de 2ᵉ classe*
Théâtre :	*Pacifique*
Lieu :	*Océan Pacifique*

162

Matelot
Flotte combinée
Marine japonaise

Ce matelot de la marine japonaise porte la tenue blanche qui servait d'uniforme pour les travaux propres, c'est-à-dire les emplois de bureau et les travaux administratifs. Durant les mois d'hiver, les marins portaient la tenue blanche d'ordonnance, et par temps froid ils s'équipaient d'un long caban croisé à deux rangées de cinq boutons en métal gris et à poches à fentes verticales. Sous les climats chauds, ils revêtaient une chemise à manches courtes avec l'encolure bordée d'un liseré bleu, un pull-over en coton blanc avec ou sans col en blue-jean et écharpe noire, et avec un liseré bleu au bas des manches et de l'ourlet.

En temps opérationnel, les marins portaient la chemise soit seule avec un pantalon de coutil blanc, soit associée à une chemise de travail blanche, et même parfois avec une combinaison blanche.

La casquette de ce matelot est entourée d'une seule bande bleue (contre deux pour celle des officiers) et ornée d'une ancre bleue. Les officiers portaient une casquette à visière arborant une ancre dorée encerclée dans un anneau, le tout entouré d'une couronne de feuilles dorées et surmonté de fleurs de cerisier argentées. L'insigne des officiers mariniers se composait d'une ancre et de fleurs de cerisier superposées, entourées d'un ovale doré, et celle des aspirants comprenait une ancre surjalée dorée. Comme on peut le voir ici, la casquette de campagne des matelots comportait une ancre simple.

L'insigne figurant sur la manche gauche du matelot est celle d'un musicien de 3e classe.

Date :	mai 1942
Unité :	Flotte combinée
Grade :	Matelot
Théâtre :	Pacifique
Lieu :	Mer des Philippines

Lieutenant de vaisseau
5ᵉ flotte
Marine japonaise

Les officiers de la marine japonaise, tel ce lieutenant de vaisseau, portaient une tunique droite bleue à col Mao, à poches fendues, et fermée à l'avant par des agrafes. La partie antérieure et supérieure du col, l'avant et l'ourlet de la tunique, et les poches étaient bordés de galon argent noirci, le même galon qui servait à distinguer les grades sur les insignes de manches. Le marin ici représenté porte l'uniforme d'été blanc des officiers.

Ce lieutenant de vaisseau porte la casquette à coiffe blanche et la tenue blanche d'ordonnance. Son grade est indiqué par les insignes de ses épaulettes. Ces dernières étaient utilisées sur la tunique blanche, et sur les tuniques bleues et kaki. Elles comportaient des galons or pour distinguer le type d'officier, et des fleurs de cerisier en argent pour indiquer le grade de la personne. Le grade figurait aussi sur les manches, sous forme de galons or avec une boucle sur la tenue bleue de cérémonie et le manteau, et de galons noirs sur la tunique de la tenue de service. Les sous-officiers qui avaient accédé au grade d'officier portaient sur leurs épaulettes des fleurs de cerisier en argent, au-dessus d'un galon or plus étroit, de la largeur des galons de sous-officier. Il est intéressant de noter que les officiers de la marine possédaient les mêmes grades que les officiers de l'armée de terre.

Ce lieutenant de vaisseau porte sur sa hanche gauche une dague non militaire suspendue à une ceinture en tissu attachée sous la tunique. Les maîtres portaient une casquette à visière ornée d'un insigne, associée à une tunique droite bleu marine ou blanche.

Date :	*février 1943*
Unité :	*5ᵉ flotte*
Grade :	*Lieutenant de vaisseau*
Théâtre :	*Pacifique*
Lieu :	*Tokyo*

Union Soviétique

Les forces armées russes se distinguaient par leur caractère massif, que ce soit dans les assauts menés par les troupes d'infanterie regroupées ou dans les gigantesques flottes blindées et aériennes qui vinrent à bout de l'ennemi. À l'image de son matériel, le combattant moyen était un soldat simple et robuste. Quelque 13 200 000 hommes et femmes furent mobilisés, et leurs sacrifices contribuèrent grandement à la défaite de l'Allemagne nazie.

Soldat de 2e classe Division d'infanterie Armée Rouge

Au début de la seconde guerre mondiale, l'Union soviétique possédait la plus grande armée d'Europe, avec 1 800 000 hommes. Assurer un approvisionnement régulier en uniformes et en matériel pour une telle population n'était pas une mince affaire, et les usines d'État devaient s'en tenir aux bonnes vieilles méthodes pour maintenir un débit suffisant. Conséquence de cette situation : le dessin des uniformes n'avait pas été modifié depuis le début du siècle. Ceci dit, il s'agissait de tenues solides et pratiques, qui avaient fait leurs preuves durant la Grande Guerre.

Ce soldat de 2e classe participa à la désastreuse "guerre d'hiver" contre la Finlande. Il porte le traditionnel casque à pointe connu sous le nom de *shelm* mais appelé *dubionovka* en référence au légendaire commandant de cavalerie russe Budjenny. La casquette à visière, ou *furashka*, présentait une coiffe et un bandeau kaki, et elle était passepoilée dans la couleur de l'arme. Sa visière et sa mentonnière étaient noires, et à l'avant figurait une étoile rouge à cinq branches. Lors des combats contre les Finlandais, le *shelm* se révéla inefficace contre les grands froids et il fut remplacé en 1940 par une casquette en toile grise munie de rabats en fourrure, l'*ushanka*. Fait notable de la conception de l'*égalité* dans l'armée Rouge, les rabats des officiers étaient en véritable fourrure, tandis que ceux des gradés étaient en fourrure artificielle.

Comme l'indique la couleur rouge framboise de l'étoile et des pattes de col, nous avons là un soldat d'infanterie. Son sac en toile abrite un masque à gaz.

Date :	*décembre 1939*
Unité :	*Division d'infanterie*
Grade :	*Soldat de 2e classe*
Théâtre :	*Front de l'Est*
Lieu :	*Golfe de Finlande*

Colonel
Division blindée
Armée Rouge

En 1935 la tenue de service kaki des troupes blindées soviétiques fut remplacée par un uniforme gris acier. Cette modification vestimentaire avait pour but de rehausser l'importance des blindés en général au sein de l'armée Rouge – un choix qui se révéla judicieux vu le rôle déterminant joué par ces blindés sur le front de l'Est de 1941 à 1945. Il est toutefois amusant de noter que les troupes continuèrent à porter leur uniforme standard kaki, même si les officiers arboraient parfois la nouvelle casquette à visière grise.

La casquette de cet officier est ornée d'un insigne frappé de la faucille et du marteau. En fait, les premiers insignes en forme d'étoile rouge comportaient un marteau et une charrue. Ce n'est que plus tard que le symbole de l'agriculture représenté par la charrue serait remplacé par la faucille. L'armée Rouge ne possédait aucun insigne de régiment : chaque corps ou arme se distinguait par une couleur figurant sur les pattes de col, le passepoil et les brandebourgs de boutonnières du manteau et de la tunique.

Cet officier porte ses insignes de grade sur ses pattes de col et ses manches. Des insignes incluant des carrés, triangles et losanges rouges avaient été créés durant la Révolution, et en 1924 les insignes en métal émaillé avaient été remontés aux pattes de col. Par la suite, les ordonnances de 1935 avaient imposé aux officiers le port d'insignes de grade en forme de chevrons sur les avant-bras de leurs tuniques, de leurs vestes et de leurs manteaux. Comme on voit le ici, les colonels arboraient des chevrons rouges à liséré or.

Date :	*janvier 1940*
Unité :	*Division blindée*
Grade :	*Colonel*
Théâtre :	*Front de l'Est*
Lieu :	*Kiev*

Maréchal de l'Union soviétique Armée Rouge

C'est en 1935 que fut institué le grade de maréchal de l'Union soviétique. Cinq généraux furent élevés à ce grade : le commissaire à la Défense Voroshilov, le commandant de l'armée d'Extrême-Orient Blyukher, le général chef d'état-major Tukhachevsky, le général Yerogov et le commandant de cavalerie Budjenny. En juillet 1940 un nouvel uniforme de parade fut attribué aux généraux et aux maréchaux de l'armée Rouge.

Ce personnage est le maréchal Timoshenko, commandant du District militaire de Kiev et commandant en chef des forces soviétiques durant la guerre de Finlande. Il porte son nouvel uniforme de parade, qui comprend une élégante tunique grise passepoilée de rouge (les généraux et maréchaux recevaient un manteau gris à passepoil rouge). La casquette grise de l'uniforme de parade des généraux et des maréchaux était équipée d'un double cordon or au-dessus de la visière et d'un insigne constitué d'une étoile rouge en laiton émaillé sertie dans une cocarde de 30 mm.

Pour les insignes de grade, des étoiles d'or remplaçaient les losanges émaillés sur les pattes de col des généraux, tandis que les maréchaux arboraient des couronnes de laurier surmontées de l'étoile dorée. Sur chaque manche, les maréchaux portaient une grande étoile brodée de fil d'or, au-dessus de deux chevrons entrecoupés d'une guirlande de laurier sur fond rouge.

Timoshenko arbore les décorations suivantes (de haut en bas) : l'étoile d'or de héros de l'Union soviétique ; deux ordres de Lénine ; trois ordres de la Bannière rouge ; et la médaille du 20ᵉ Anniversaire de l'armée Rouge.

Date :	*Juin 1940*
Unité :	*District militaire de Kiev*
Grade :	*Maréchal de l'Union soviétique*
Théâtre :	*Front de l'Est*
Lieu :	*Moscou*

Adjudant-chef
Division de cavalerie

Cet adjudant-chef porte l'uniforme standard de l'armée Rouge utilisé sur le front de l'Est au début de la guerre, avec quelques modifications indiquant son arme (la cavalerie). À cette époque, la chemise en coton standard avait un col cassé (curieusement, celle du personnage ici représenté possède un col Mao) et des poches plaquées à rabat et à bouton. Les manches sont froncées au poignet et se terminent par une manchette fermée par deux petits boutons (la manchette des officiers était passepoilée aux couleurs de l'arme).

Cette chemise était associée à une culotte de cheval kaki pour tous les grades des unités à pied, et de couleur bleu roi pour les soldats des unités à cheval. Cet adjudant-chef porte une casquette à visière à coiffe kaki et à bandeau de la couleur de son arme.

Bien qu'apparemment dépassées en 1941, les unités de cavalerie se révélèrent d'une valeur inestimable sur le front de l'Est. L'armée Rouge possédait 40 divisions de cavalerie en 1940, et durant la guerre contre l'Allemagne elles accomplirent des missions d'une grande utilité, aussi bien en termes de reconnaissance qu'en tant que réserve mobile, ou encore en patrouillant loin derrière les lignes ennemies. Une division de cavalerie de l'armée Rouge était subdivisée en trois régiments de cavalerie et un régiment d'artillerie, avec des unités de soutien. En théorie, une division comprenait 5 000 hommes, 5 128 chevaux et 130 véhicules. Elle était bien armée, avec 447 pistolets mitrailleurs, 48 mitrailleuses lourdes, 118 mitrailleuses légères, 48 mortiers légers, 18 mortiers moyens, 8 mortiers lourds, 76 fusils antichars, 43 canons antichars et antiaériens, ainsi que 10 chars légers T-70.

Date :	*Juin 1941*
Unité :	*Division de cavalerie*
Grade :	*Adjudant-chef*
Théâtre :	*Front de l'Est*
Lieu :	*Kiev*

Général de division District militaire d'Odessa : Armée Rouge

En décembre 1935, de nouveaux uniformes d'influence allemande furent conçus à l'intention des officiers de l'armée Rouge. Il s'agissait de pouvoir distinguer les hommes à la tête des opérations. Cette tenue comprenait une tunique droite à col cassé, baptisée *French* du nom d'un général Britannique de la Grande Guerre réputé pour porter un uniforme kaki repris par les officiers de la Russie tsariste. Le col et les manchettes de cette tunique étaient passepoilés aux couleurs de l'arme.

La tunique se portait avec un pantalon kaki ou bleu à soutache aux couleurs de l'arme et des chaussures noires, ou alors avec une culotte de cheval bleu roi à soutache et des bottes noires (le pantalon bleu avec les soutaches de général fut introduit en juillet 1940). Selon les ordonnances de juillet 1940, ce général de division arbore sur ses pattes de col des étoiles dorées à la place des losanges émaillés, et sur ses manches une étoile brodée de fil d'or surmontant un chevron d'or avec un liséré rouge en dessous.

Au début de la guerre contre l'Allemagne, l'armée Rouge était très affaiblie suite aux tristement célèbres purges réalisées par Staline et qui avaient privé la Russie de ses officiers généraux les plus compétents. C'est ainsi que la "guerre d'hiver" contre la Finlande tourna au désastre, l'Union soviétique perdant 200 000 hommes dans ce conflit. Ceci n'était rien comparé aux pertes enregistrées durant les premières semaines de l'opération "Barberousse", et il faudrait plus qu'une nouvelle ordonnance vestimentaire pour réparer les dommages infligés par le dictateur.

Date :	*Juin 1941*
Unité :	*District militaire d'Odessa*
Grade :	*Général de division*
Théâtre :	*Front de l'Est*
Lieu :	*Odessa*

Adjudant
Régiment blindé
Armée Rouge

L'homme de cette illustration porte le chapeau colonial qui fut mis en service en mars 1938 pour le personnel militaire servant dans les troupes d'Asie centrale, du Nord Caucase, transcaucasiennes et de Crimée. Sa chemise à col cassé possède des renforts au niveau des coudes, et il en est de même pour le pantalon à hauteur des genoux.

Cet adjudant porte des pattes de col qui révèlent la couleur de son arme, associée à un petit insigne métallique en forme de char (les blindés et l'artillerie arboraient des pattes de col de la même couleur : noires passepoilées de rouge).

Dans l'armée Rouge, les combattants de tous grades portaient des insignes de col en métal, qui servaient à identifier l'arme de leurs porteurs, car la couleur des pattes et du passepoil ne suffisaient pas à faire la distinction. C'était notamment le cas pour les officiers, dont les pattes de col étaient invariablement passepoilées d'or.

Les premiers insignes de col furent décrétés par les ordonnances du 31 janvier 1922, une quarantaine d'entre eux recevant leur homologation officielle à cette date. À l'exception de ceux des vétérinaires, en métal blanc, tous les insignes étaient en laiton, quel que fût le grade. L'organisation des troupes blindées subit une refonte totale durant les années 1930 et ce n'est qu'en 1936 que l'insigne en forme de char fut institué pour les unités de char des troupes blindées. L'artillerie blindée et toutes les autres armes arboraient leur propre insigne sur les pattes de col noires des troupes blindées.

Date :	*Juillet 1941*
Unité :	*Régiment blindé*
Grade :	*Adjudant*
Théâtre :	*Front de l'Est*
Lieu :	*Crimée*

Caporal
Division d'infanterie
Armée Rouge

Le soldat de base de l'armée Rouge connaissait une existence monotone et dure, vivant dans l'inconfort, mal nourri et équipé d'un matériel de piètre qualité (du moins avant la guerre). Certes il vivait mieux que l'employé ou l'ouvrier agricole d'une usine ou exploitation d'État, mais ceci ne devait guère le consoler de sa condition. Même ses habits étaient de mauvaise qualité. Tel était le sort réservé par Staline aux hommes et aux femmes sur lesquels il s'appuyait pour vaincre la grande puissance qu'était devenue l'Allemagne nazie.

Ce caporal représente l'archétype de l'appelé russe. Son manteau croisé, fait de toile gris foncé virant parfois au brun, possédait un col rabattu, une fermeture sous patte, des manches retournées taillées en biseau (la pointe étant tournée vers l'arrière) et des poches fendues. À partir de décembre 1935, les officiers furent dotés d'un manteau croisé à col rabattu, avec deux rangées de quatre boutons et des manches retournées. Le col et les manchettes de ce nouveau manteau étaient passepoilés aux couleurs de l'arme.

Ce caporal porte un casque en acier modèle 1940, à l'avant duquel figurait parfois une étoile rouge. Les pattes de col de son manteau identifient son arme et son grade d'*efreitor* (mot dérivé du terme allemand *Gefreiter*, qui signifie "soldat libéré des tâches subalternes"). Son équipement est constitué d'un masque à gaz porté sur le côté gauche, d'une pelle portée sur le côté droit, d'une ceinture munie d'étuis à munitions, et d'un paquetage en toile kaki. Son arme est un fusil Tokarev M1940 calibre 7,62 mm à culasse mobile.

Date :	*Juillet 1941*
Unité :	*Division d'infanterie*
Grade :	*Caporal*
Théâtre :	*Front de l'Est*
Lieu :	*Ukraine*

172

Soldat de cavalerie Régiment de cavalerie Armée Rouge

Ce soldat de cavalerie porte le matériel de barbotage spécialement conçu pour permettre aux soldats de l'armée Rouge de traverser la multitude de cours d'eau qui sillonnait l'Union soviétique. L'équipement comprenait deux pagaies pour se propulser et une tige pour mesurer la profondeur de l'eau. L'homme arbore l'ancien casque modèle 1936, qui serait remplacé en 1940 par un accessoire plus moderne.

En juillet 1941, l'armée Rouge était proche de l'effondrement, laminée par les Allemands qui étaient parvenus à faire reculer le front tout entier. Les Soviétiques avaient perdu énormément de matériel et d'armement, sans compter les dizaines de milliers de soldats tués ou faits prisonniers. (L'un des plus gros problèmes rencontrés à cette époque était la perte totale de cohérence au sein des unités, phénomène aggravé par le manque d'expérience des officiers d'état-major des quartiers généraux.) À l'automne 1941, le front russe s'étendait de Leningrad au nord jusqu'à Odessa au sud, et l'armée Rouge avait perdu un tiers de ses forces depuis le début du conflit. Pourtant, elle n'était pas encore défaite et, plus étonnant encore, elle avait infligé de lourdes pertes à l'ennemi allemand.

Ce brigadier est armé d'un fusil Mosin-Nagant M1891/30 calibre 7,62 mm, l'arme individuelle standard dans l'armée Rouge. Long et lourd, ce fusil était simple à utiliser, propre et robuste – traits caractéristiques du matériel soviétique en général. C'est pourquoi il resta en service jusque dans les années 1950.

Date :	*Octobre 1941*
Unité :	*Régiment de cavalerie*
Grade :	*Brigadier*
Théâtre :	*Front de l'Est*
Lieu :	*Leningrad*

Officier
Division d'infanterie
Armée Rouge

À la fin de l'année 1941, l'armée Rouge (et donc l'Union soviétique) vit son salut dans l'arrivée du fin stratège qu'était le maréchal Zhukov, mais aussi du "général Hiver". Le 5 décembre 1941, alors que le mercure affichait des températures au-dessous de zéro, Zhukov lança 720 000 hommes, 670 blindés, 5 900 canons et mortiers et 415 lance-roquettes à l'assaut des Allemands autour de Moscou. Ce premier succès de l'armée Rouge contre son ennemi remonta le moral des troupes ; elles en avaient grandement besoin.

Les rigueurs de l'hiver russe contribuèrent également à mettre un frein à l'avancée allemande car, contrairement à l'armée Rouge, la Wehrmacht n'était absolument pas préparée à affronter les conditions hivernales régnant en Union soviétique.

L'uniforme d'hiver russe se composait d'une chemise et d'une culotte de cheval assortie, de hautes bottes en cuir noir, d'une casquette en toile grise avec rabats en peau de mouton pour le front, les oreilles et la nuque, et d'un manteau croisé d'ordonnance.

Parmi les autres tenues hivernales, citons des manteaux confectionnés soit en peau de mouton (portés par les tankistes ou les soldats de cavalerie), soit en coutil de coton kaki. L'officier illustré ci-contre arbore l'habit d'hiver russe le plus typique, composé d'un pantalon et d'une veste de coton kaki, matelassés et cousus en bandes verticales. Cette chaude tenue ouatinée était connue sous le nom de *telogreika*. Introduite en août 1941, elle était complétée par des bottes en feutre, les *valenki*, idéales pour la neige.

Date :	*Décembre 1941*
Unité :	*Division d'infanterie*
Grade :	*Officier*
Théâtre :	*Front de l'Est*
Lieu :	*Ouest de Moscou*

Officier
Gardes motorisés

Bien que les Allemands eussent subi une défaite aux portes de Moscou, la Wehrmacht était cependant loin d'avoir perdu la guerre sur le front de l'Est. Au début 1942, Staline ordonna une grande contre-offensive le long du front tout entier, mais l'armée Rouge dut rapidement reprendre ses positions défensives lorsque ses troupes furent encerclées et anéanties par une nouvelle offensive du Groupe sud de l'armée allemande.

Suite à cette reprise en main des Allemands, les Russes furent repoussés dans le Caucase. Les combats les plus intenses eurent lieu autour de Stalingrad, et c'est ici que l'armée Rouge se retrancha et refusa de bouger. Durant l'hiver 1942-1943, les Russes encerclèrent la 6e armée allemande qui avait envahi Stalingrad, et le 2 février 1943 la ville retomba aux mains des Soviétiques, étape qui allait marquer le tournant dans la seconde guerre mondiale.

L'officier ici représenté prit part aux batailles de Stalingrad. Il porte une *ushanka* modèle 1940, un manteau en peau de mouton connu sous le nom de *polaschubuk*, le tout associé aux accessoires en cuir des officiers développés en 1935. Le manteau en peau de mouton était attribué à la fois au personnel à cheval et aux équipages des blindés. Il convient d'ajouter que l'image du soldat russe chaudement vêtu pour lutter contre le froid est surfaite. À l'instar des Allemands, les Soviétiques eurent beaucoup à souffrir du froid. Le pays connaissait entre autres une grave pénurie de cuir à chaussures, si bien que de nombreux soldats de l'armée Rouge durent se contenter de bottillons (importés de Grande-Bretagne ou des États-Unis) à la place des bottes qui leur étaient normalement destinées.

Date :	*Décembre 1941*
Unité :	*Division de gardes motorisés*
Grade :	*Officier*
Théâtre :	*Front de l'Est*
Lieu :	*Stalingrad*

Soldat de 2ᵉ classe Division d'infanterie légère – Armée Rouge

Ce soldat de l'armée Rouge d'un âge respectable porte l'uniforme de campagne standard d'été, comprenant un calot frappé de l'étoile rouge et une chemise avec épaulettes de forme traditionnelle, la *rubaha*. Le passepoil rouge framboise des épaulettes indique l'appartenance du soldat à l'infanterie. Dans l'armée Rouge, les insignes étaient remplacés par des passepoils et des liserés de couleur. Ainsi, un tireur portait une tunique d'infanterie avec les pattes de col habituelles de l'infanterie, plus un liséré vertical de tissu rouge framboise cousu le long de la patte de boutonnage.

Ce soldat porte des bandes molletières et des bottillons en raison d'une pénurie de bottes. Sa ceinture traduit elle aussi les restrictions de fin de guerre, car elle est faite de sangles renforcées de cuir. Les étuis, en matière synthétique, étaient souvent remplacés par des modèles allemands en cuir de meilleure facture.

Dès 1943, des unités d'infanterie de l'armée Rouge s'étaient motorisées. La brigade d'infanterie motorisée, par exemple, possédait trois bataillons d'infanterie motorisée, chacun comprenant quelque 650 hommes et armé de 50 mitrailleuses, 250 pistolets mitrailleurs, 6 mortiers de 82 mm, 4 canons antichars de 45 mm, ainsi qu'un petit nombre de fusils antichars. Le transport était assuré par 40 à 50 camions. Le corps motorisé se constituait de trois brigades d'infanterie motorisée, plus une brigade blindée distincte avec unités d'artillerie et d'artillerie autopropulsée. Forte de 18 000 hommes, c'était la plus importante et la plus puissante de toutes les unités de taille divisionnaire.

Date :	*Août 1943*
Unité :	*Division d'infanterie légère*
Grade :	*Soldat de 2ᵉ classe*
Théâtre :	*Front de l'Est*
Lieu :	*Ouest de l'URSS*

Tankiste
2ᵉ Garde – Corps blindé

Durant le service, les tankistes russes portaient une combinaison théoriquement noire ou bleu marine, mais en temps de guerre de nombreux coloris furent employés, allant du noir au gris. L'équipage était doté d'un casque en cuir (plus tard en toile noire) rembourré, muni d'oreillettes pour abriter les écouteurs.

La combinaison de guerre comportait un col rabattu, une fermeture ventrale à glissière et une ceinture en toile assortie à boucle métallique. Une poche à rabat était plaquée sur la poitrine, du côté gauche, et une autre sur la cuisse droite, tandis que deux poches fendues à hauteur des hanches permettaient d'accéder aux poches de la culotte de cheval, en dessous.

Bien après le début du conflit, un nouvel uniforme deux pièces fut élaboré pour les tankistes, et en hiver ces derniers recevaient un manteau trois quarts en peau de mouton. Jusqu'à la fin de la guerre, ils ne portèrent jamais aucun insigne sur leur uniforme, et ce n'est qu'à l'occasion du défilé de la victoire à Moscou en 1945 que les équipages se virent requis d'arborer une combinaison noire avec pattes de col, épaulettes et autres décorations.

Après les premiers revers subis par l'armée Rouge, les chars furent réorganisés en brigades blindées indépendantes, qui y gagnèrent en efficacité. Chaque brigade, forte de 1 300 hommes, était subdivisée en trois bataillons de 140 hommes et de 21 blindés chacun. La brigade recevait en renfort un bataillon de pistolets mitrailleurs de 400 hommes et plusieurs compagnies antichars et antiaériennes. Trois brigades blindées, une brigade d'infanterie légère motorisée et leurs unités de soutien formaient un corps blindé. En 1943, l'armée Rouge comptait 26 de ces corps blindés.

Date :	*Juillet 1943*
Unité :	*2ᵉ garde de corps blindé*
Grade :	*Tankiste*
Théâtre :	*Front de l'Est*
Lieu :	*Koursk*

Adjudant-chef Services médicaux de l'armée Rouge

C'est en août 1941 qu'apparurent les premiers uniformes conçus pour les femmes au service de l'armée Rouge, mais ils furent supplantés par la tenue d'ordonnance standard. C'est pourquoi cet adjudant-chef des Services médicaux de l'armée Rouge arbore une chemise d'homme ; les insignes de son grade et de son arme figurent sur ses épaulettes.

En 1943, des modifications furent apportées aux insignes de tous les grades de sous-officier. Les triangles rouges émaillés et les anciennes pattes de col furent abolis et remplacés par des épaulettes à galons. Celles de l'uniforme standard étaient faites d'une étoffe de couleur bordée d'un liseré d'une autre couleur. Le grade était indiqué par des galons d'or (le service par des galons d'argent), complétés par divers insignes, chiffres et lettres pour identifier l'unité à laquelle appartenait le sous-officier. Les épaulettes vert foncé bordées de rouge de cette femme signifient son appartenance aux services médicaux. (Celles des officiers d'intendance présentaient des galons et un liseré rouges, tout comme celles des officiers des services médicaux, vétérinaires et juridiques.)

Une ceinture en cuir marron fut attribuée en 1943 à tous les officiers et hommes du rang de l'armée Rouge, tandis que les galons décernés pour blessures avaient été institués en juillet 1942. Ces derniers distinguaient deux types de blessures, qui donnaient droit à un galon soit rouge, soit or. On le cousait au-dessus de la poche poitrine droite. Quant à l'insigne au-dessus de la poche poitrine droite de ce sous-officier, il était porté par tous les membres des unités de gardes.

Date :	*Décembre 1943*
Unité :	*Services médicaux de l'armée Rouge*
Grade :	*Adjudant-chef*
Théâtre :	*Front de l'Est*
Lieu :	*Ukraine*

Tireur embusqué
Infanterie légère
Armée Rouge

Les combats qui se déroulaient sur le front de l'Est réclamaient la mobilisation de chaque membre de la société soviétique pour lutter contre l'envahisseur allemand. Des milliers de femmes russes furent recrutées, et certaines furent envoyées au front. Celle-ci porte l'une des combinaisons de camouflage qui étaient attribuées aux tireurs embusqués, aux parachutistes et aux soldats d'assaut du génie.

Avant la guerre, ces combattants portaient une combinaison une pièce gris bleu par-dessus leur uniforme de campagne kaki standard. Ce n'est que pendant la guerre que cette combinaison fut remplacée par un modèle kaki à motif de camouflage noir, destiné aux tireurs embusqués et aux soldats d'assaut du génie.

L'armée Rouge accordait une grande importance aux tireurs embusqués. Hommes ou femmes, ces tireurs d'élite avaient pour tâche de repérer et d'abattre les officiers et opérateurs radio ennemis, pertes très démoralisantes pour les unités du camp opposé. Les tireurs risquaient gros, et ceux qui étaient capturés par les Allemands étaient exécutés sur-le-champ.

Les tireurs embusqués étaient généralement attachés à une division d'infanterie légère, mais ils opéraient de façon autonome. Chaque division comprenait en moyenne trois régiments d'infanterie légère, chacun composé de trois bataillons d'infanterie légère disposant de 70 mitrailleuses.

Le métier de tireur embusqué réclamait des nerfs d'acier et de la patience. Il fallait également un bon fusil. La femme de cette illustration est armée d'un Mosin-Nagant M1891/30 calibre 7,62 mm à lunette.

Date :	*Juillet 1943*
Unité :	*Bataillon d'infanterie légère*
Grade :	*Tireur embusqué*
Théâtre :	*Front de l'Est*
Lieu :	*Koursk*

Partisan
Marais du Pripet
Union soviétique

En 1941, la spectaculaire avancée initiale des Allemands en Russie poussa des milliers de soldats de l'armée Rouge à se cacher, alors que des centaines de milliers d'autres furent tués ou faits prisonniers. Les grands espaces de l'Union soviétique permirent aux soldats et aux officiels du parti de battre la campagne pour organiser la résistance. Jusqu'à ce que les Allemands commencent à perdre du terrain et à commettre des atrocités, les Soviétiques furent très réticents à monter des opérations partisanes à l'encontre de l'occupant, opérations qui se soldaient par des représailles aussi immédiates que terribles.

En août 1943, l'Ukraine comportait 24 500 partisans, et l'on estime à deux millions le nombre total de ces soldats en URSS. Les Allemands n'assistaient pas les bras croisés à l'émergence de cette résistance : ils lui opposèrent quelque 25 divisions de SS, de policiers et de forces paramilitaires. Au sein des partisans, les pertes se chiffrèrent à 85 000 hommes, dont 70 000 furent fusillés et les 15 000 restants périrent dans les camps de concentration et de travaux forcés.

Les partisans ne possédaient pas d'uniforme. Le personnage ci-contre porte un mélange de tenue civile et d'uniforme militaire : casquette et veste civiles, culotte de cheval de l'armée Rouge et bottes récupérées sur un prisonnier allemand. Les combattants du front de l'Est connaissaient des problèmes d'approvisionnement en habits, et l'avalanche de matériel qui tomba aux mains des Soviétiques après la débâcle allemande de Stalingrad leur fut d'un très grand secours.

Date :	*Août 1943*
Unité :	*Partisans*
Grade :	*—*
Théâtre :	*Front de l'Est*
Lieu :	*Marais du Pripet*

Soldat de 2ᵉ classe Division de gardes motorisés : armée Rouge

Ce soldat de 2ᵉ classe porte un calot (*pilotka*) et une cape imperméable par-dessus un uniforme de campagne standard. Cette cape faisait double usage : déployée, elle pouvait servir de bâche de sol. À l'époque de cette illustration (1944), l'armée Rouge était passée à l'offensive sur le front de l'Est et elle faisait preuve d'une bien meilleure organisation que trois ans auparavant.

La nouvelle division d'infanterie légère soviétique de l'armée Rouge vit le jour en 1942. Elle comprenait 9 500 hommes, répartis en trois régiments d'infanterie de 2 500 hommes chacun et en un régiment d'artillerie de 1 000 hommes, ainsi qu'un bataillon antichar et un bataillon du génie tous deux dotés d'une compagnie de soldats de transmissions et de reconnaissance. Le régiment d'infanterie légère était composé de trois bataillons de 620 hommes, chacun recevant le soutien de compagnies d'obusiers de 76 mm et de canons antichars de 45 mm. Chaque bataillon comprenait trois compagnies d'infanterie légère de 140 hommes et une compagnie de mortiers et de mitrailleuses, ainsi qu'une section de canons antichars, une section d'infanterie légère et une section de transmissions.

La Russie s'efforça d'armer ses soldats d'infanterie de pistolets mitrailleurs, et 2 000 hommes par division devaient être équipés fin 1942, mais la plupart d'entre eux durent se contenter d'un fusil à culasse mobile, à l'image de ce Mosin-Nagant M44 calibre 7,62 mm avec baïonnette repliable en position fixe. Les divisions d'infanterie légère des gardes soviétiques étaient mieux équipées que leurs homologues des divisions de base.

Date :	*Mars 1944*
Unité :	*Division de gardes motorisés*
Grade :	*Soldat de 2ᵉ classe*
Théâtre :	*Front de l'Est*
Lieu :	*Crimée*

Général
Front de la Voronej

De couleur vert glauque, cet uniforme de cérémonie des maréchaux et des généraux fut créé en 1945 à l'occasion des célébrations et des parades marquant la victoire soviétique contre l'Allemagne nazie (avant la Révolution, cette couleur était connue sous le nom de "vert Tsar"). Le col et les manchettes de l'uniforme de maréchal comportaient des broderies plus riches que sur l'uniforme de général.

Selon les ordonnances du 15 janvier 1943, l'uniforme de parade gris des maréchaux devait comporter des feuilles de chêne brodées d'or sur le bandeau de casquette, le col et les manchettes. Les généraux possédaient quant à eux des feuilles de laurier brodées sur le bandeau de casquette et le col de leur tunique ; leurs deux manchettes étaient brodées de trois doubles barrettes or. Pour les maréchaux, le bandeau de casquette et le passepoil étaient rouges, alors que les généraux arboraient la couleur de leur arme.

Les épaulettes se composaient d'un galon doré long de 140 à 160 mm et large de 65 mm, entouré d'un liseré. Les épaulettes des généraux étaient brodées d'étoiles d'argent de 22 mm de diamètre. Les officiers généraux possédaient deux manteaux, l'un pour l'uniforme de parade, l'autre pour la tenue de tous les jours. Maréchaux et généraux arboraient les mêmes boutons, à l'emblème de l'Union soviétique.

Les décorations sur la poitrine de ce général sont les suivantes (de haut en bas) : du côté droit, l'ordre de Suvurov 1ʳᵉ classe, l'ordre de Kutusov et l'ordre de l'Étoile rouge ; du côté gauche, l'étoile de Héros de l'Union soviétique, trois ordres de Lénine et deux ordres de la Bannière rouge, la médaille du 20ᵉ Anniversaire de l'armée Rouge et deux médailles de campagne.

Date :	*Mai 1945*
Unité :	*Armée Rouge*
Grade :	*Général*
Théâtre :	*Front de l'Est*
Lieu :	*Moscou*

Lieutenant
Front ukrainien
Infanterie légère

Comme l'indiquent le passepoil et le bandeau rouges de sa casquette, ainsi que le liséré rouge de ses épaulettes, le personnage de cette illustration est un membre de l'infanterie. Il porte une chemise (ou *rubaha*) modèle 1943 avec ceinture et étui de revolver.

Les épaulettes qui étaient portées sur la chemise ou tunique de campagne étaient toutes kaki avec des galons rouges et bordées d'un liséré de la couleur de l'arme représentée. Les officiers supérieurs arboraient deux galons rouges, contre un seul galon pour les officiers subalternes. (Les deux étoiles sur les épaulettes de cet officier indiquent son grade de lieutenant.) Quant aux épaulettes des sous-officiers et des hommes du rang, elles étaient bordées d'un liséré rouge, et les galons des premiers étaient aux couleurs de l'arme.

En 1943, les sous-officiers et hommes du rang de l'armée Rouge se virent attribuer une ceinture en cuir marron à boucle rectangulaire en laiton, munie en son centre d'une étoile gravée de la faucille et du marteau. Cette ceinture serait dorénavant portée avec chaque uniforme, ainsi qu'avec le manteau.

Cet officier est un vétéran, comme l'indiquent les décorations épinglées à sa poitrine, du côté droit : l'ordre de l'Étoile rouge, l'ordre de la Guerre pour la Patrie, et l'insigne des Gardes au-dessous. Du côté gauche, l'homme exhibe deux médailles de campagne.

Lorsque l'Union soviétique entra en guerre en 1941, le pays comptait 9 millions de personnes au sein de ses forces armées. Quatre ans plus tard, ce chiffre était passé à 12,4 millions ; parmi eux, 6 millions faisaient partie de l'armée Rouge.

Date :	*Mai 1945*
Unité :	*Infanterie légère de l'armée Rouge*
Grade :	*Lieutenant*
Théâtre :	*Front de l'Est*
Lieu :	*Berlin*

Sous-lieutenant Front biélorusse Armée Rouge

Les nouvelles ordonnances vestimentaires de 1943 allaient changer toute la structure de l'armée Rouge. Les pattes de col traditionnelles furent abolies et tous les insignes de grades furent transférés sur des épaulettes à liseré de couleur. On attribua aux officiers subalternes un uniforme de parade kaki composé d'une casquette à visière et d'une tunique droite à cinq boutons en laiton et à col relevé, comme on le voit ici. Dépourvue de poches antérieures, la tunique présentait deux fausses poches à l'arrière.

La même casquette était portée avec l'uniforme de parade et celui de tous les jours. La couleur de son bandeau indiquait l'arme de l'officier, tout comme celle des pattes de col, qui révélaient en outre son grade – les officiers supérieurs avaient deux barrettes, les officiers subalternes seulement une. Remarquez également la patte de manchette, qui révèle le rang d'officier subalterne.

Les membres du génie et le personnel technique arboraient des barrettes brodées d'argent et décorées d'un simple ornement en fil d'or, tandis que le reste de l'armée Rouge portait des barrettes d'or à ornement en argent, ceci afin de différencier le personnel technique des troupes d'artillerie et de blindés, qui arboraient elles aussi des pattes de col noires.

L'armée Rouge possédait en outre deux types d'épaulettes : un modèle fait de galon or ou argent, et le modèle de campagne en tissu kaki. Tous deux, larges de 60 mm, identifiaient l'arme de la personne qui les portait par la couleur de leurs galons et de leur liseré.

Date :	*Mai 1945*
Unité :	*Armée Rouge*
Grade :	*Sous-lieutenant*
Théâtre :	*Front de l'Est*
Lieu :	*Berlin*

Commandant Aviation de l'armée Rouge

L'aviation russe était une branche de l'armée Rouge et non une arme indépendante. En août 1924, on lui attribua un uniforme de service bleu, qui fut modifié en décembre 1935 lorsque son usage fut étendu au service, aux cérémonies et aux sorties. L'uniforme de base de l'aviation était identique à celui de l'armée de terre ; seuls les pattes de col et le passepoil bleu clair distinguaient les aviateurs. La même couleur bleue apparaîtrait plus tard sur les épaulettes.

De nouvelles pattes de col furent adoptées par l'aviation russe en 1935 : de couleur bleu ciel, elles étaient bordées d'un liseré or pour les officiers et d'un liseré noir pour le personnel politique et les gradés. Comme on le voit ici, l'hélice ailée et les insignes de grade étaient portés sur les pattes. Ces insignes avaient été créés en 1924 ; ils se présentaient sous forme de losanges, de rectangles, de carrés ou de triangles émaillés de rouge, chaque forme correspondant à un grade particulier.

Les chevrons rouge et or au bas des manches de ce commandant furent adoptés par l'aviation russe en 1935, pour être modifiés cinq ans plus tard. À l'origine, les officiers généraux portaient des chevrons or, et tous les autres officiers des chevrons rouges, mais les ordonnances de 1940 imposèrent aux généraux le port d'un large chevron or avec un fin galon rouge à sa base, le tout surmonté d'une étoile dorée. Les autres officiers arboreraient dorénavant des chevrons mêlant le rouge et l'or.

Date :	*Juin 1940*
Unité :	*Aviation de l'armée Rouge*
Grade :	*Commandant*
Théâtre :	*Front de l'Est*
Lieu :	*Kiev*

Lieutenant
Aviation de l'armée Rouge
Cercle polaire arctique

Ce pilote de chasse porte un modèle d'avant-guerre de manteau d'aviateur en cuir et un casque d'aviateur. Ses pattes de col présentent les insignes de grade d'un lieutenant : deux carrés émaillés de rouge et une hélice ailée.

Lorsque débuta l'opération "Barberousse", l'aviation de l'armée Rouge était en proie à une profonde réorganisation, ses généraux s'évertuant à moderniser l'arme en raison de ses piètres prestations durant la "guerre d'hiver" contre la Finlande. Lorsque l'Allemagne attaqua la Russie en 1941, l'aviation soviétique fut donc totalement prise de court, ce qui permit à la Luftwaffe d'abattre 1 489 appareils au sol et 322 en combat aérien, contre des pertes de seulement 35 avions du côté allemand. Fort malheureusement, ce n'était là qu'un léger avant-goût de ce qu'allait vivre l'Union soviétique.

Durant toute cette guerre, l'Allemagne infligea des pertes considérables à l'aviation russe. Même lorsque cette dernière parvenait à engager le combat avec l'ennemi, ni ses appareils ni ses pilotes n'étaient de taille à lutter contre les Allemands. À la fin novembre 1941, la Luftwaffe déclarait avoir abattu 16 000 avions soviétiques alors que seuls 3 453 des siens avaient été endommagés ou détruits.

L'hiver 1941-1942 sonna le répit pour l'aviation russe, qui en profita pour entraîner ses pilotes et développer de nouveaux appareils, notamment l'avion d'attaque au sol *Ilyouchine Il-2* et les chasseurs *Yak* et *Lavochkin*. Par ailleurs, le déménagement des usines de fabrication aérienne à l'est de l'Oural les mit définitivement hors de portée des bombardiers allemands.

Date :	*Septembre 1941*
Unité :	*Aviation de l'armée Rouge*
Grade :	*Lieutenant*
Théâtre :	*Front de l'Est*
Lieu :	*Mourmansk*

Officier politique supérieur
Aviation de l'armée Rouge

L'officier politique supérieur représenté ci-contre porte l'uniforme de service bleu modèle 1935 de l'aviation de l'armée Rouge, quoique le liseré noir de ses pattes de col et l'absence de chevrons sur ses manchettes l'identifient comme étant un commissaire du peuple. Les ordonnances de l'armée Rouge stipulaient pour ces derniers le port d'une étoile à cinq branches en tissu rouge sur chaque manchette, mais cet officier semble les avoir enlevées.

Outre l'uniforme de service bleu que l'on voit ici, le personnel de l'aviation disposait d'un manteau. Il en existait deux modèles : celui des officiers était croisé et fermait selon deux rangées de quatre boutons en laiton, tandis que celui des gradés était droit avec cinq boutons alignés. Le manteau d'officier présentait en outre des poches inclinées à rabat, des revers de manches et une martingale maintenue par un bouton à chaque extrémité. L'uniforme comportait une casquette à visière et un calot, mais aussi un casque en toile bleue baptisé *shelm*, qui serait plus tard remplacé par une casquette en fourrure, l'*ushanka*.

Dès 1942, l'industrie aéronautique russe avait suffisamment récupéré pour permettre à l'armée Rouge d'accroître la taille de ses unités. Par exemple, le nombre de groupes au sein des régiments de chasseurs et d'attaque au sol fut porté à trois, soit un total de 32 appareils. Les Soviétiques organisèrent des groupements, qui totalisaient un peu moins de 1 000 avions chacun en 1942-1943. Deux ans plus tard, ce nombre était passé à 2 500 à 3 000 appareils par groupement.

Date :	*Août 1942*
Unité :	*Aviation de l'armée Rouge*
Grade :	*Officier politique supérieur*
Théâtre :	*Front de l'Est*
Lieu :	*Leningrad*

Lieutenant
Région de Kiev
Aviation de l'armée Rouge

Les nouvelles ordonnances du 15 janvier 1935 imposèrent des nombreuses modifications à l'uniforme de l'aviation russe. De nouvelles tuniques furent notamment créées pour pouvoir porter les insignes, et tous les officiers furent dotés d'épaulettes en galon d'or pour les uniformes de parade et de service, ou en simple tissu pour l'uniforme de campagne.

Les épaulettes en tissu, bordées d'un liseré bleu, étaient traversées dans leur longueur par un galon rouge central. Celles d'un lieutenant comme le personnage ci-contre comportaient un seul galon et deux étoiles de 13 mm de diamètre. La tunique de l'uniforme de parade présentait des pattes de col et ses manchettes étaient ornées de doubles barrettes. Les pattes de col, bleues, étaient brodées d'un ou deux galons selon le rang, ce dernier étant aussi indiqué par le nombre de doubles barrettes aux manchettes.

Sur sa poitrine, cet officier arbore (du côté droit) l'insigne de la Garde et les insignes pour blessure qui avaient été introduits en juillet 1942 (rouge pour une blessure légère, or pour une blessure grave), et du côté gauche l'ordre de l'Étoile rouge.

Au début de l'année 1944, l'aviation de l'armée Rouge comptait 11 000 appareils militaires opposés à moins de 2 000 avions allemands. Pendant les quatre ans que dura le conflit sur le front de l'Est, l'Union soviétique n'assembla pas moins de 137 271 avions, chiffre énorme auquel vinrent s'ajouter les quelque 2 000 appareils fournis en prêt-bail par les Alliés. C'est cette supériorité numérique qui permettrait finalement à la Russie de vaincre l'opposant allemand.

Date :	*Décembre 1944*
Unité :	*Région de Kiev*
Grade :	*Lieutenant*
Théâtre :	*Front de l'Est*
Lieu :	*Kiev*

Matelot – Flotte Nord
Marine soviétique

Similaire à l'uniforme des autres marines du monde, celui de la marine soviétique présentait cependant deux traits caractéristiques : premièrement, c'était le seul qui associait le traditionnel col carré de marin avec la casquette à visière d'officier marinier ; et deuxièmement, l'uniforme de marin présentait un mélange de noir et de bleu.

Les officiers portaient un uniforme noir comprenant une casquette à visière, un caban sur une chemise blanche et une cravate noire, un pantalon noir et des chaussures de cuir noir. Ils avaient également à leur disposition un manteau croisé noir à deux rangées de six boutons en métal doré. Quant aux matelots tel celui-ci, ils étaient dotés d'un pull-over bleu marine (ou *flanelevka*) et d'un pantalon de marine noir. Ce personnage est revêtu du manteau croisé à six boutons en métal jaune, porté par temps froid à la place du caban prévu pour les conditions plus clémentes.

Sur le bandeau du bonnet, de couleur noir, était inscrit en lettres cyrilliques dorées le nom de la flotte – ici la Flotte Nord – ou celui de l'équipage du navire. Au début de la guerre, tout le personnel portait ses insignes de rang sur ses manchettes. Pour les officiers, ceux-ci étaient de couleur or sur un uniforme bleu ou bleu clair sur un uniforme blanc. Pour les matelots et les gradés, ces insignes étaient soit rouges, soit jaunes.

Les appelés de la marine russe servaient généralement pendant cinq ans dans l'une des quatre flottes (Baltique, Nord, Mer Noire et Pacifique) ou dans l'une des flottilles qui parcouraient les nombreux lacs et mers de l'Union soviétique. En 1939 la marine soviétique comptait 40 000 hommes, dont quelque 22 000 servant en mer au sein de l'une des différentes flottes.

Date :	*Septembre 1939*
Unité :	*Flotte Nord*
Grade :	*Matelot*
Théâtre :	*Arctique*
Lieu :	*Arkhangelsk*

Pilote
Flotte Arctique
Aéronavale soviétique

En 1941 l'aéronavale soviétique possédait 2 581 appareils, dont 90 pour cent étaient alors obsolètes. Ces avions étaient subdivisés en quatre armées qui correspondaient aux quatre flottes de la marine, à savoir Baltique, Nord, Mer Noire et Pacifique. L'aéronavale russe possédait également plusieurs unités spécialisées dans le minage et le torpillage qui étaient subdivisées en divisions, brigades et régiments.

En règle générale, les pilotes de l'aéronavale russe portaient un uniforme de la marine associé à divers accessoires d'aviateur, à l'image du lieutenant illustré ci-contre. Ils disposaient également d'une combinaison bleue une pièce, sur les manchettes de laquelle figuraient les galons de leur rang. Plus tard, avec l'introduction des épaulettes, le personnel de l'aéronavale se distingua par un passepoil bleu clair. Les pilotes et les mécaniciens de bord de l'aéronavale arboraient les mêmes insignes que leurs homologues de l'aviation, au sommet de la manche gauche de leur veste bleue. Les casques d'aviateur étaient généralement faits de cuir marron.

Comme l'indiquent ses guêtres en fourrure et son pantalon matelassé, cet officier fait partie de la Flotte Arctique. Outre ses quatre armées aéronavales, la marine possédait plus de 1 600 hydravions (Beriev Be-2, Chetverikov MDR-6 et Consolidated Catalina), divisés en régiments de reconnaissance maritime. Vers la fin de la guerre, la Russie avait repris à l'Allemagne la supériorité aérienne, ce qui permettait à son aéronavale de patrouiller malgré la vétusté de ses appareils.

Date :	*Août 1941*
Unité :	*Flotte Arctique*
Grade :	*Pilote*
Théâtre :	*Arctique*
Lieu :	*Arkhangelsk*

Matelot
Flotte Baltique
Marine soviétique

Au début du conflit qui opposa la Russie à l'Allemagne nazie, la Marine soviétique ne possédait ni navires de lutte anti-sous-marine, ni dragueurs de mine, ni navire de soutien. C'est pourquoi au cours des premiers six mois de guerre en mer Baltique les Soviétiques perdirent 25 sous-marins, contre trois cargos coulés du côté allemand. La flotte russe était constituée de vaisseaux souvent anciens, et bon nombre de ses bases et camps d'entraînement tombèrent aux mains de l'ennemi au fur et à mesure qu'il progressait vers l'Est.

Pour les matelots soviétiques, l'uniforme d'été se composait d'habits de travail en lin naturel. Souvent teints en bleu, ces habits s'accompagnaient en hiver de casquettes en fourrure, d'anoraks, de cirés, de bottes en caoutchouc et autres vêtements de protection. Le marin de cette illustration porte un casque en acier modèle 1940 et un imperméable de gros temps. Ses écouteurs et son micro font partie du matériel de contrôle d'artillerie du navire. Les attaches en caoutchouc au bas de son manteau servaient à maintenir le matériel accrocher à sa ceinture.

Les marins qui servaient à terre au sein des unités d'infanterie légère de la marine ne possédaient pas d'uniforme particulier. En raison des lourdes pertes subies par la marine au début de la campagne de Russie, des milliers de marins furent débarqués sur le front afin de ralentir la progression allemande.

Au début de la guerre, la flotte Baltique possédait plus de 100 navires, y compris deux cuirassés et deux croiseurs.

Date :	*Janvier 1942*
Unité :	*Flotte Baltique*
Grade :	*Matelot*
Théâtre :	*Front de l'Est*
Lieu :	*Leningrad*

Second maître
Flottille Caspienne
Marine soviétique

Après cinq ans passés dans la marine soviétique, les officiers mariniers pouvaient revêtir la casquette à visière et le col carré. Par temps froid, ils se couvraient d'un long manteau de couleur bleue à six boutons jaunes, ou d'un caban court à deux rangées de six boutons.

En 1943, les insignes de classe de la marine furent remontés des manches aux épaulettes. Ornées de galons jaunes, ces épaulettes comportaient des lettres cyrilliques indiquant l'unité du combattant.

Au sommet des manches figuraient les insignes des différents corps de métier. Brodés de symboles rouges et bordés d'un liseré rouge, ces emblèmes étaient de la couleur de l'uniforme qui était censé les recevoir. Par exemple, les maîtres d'équipage étaient représentés par une ancre, les timoniers par une barre et les artilleurs par deux canons croisés. La ceinture en cuir comportait une boucle estampée d'une ancre surmontée d'une étoile, cette dernière étant frappée de la faucille et du marteau.

Le bonnet de ce second maître présente un bandeau de gardes noir et orange, récompense militaire décernée à certains membres d'équipage. Sur sa poitrine, du côté gauche, on peut voir une médaille de campagne. Son col en blue-jean était connu sous le nom de *forminka*. Quant à son pantalon de marine, il était généralement porté par-dessus le pull-over.

Vétustes, bon nombre de navires russes ne possédaient aucun matériel de détection sous-marine ou de défense antiaérienne. Au fil des années de guerre, ce problème serait plus ou moins résolu par le biais d'un système de fourniture de matériel en prêt-bail.

Date :	*Juin 1943*
Unité :	*Flottille Caspienne*
Grade :	*Second maître*
Théâtre :	*Front de l'Est*
Lieu :	*Mer Noire*

Second maître
Flotte de la mer Noire
Marine soviétique

La Russie ayant perdu de nombreux navires face à l'Allemagne (pertes militaires, et pertes dues à un défaut de maintenance et à des difficultés de navigation dans les mers gelées), des milliers de marins furent envoyés au combat sur terre. Ainsi, la plupart de la flotte Baltique prit part à la défense de Leningrad. Les marins n'étant pas préparés à ce type de combat, ils subirent de lourdes pertes, ce qui ne fit qu'aggraver le déficit de la flotte soviétique en techniciens. Cependant, au bout d'un an de guerre, la marine comptait un noyau de vétérans amphibies aguerris au combat.

On estime à 300 000 le nombre de ces hommes utilisés pour mener quelque 114 assauts. Chaque bataillon d'infanterie navale comprenait environ 600 marins. On en réunissait parfois deux pour former un régiment, mais plus souvent jusqu'à 10 pour constituer une brigade. En octobre 1941, la marine institua des Brigades d'infanterie de marine légère indépendantes pour servir sur le front ou comme soldats d'artillerie côtière.

Ce second maître tenant un secteur du front porte l'uniforme de l'armée Rouge, et également un gilet à rayures indiquant son affiliation à la marine. Sur sa veste matelassée, ou *telogreika*, est épinglée la médaille de la Défense de Sébastopol. L'étui sous sa main gauche contient un chargeur-tambour à 71 coups pour son pistolet mitrailleur PPSh, qui pouvait également être équipé d'un chargeur rectiligne incurvé, comme on le voit ici.

Date :	*Octobre 1944*
Unité :	*Flotte de la mer Noire*
Grade :	*Second maître*
Théâtre :	*Front de l'Est*
Lieu :	*Sébastopol*

Vice-amiral
Flotte Pacifique
Marine soviétique

Cet officier général de la flotte sous-marine porte l'uniforme de la marine soviétique. Il y avait dans la marine russe deux types d'officiers : les commandants en second et les officiers administratifs. La première catégorie comprenait les officiers d'infanterie et les officiers du génie d'infanterie, tandis que la seconde regroupait les officiers servant dans tous les autres corps ou armes de la marine.

Les officiers d'infanterie arboraient des insignes or : insigne de casquette, broderies sur la visière, galons de manchettes, épaulettes et boutons. L'insigne de casquette que l'on peut voir sur cette illustration représentait une ancre surjalée sur une cocarde ronde saillante au centre noir, entourée d'une couronne de laurier, le tout surmonté d'une étoile rouge frappée en son centre de la faucille et du marteau sur fond blanc.

Au début de la guerre, les officiers arboraient les galons de manchettes d'usage, mais les ordonnances vestimentaires de février 1943 virent l'apparition d'épaulettes au motif traditionnel russe, ornées de galon or ou argent selon le corps, et de galons de manchettes plus étroits, comme on le voit ici. Tous les officiers sans exception portaient des épaulettes sur leur veste, leur tunique et leur manteau noirs, tandis que seuls les officiers d'infanterie et du génie d'infanterie disposaient de galons de manchettes. Les épaulettes des officiers supérieurs étaient couvertes d'or et d'argent et à motif en zigzag.

Basée à Vladivostok et à Nicolaïev-Komsomolsk, la flotte Pacifique joua un rôle déterminant dans l'occupation du territoire japonais en 1945.

Date :	Octobre 1944
Unité :	Flotte Pacifique
Grade :	Vice-amiral
Théâtre :	Pacifique
Lieu :	Mer de Chine méridionale

France

Au moment où la guerre éclata, un certain défaitisme habitait l'armée française, et bien qu'elle comptât plus d'un million d'hommes c'était à bien des égards un tigre de papier. L'attaque surprise de l'Allemagne en 1940 donna l'estocade au moral des troupes, qui mirent plusieurs années à s'en relever. Il faudrait attendre l'arrivée de de Gaulle et le soutien logistique des Américains avant que les Français ne retrouvent la foi en leur combat.

Adjudant
Division blindée
Armée de terre

En mai 1940 l'armée de terre possédait plus de 300 blindés, chiffre d'autant plus impressionnant que ses chars étaient de meilleure construction que leurs homologues allemands et possédaient une puissance de feu supérieure. Cependant, les Français manquaient de compétences tactiques dans l'organisation de leurs formations blindées, qui seraient balayées par les divisions de panzers dans leur spectaculaire progression vers l'Ouest.

Comme dans la plupart des armées, la France avait développé à l'entre-deux-guerres des uniformes particuliers à l'intention des équipages de chars et de voitures blindées. Ces uniformes comprenaient un casque spécial avec protège-nuque et rembourrage antérieur en cuir. La première version n'était rien de plus qu'un casque d'infanterie en acier légèrement modifié, conservant la fameuse crête (bien que ce fût la dernière chose dont les hommes d'équipage avaient besoin dans l'espace intérieur réduit des blindés). Cependant, un nouveau modèle de couleur kaki fut mis en service en 1935. Le personnel se vit également attribuer un manteau trois-quarts en cuir marron, et un béret bleu en remplacement du traditionnel calot.

Le personnage ci-contre est un adjudant de troupe motorisée. Il porte l'uniforme précédemment décrit, tenant son casque rembourré M35 sous son bras gauche. Comme on peut le voir, son béret arbore l'insigne des chars (deux canons croisés sur un heaume), tandis que ses insignes de grade figurent au rabat de sa veste, et ceux de son unité sur son col. Ici, ces derniers sont verts, mais la couleur habituelle était le gris.

Date :	*Avril 1940*
Unité :	*Division blindée*
Grade :	*Adjudant*
Théâtre :	*Nord-ouest de l'Europe*
Lieu :	*Amiens*

Chasseur alpin 5ᵉ demi-brigade Armée de terre

À la mi-avril 1940, quelque 10 000 hommes de troupe français et britanniques rassemblés dans plusieurs ports d'Angleterre embarquèrent à destination de la Finlande. Débarqués à Namsos et à Aandalnes, leur mission était de reprendre Trondheim pour permettre aux Alliés de conserver un pied en Norvège, pays alors attaqué par l'Allemagne. Une armée de dimension plus modeste fut également envoyée à Narvik.

Ce chasseur alpin de la 5ᵉ demi-brigade fait partie des combattants débarqués en Norvège en tant que membre de la Force expéditionnaire alliée. Il porte le béret bleu des chasseurs alpins et un anorak imperméable en coutil. Attachée à son sac à dos, on aperçoit une veste en peau de mouton qui lui offrait une protection supplémentaire contre le froid et l'humidité. L'homme est armé d'un pistolet contenu dans un étui ventral et d'un fusil MAS 36 calibre 7,5 mm.

Ce soldat porte les guêtres et les skis d'ordonnance pour les alpinistes, même si ces derniers se révélèrent peu utiles durant la campagne de Norvège. D'ailleurs, en matière d'équipement des troupes montagnardes, l'état-major français n'était pas plus raisonnable que tout autre commandement au monde : ses hommes étaient invariablement surchargés de matériel.

Au début du mois de juin 1940, bien qu'étant parvenus à déloger les Allemands de Narvik malgré leur infériorité, les Alliés furent contraints d'abandonner la ville en raison de l'échec militaire sur le territoire français. L'Axe s'empara à nouveau de Narvik et acheva sa conquête de la Norvège.

Date :	*Avril 1940*
Unité :	*5ᵉ demi-brigade*
Grade :	*Chasseur alpin*
Théâtre :	*Arctique*
Lieu :	*Narvik*

Soldat de 1ʳᵉ classe 182ᵉ régiment d'artillerie

En 1935, le traditionnel uniforme bleu horizon de la Grande Guerre fut remplacé par un nouveau modèle kaki. Celui-ci comprenait une vareuse droite à col rabattu et fermant par six boutons en métal brun. La tunique des officiers comportait sept boutons, une poche poitrine plaquée et deux grandes poches basses. Les manchettes des uns comme des autres étaient arrondies. Le manteau d'ordonnance était de coupe croisée, avec un grand col rabattu et deux rangées de sept boutons sur le devant.

Il y avait dans l'armée de terre trois types de couvre-chef : le képi, porté par les hommes de tous rangs et fait de toile soit bleue soit kaki ; le calot dit bonnet de police, en toile kaki ; et le casque en acier. L'arme était indiquée par la couleur du képi et les pattes de col. Le soldat ici représenté arbore des pattes de col rouges à liseré bleu et frappées du numéro de son unité, ce qui révèle son appartenance à l'artillerie.

Ce soldat de 1ʳᵉ classe porte sa tenue de sortie avec son képi bleu noir. Il est vêtu de la vareuse kaki, mais il en existait également un modèle d'été en gabardine. Dès 1938 on commença à remplacer l'ancienne culotte de cheval par une culotte de golf pour le personnel à pied. Remarquez l'insigne sur le bras gauche du personnage indiquant sa fonction d'armurier.

Il est triste de constater combien l'armée française était accablée par le défaitisme en 1940. La "drôle de guerre" et l'hiver glacial de 1939-1940 ne firent qu'aggraver la situation. Et lorsque les Allemands franchirent les Ardennes rien ne pouvait plus les arrêter.

Date :	*Avril 1940*
Unité :	*182ᵉ régiment d'artillerie*
Grade :	*Soldat de 1ʳᵉ classe*
Théâtre :	*Nord-ouest de l'Europe*
Lieu :	*Flandres*

Chef de bataillon
46ᵉ régiment d'infanterie

Le grade des officiers français était indiqué par les insignes apposés aux manches de la vareuse, au manteau, au képi et au calot. Pour ce qui était du pardessus et autres habits de protection, le grade des officiers était représenté par un ou plusieurs galons cousus à une patte attachée à un bouton. Le képi des généraux était brodé de feuilles de chêne en or, tandis que celui des officiers supérieurs et subalternes comportait un certain nombre de galons or ou argent selon le grade.

Le chef de bataillon illustré ci-contre arbore l'ancien uniforme, sur lequel les galons figuraient à l'avant du calot et au bas des manches. Comme on le voit au numéro de ses pattes de col, à leur couleur, à leurs liserés bleus et au trait rouge bordant les numéros, cet officier était rattaché au 46ᵉ régiment d'infanterie. Vous noterez que chaque régiment possédait son insigne en métal, épinglé à la poche poitrine droite. En tant qu'officier supérieur, ce chef de bataillon se déplaçait a cheval, comme l'attestent sa culotte de cheval et ses bottes équipées d'un éperon. Son ruban indique qu'il a été décoré de la croix de guerre de 1914-1918 (en vert et rouge) et de la médaille de la campagne des Dardanelles (en vert et blanc).

Au début de la seconde guerre mondiale, tout comme durant la Grande Guerre 20 ans auparavant, la principale force de l'armée de terre française résidait dans son infanterie, qui reposait en partie sur un mode de transport à cheval. Une division d'infanterie comptait quelque 17 000 hommes de troupe et 500 officiers ; elle était subdivisée en trois régiments d'infanterie, deux régiments d'artillerie et un groupe de reconnaissance lui-même divisé en quatre escadrons.

Date :	*Mai 1940*
Unité :	*46ᵉ régiment d'infanterie*
Grade :	*Chef de bataillon*
Théâtre :	*Nord-ouest de l'Europe*
Lieu :	*Sedan*

Soldat de 2ᵉ classe Forces françaises libres Grande-Bretagne

Ce FFL porte une tenue de combat britannique associée au fameux casque français. Ce dernier fut mis en service général en 1915 et connut un certain nombre d'améliorations entre les deux guerres. La version définitive, en acier au manganèse, était emboutie en une seule pièce. Chaque arme possédait son propre insigne en métal estampé apposé à l'avant du casque, tandis qu'une pratique officieuse consistait à accoler à la visière une seconde plaque métallique frappée du nom du détenteur du casque et de l'inscription "Un soldat de la Grande Guerre" enserrée de deux branches de laurier.

Les autres éléments français de la tenue de ce soldat sont ses chaussures et son matériel. À l'époque de cette illustration (septembre 1940), les seuls signes distinctifs des FFL étaient leurs insignes de nationalité et leurs épaulettes à galons bleu blanc rouge signifiant leur allégeance au commandant des Forces françaises libres, le général de Gaulle. Ce soldat est armé d'un fusil français Berthier M07/15, qui représentait une grande amélioration par rapport au désuet Lebel, fusil d'ordonnance attribué aux combattants français en 1940. Dans son sac, également de fabrication française, l'homme porte un masque à gaz.

La France étant désormais occupée par l'Allemagne nazie, les patriotes qui souhaitaient continuer la lutte contre les forces de l'Axe furent rassemblés à l'Olympia de Londres le 1ᵉʳ juillet 1940 pour former la Légion de Gaulle, les "Fighting French" comme les surnommaient les Britanniques.

Date :	*Septembre 1940*
Unité :	*Forces françaises libres*
Grade :	*Soldat de 2ᵉ classe*
Théâtre :	*Nord-ouest de l'Europe*
Lieu :	*Angleterre*

Goumier
Troupes françaises d'Afrique – Syrie

À la déroute de l'Axe en Afrique du Nord, les officiers des FFL parvinrent à rallier à leur cause des soldats du gouvernement de Vichy, lassés de voir les Allemands occuper leur moitié du territoire français. Le grand nombre de soldats recrutés permit de constituer le Corps expéditionnaire français, qui fut déployé en Italie à la fin de l'année 1943. Le CEF comprenait initialement deux divisions, chiffre qui fut porté à quatre dès le printemps 1944.

Les uniformes des FFL dépendant largement des stocks de tenues militaires britanniques et américaines, seules les insignes tricolores distinguaient les soldats français de leurs homologues anglo-saxons.

Cependant, qu'ils fussent de France ou des colonies françaises, les combattants des FFL continuèrent de porter l'uniforme français aussi longtemps qu'ils le pouvaient. Ce n'est qu'une fois leurs habits usés qu'ils acceptaient de s'équiper d'uniformes et de matériel anglais ou américains. Ce goumier marocain participant à la campagne italienne du Corps expéditionnaire français porte un casque britannique en acier par-dessus son turban et sa djellaba rayée au-dessus d'un uniforme de combat américain (le dessin et les couleurs de la djellaba correspondent à une tribu particulière).

Les FFL participèrent avec la plus grande ardeur à cette campagne d'Italie, et notamment aux combats qui eurent lieu au mont Cassin ; c'est en débordant les hauteurs allemandes qu'ils assurèrent finalement la victoire du camp allié. Après la chute de Rome en mai 1944, les FFL furent rappelés d'Italie pour préparer le Débarquement.

Date :	*Mai 1944*
Unité :	*Troupes françaises d'Afrique*
Grade :	*Goumier*
Théâtre :	*Méditerranée*
Lieu :	*Sicile*

Brigadier
2ᵉ division marocaine

Le brigadier ici représenté est vêtu de la version définitive de l'uniforme des FFL porté durant la seconde guerre mondiale. De style typiquement américain, cet uniforme comporte un pantalon kaki en laine et une veste de combat d'hiver américaine avec poches fendues verticales, modèle particulièrement apprécié des équipages de véhicules blindés. Le personnage ci-contre porte des chaussures françaises M1917 avec guêtres, et son arme est un fusil Lee-Enfield calibre 303 fabriqué en Grande-Bretagne.

Bien que l'uniforme des FFL fût principalement composé d'habits américains, les combattants français continuèrent de porter aussi longtemps que possible un couvre-chef national, tel le casque standard en acier ou celui des troupes motorisées. Quant à l'uniforme lui-même, il était personnalisé aux couleurs françaises au moyen d'insignes de grade apposés à la casquette, aux épaulettes ou sur une patte au centre de la tenue de combat.

Au sommet de la manche gauche du personnel militaire était cousu un insigne en tissu rappelant la forme des pattes de col de la vareuse française. La couleur de l'insigne, des chevrons et de l'emblème du régiment se conformait à celle des anciennes pattes de col. On notera cependant que les brigadiers des FFL postés en Afrique du Nord se distinguaient par trois chevrons au lieu des deux attribués à leur grade.

Les divisions d'infanterie des FFL se composaient de trois ou quatre régiments d'infanterie, d'un bon régiment de reconnaissance et d'un régiment d'artillerie, le tout appuyé par des hommes du génie, des transmissions et des services d'entretien.

Date :	*Mai 1945*
Unité :	*2ᵉ division marocaine*
Grade :	*Brigadier*
Théâtre :	*Nord-ouest de l'Europe*
Lieu :	*Allemagne*

Sous-lieutenant
Région aérienne de Paris
Armée de l'air

Ce pilote d'avion de reconnaissance Potez 63/II porte un casque d'aviateur standard en cuir chromé rembourré, une combinaison de vol et un parachute Chanole avec harnais. À l'aube de la seconde guerre mondiale, la France possédait un grand nombre d'appareils : 1 200 chasseurs, 1 300 bombardiers et 800 avions de reconnaissance. Tous grades confondus, le personnel aérien se montait à 110 000 hommes. Cependant, l'armée de l'air avait été négligée et possédait des machines dépassées, qui ne soutiendraient guère la comparaison face à la Luftwaffe en 1940.

L'uniforme de l'armée de l'air se composait d'une tunique et d'un pantalon bleu foncé, d'une casquette à visière dotée d'une coiffe amovible blanche pour l'été, d'un béret noir pour la tenue de tous les jours ou de travail, ainsi que d'un casque en acier en cas de nécessité. La casquette était bleue et à bandeau noir, et à l'avant, au-dessus du bandeau, étaient brodés divers insignes : deux ailes d'or avec le numéro de l'unité pour les officiers, des étoiles d'argent pour les généraux, une ancre pour les membres de l'armée de l'air coloniale. L'uniforme d'ordonnance comprenait en outre un manteau croisé à col rabattu, avec deux rangées de six boutons de métal doré, poches inclinées à rabat, manches retournées, martingale maintenue par deux boutons et passants brodés d'or sur les épaules.

Les aviateurs arboraient un insigne en forme d'ailes dorées à l'intérieur d'une étoile à cinq branches, incliné à 45 degrés, et les pilotes d'avions monoplaces avaient droit à une veste croisée en cuir.

Date :	*Avril 1940*
Unité :	*Région aérienne de Paris*
Grade :	*Sous-lieutenant*
Théâtre :	*Nord-ouest de l'Europe*
Lieu :	*France*

203

Sergent-chef
GAO 502 – Armée de l'air

Les sous-officiers de l'armée de l'air française portaient le même uniforme de base que celui des officiers, hormis le fait que la tunique comportait une ceinture en toile assortie, cinq boutons à l'avant et des poches poitrines à plis. Pour plus de protection, ils disposaient d'un manteau croisé à deux rangées de trois boutons en métal doré.

Ce personnage est le sergent-chef Duval, membre de l'artillerie aérienne du Groupe aérien d'observation (GAO) 502. Il porte son uniforme de service, ses insignes de grade figurant sur sa casquette et ses manchettes. Tous les sergents de l'armée de l'air arboraient entre un et trois chevrons de 12 mm de large sur les manches de leur veste bleue, et le même nombre de galons sur la veste de campagne et le béret. Les sergents-chefs avaient trois chevrons ou galons or, et les sergents deux chevrons ou un seul pour les appelés.

Deux ailes étaient brodées au-dessus de la poche poitrine gauche pour le personnel de l'armée de l'air. On appelait ces ailes des insignes de spécialité ; elles étaient brodées sur l'uniforme bleu et épinglées sous forme de plaque en métal sur l'uniforme en lin. Pour la tenue de soirée, les deux ailes étaient remplacées par un aigle brodé d'or. Reliant les deux ailes entre elles, il y avait un engrenage pour le personnel d'aérodrome et une étoile à cinq branches pour le personnel d'aviation. L'insigne en métal de cet gradé sur la poche poitrine droite était réservé aux membres d'équipage d'avions et de dirigeables, tandis que celui épinglé au rabat de sa poche gauche est l'emblème de son groupe. Il a été décoré de la médaille militaire (en jaune et vert) pour action méritoire en temps de guerre, ainsi que de la croix de guerre (en rouge et vert).

Date :	*Mai 1940*
Unité :	*GAO 502*
Grade :	*Sergent-chef*
Théâtre :	*Nord-ouest de l'Europe*
Lieu :	*France*

Second maître
Flotte atlantique
Marine

Ce second maître porte l'uniforme de parade d'été, avec coiffe de casquette blanche et pantalon blanc. Son grade est indiqué par son uniforme d'officier et les deux galons jaunes de biais sur ses avant-bras. (Sur l'uniforme d'été, de couleur blanche, ces galons étaient souvent détachables, tandis qu'ils étaient cousus aux manches de la tunique bleue.)

Sur sa casquette à visière figure l'insigne des maîtres : une ancre surjalée entourée d'une couronne de deux feuilles de laurier. De couleur or, cet insigne pouvait être porté par les hommes d'équipage, les musiciens, les pompiers, le personnel de transmissions et le personnel portuaire, tandis que le même insigne de couleur rouge était réservé aux musiciens, aux pompiers, au personnel de transmissions et portuaire.

À son épaule gauche, ce second maître arbore la fourragère de la croix de guerre, et sur sa manche gauche figure un insigne de canonnier chef ou de mitrailleur. Son ruban représente la médaille d'Orient, attribuée aux hommes qui s'étaient battus au sein de l'armée française d'Orient pendant la première guerre mondiale. Son fusil, son matériel d'infanterie et ses guêtres représentent l'équipement typiquement porté par les maîtres, quartiers-maîtres et matelots avec leur uniforme de cérémonie.

Le manteau des maîtres était d'un dessin identique à celui des officiers : croisé avec deux rangées de cinq boutons, passants brodés d'or, poches à rabats droits et martingale maintenue par quatre boutons. Quant à l'imperméable de sortie des maîtres, c'était le même que celui fourni aux quartiers-maîtres et marins.

Date :	*Janvier 1940*
Unité :	*Flotte atlantique*
Grade :	*Second maître*
Théâtre :	*Atlantique*
Lieu :	*Brest*

Lieutenant de vaisseau Flotte méditerranéenne Marine

Ce lieutenant de vaisseau arbore la tenue de service bleue de la marine française. Les officiers étaient autorisés à porter le caban bleu avec leur casquette recouverte d'une coiffe blanche, associés à un pantalon blanc et des chaussures en toile blanche, mais ils pouvaient revêtir une veste blanche spécialement conçue pour l'été. Pour les climats chauds, il y avait en outre un uniforme en coutil kaki.

La casquette bleue était dotée d'une visière et d'une mentonnière. L'insigne de casquette, brodé d'or, se composait d'une couronne de laurier ouverte enserrant une ancre surjalée. Le grade des officiers était symbolisé par des galons apposés au bandeau de la casquette, aux manchettes et aux épaulettes. Les passants brodés sur les épaules étaient prévus à l'origine pour maintenir des épaulettes de cérémonie, mais ces dernières ne furent jamais associées au caban.

Lorsque la guerre fut déclarée le 1er septembre 1939, la marine française comptait 160 000 hommes, tous grades confondus. Elle occupait le quatrième rang mondial. La flotte méditerranéenne en était la plus importante subdivision, reflétant l'alliance conclue avec les Britanniques visant à opposer une force conséquente à la marine italienne. Avec une présence très forte en Méditerranée, cette dernière représentait en effet une grave menace pour les échanges maritimes entre la France et l'Afrique du Nord, ainsi que pour les liaisons britanniques empruntant le canal de Suez et le détroit de Gibraltar. La marine italienne comptait alors 3 cuirassés, 1 porte-hydravions, 10 croiseurs, 48 destroyers et 53 sous-marins.

Date :	*Mai 1940*
Unité :	*Flotte méditerranéenne*
Grade :	*Lieutenant de vaisseau*
Théâtre :	*Méditerranée*
Lieu :	*Toulon*

Quartier-maître de 1re classe Flotte atlantique

Le quartier-maître illustré ci-contre porte sa tenue de parade : béret à pompon rouge typique de la marine française, tricot rayé et col bleu. Outre l'uniforme bleu ici représenté, les quartiers-maîtres possédaient des habits qu'ils devaient revêtir pour leurs occupations quotidiennes ou par gros temps.

Les mécaniciens et les pompiers arboraient une combinaison bleu vif et un calot de la même couleur orné d'une ancre rouge du côté gauche. La tenue de gros temps se composait d'un ciré noir ou jaune, tandis que les équipages de vedettes lance-torpilles et autres navires d'attaque rapides étaient équipés d'une tenue spéciale comprenant un casque en tissu, une veste imperméable doublée avec plastron antérieur et deux rangées de quatre boutons, ainsi que des bottes de caoutchouc avec semelles en bois. Par temps froid, les quartiers-maîtres ajoutaient à leur tenue une canadienne doublée de peau de mouton, une écharpe en laine grise et une paire de bottes en caoutchouc.

Les quartiers-maîtres de 2e et de 1re classe se distinguaient respectivement par deux et trois galons de biais rouges au bas des manches, tandis que le gilet d'été des matelots portait un insigne sur la poitrine, du côté gauche, représentant une ancre bleue entourée d'un cadre rectangulaire bleu, le tout au-dessus d'un ou plusieurs galons bleus selon leur distinction.

L'arme de ce quartier-maître de 1re classe est un fusil modifié M92/16 calibre 8 mm au bout duquel est fixée une baïonnette.

Basée à Brest, la flotte atlantique était placée sous le commandement du vice-amiral M. B. Gensoul.

Date :	*Mai 1940*
Unité :	*Flotte atlantique*
Grade :	*Quartier-maître de 1re classe*
Théâtre :	*Atlantique*
Lieu :	*Brest*

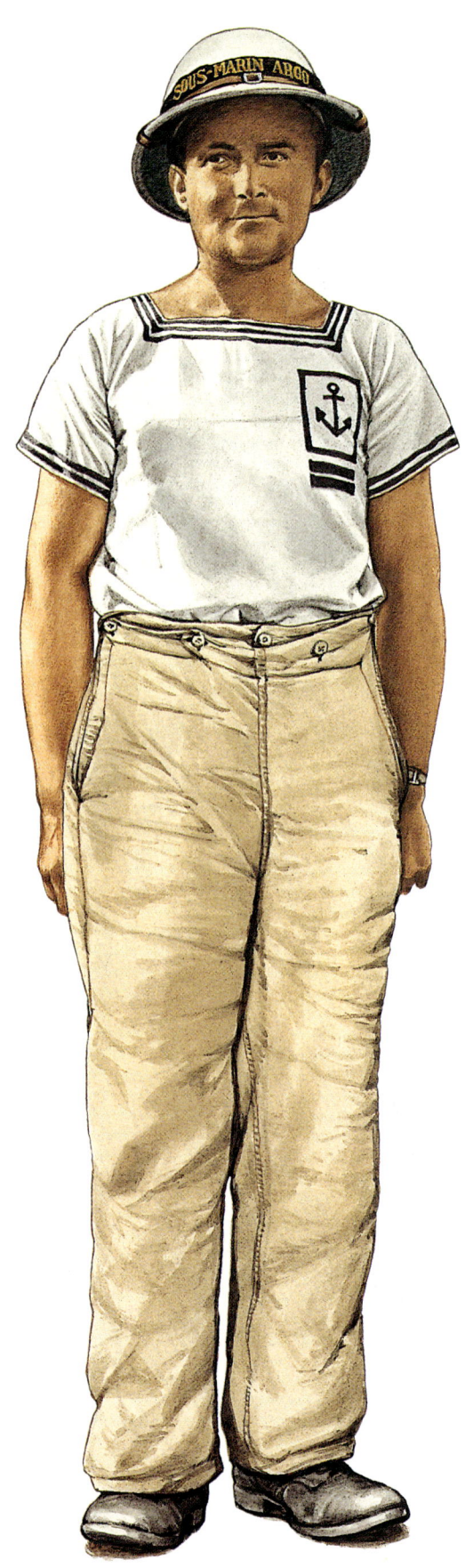

Quartier-maître de 2ᵉ classe

Par temps très chaud, les officiers, les officiers mariniers et les marins portaient le casque colonial blanc. Celui des officiers et des maîtres était orné d'un insigne métallique, contre une ancre en métal jaune pour celui des quartiers-maîtres et des marins.

En 1925, un nouvel uniforme tropical fit son apparition dans la Marine nationale. Il se composait d'une chemise blanche en coton à manches courtes à encolure carrée. Le col et le bas des manches étaient bordés de deux liserés bleu foncé, et la chemise des quartiers-maîtres et des marins était frappée d'une ancre bleue entourée d'un rectangle bleu sur la poitrine, du côté gauche. Sous le rectangle figuraient de un à trois galons en fonction du grade. La chemise était associée à un pantalon assorti (celui de l'homme ci-contre, en coutil de coton, fait partie de sa tenue de travail), à une coiffe de casquette blanche ou un casque blanc, ainsi qu'à une paire de chaussures en toile blanches.

Après l'armistice signé par la France durant l'été 1940, la marine fut contrainte de placer ses navires sous l'autorité des forces de l'Axe, qui allaient désarmer les bâtiments. Les Allemands décidèrent toutefois de laisser les navires français dans leurs ports d'attache, ce qui les maintenait en dehors du conflit. Cependant, les attaques menées par la *Royal Navy* contre les ports de Mers-el-Kébir et de Dakar ne feraient que renforcer l'hostilité de la marine du gouvernement de Vichy vis-à-vis des Alliés.

Le 3 juillet 1940, la Grande-Bretagne avait sommé la flotte française basée à Mers-el-Kébir de se rallier pour éviter qu'elle ne passe sous contrôle allemand. La France refusant, la *Navy* ouvrit le feu, tuant 1 297 hommes et coulant trois bâtiments.

Date :	*Mai 1941*
Unité :	*Flotte française*
Grade :	*Quartier-maître de 2ᵉ classe*
Théâtre :	*Méditerranée*
Lieu :	*Marseille*

Empire Britannique

Chacune des grandes nations de l'Empire britannique envoya des unités au combat contre l'Allemagne ou le Japon. Tous ces hommes se révélèrent de valeureux combattants, et notamment les Australiens, les Néo-Zélandais, les Gurkhas et les Indiens. Ils avaient bénéficié d'un entraînement et étaient imprégnés du professionnalisme britannique. Ces unités jouèrent un rôle prépondérant lors des actions menées en Afrique du Nord et en Extrême-Orient.

Soldat
Régiment Kimberley
Armée sud-africaine

Au cours de la seconde guerre mondiale, trois théâtres virent l'intervention des Sud-Africains : l'Afrique orientale, l'Afrique du Nord et l'Italie. Leurs performances au combat révélèrent de grandes qualités, même si la chute de Tobrouk en juin 1942 allait se solder par la capture de 9 780 hommes de la 2ᵉ division, soit un tiers du contingent sud-africain. La 1ʳᵉ division sud-africaine rentra au pays en novembre 1942, et en avril 1944 la 6ᵉ division sud-africaine fut envoyée au front en Italie.

Au moment où l'Afrique du Sud s'engagea dans le conflit, ses uniformes étaient très similaires à ceux des Britanniques, à l'exception de la forme du casque colonial et des longues guêtres à sangles. Le casque colonial sud-africain se distinguait par un bord étroit et un voile de tissu sur lequel étaient parfois épinglés un insigne en métal et un écusson aux couleurs du régiment ou du corps, du côté droit. (Lorsque l'Afrique du Sud déclara la guerre à l'Allemagne le 6 septembre 1940, son armée était modeste, avec 3 350 hommes pour la Force permanente, 14 631 volontaires dans la Force active, et 122 000 citoyens engagés parmi les Associations de commandos et d'infanterie légère.)

Ce soldat du régiment Kimberley porte un casque de type "polo" avec l'écusson de son régiment sur le côté. Il est vêtu d'une veste en coutil kaki et d'un pantalon long, tandis que des guêtrons remplaçaient les modèles plus longs encore d'usage au moment de la mobilisation. Son matériel comprend un harnais britannique modèle 1937 et un fusil à culasse mobile, le Lee-Enfield SMLE N° 1 Mk III calibre 303.

Date :	*Décembre 1940*
Unité :	*Régiment Kimberley*
Grade :	*Soldat*
Théâtre :	*Méditerranée*
Lieu :	*Afrique du Nord*

Lieutenant Armée de l'air royale sud-africaine

Branche de l'armée de terre, l'armée de l'air royale sud-africaine fut constituée en février 1920. Son personnel était doté d'uniformes de l'armée de terre rehaussés d'insignes de couleur bronze, tandis que les Sud-Africains qui servaient dans la RAF portaient un uniforme gris avec un écusson indiquant "South Africa". Quant aux volontaires pour le service en dehors de l'empire, leurs épaulettes arboraient un écusson orange.

Le pilote de chasse représenté ci-contre est coiffé du casque colonial sud-africain, orné de l'insigne de casquette et de l'écusson latéral de son armée de l'air. Il porte un uniforme en coutil kaki, distingué par un insigne ailé sur sa poitrine, du côté gauche, et l'écusson orange de ses épaulettes. Ces dernières comportent les insignes de son grade. Les pilotes sud-africains abattus en territoire ennemi et qui étaient parvenus à rejoindre les lignes alliées à pied recevaient un insigne en forme de botte ailée, qu'ils apposaient généralement sur leur poitrine, du côté gauche.

Les premières interventions de l'armée de l'air sud-africaine eurent lieu au Kenya, où ses avions bombardèrent les positions ennemies juste avant la déclaration de guerre. Durant la campagne abyssinienne, l'aviation sud-africaine abattit 95 appareils italiens.

L'Afrique du Sud allait jouer un rôle prépondérant dans les opérations d'Afrique du Nord, assurant la victoire des Alliés grâce au déploiement d'un total de 13 groupes durant la bataille d'El-Alamein en octobre 1942, et à de nombreuses missions d'attaque au sol et de combat en vol.

Date :	*Octobre 1942*
Unité :	*Armée de l'air royale sud-africaine*
Grade :	*Lieutenant*
Théâtre :	*Méditerranée*
Lieu :	*Afrique du Nord*

211

Soldat
6ᵉ division
Armée australienne

Les soldats australiens s'engagèrent dans la seconde guerre mondiale avec un uniforme quasi inchangé depuis la Grande Guerre. Leur tenue de combat se composait d'une tunique de type chemise, de coupe droite et fermée par quatre boutons de couleur bronze, avec épaulettes assorties et manches resserrées à poignets maintenus par un bouton de manchette. Le pantalon assorti était associé à une paire de guêtrons en toile et de bottillons.

Le manteau australien était de coupe droite, avec col rabattu, cinq boutons à l'avant, poches inclinées à rabat, et manches retournées. Le couvre-chef, un chapeau de feutre kaki à large bord baptisé *wide-awake* ("bien éveillé"), était utilisé de façon quasi permanente lorsque le port du casque en acier n'était pas requis. Pour les occasions officielles, comme c'est le cas sur cette illustration, le bord du chapeau était relevé sur le côté gauche et épinglé en hauteur par un insigne australien en bronze ou un insigne de casquette.

Le personnage ci-contre est un soldat de la 2ᵉ compagnie de la 6ᵉ division d'infanterie. Au sommet de ses manches figure l'insigne de sa formation, inchangé depuis la première guerre mondiale si ce n'est pour son liseré gris. Parmi son matériel, citons un harnais modèle 1908 avec masque à gaz et une baïonnette modèle 1907. Sa gamelle, mise en service à la fin du XIXᵉ siècle pour le personnel à pied, était toujours d'actualité près d'un demi-siècle plus tard.

La 6ᵉ division prit part à l'offensive alliée début 1941 en Afrique du Nord, avant d'être envoyée en Extrême-Orient à la déclaration de guerre japonaise.

Date :	*Janvier 1941*
Unité :	*6ᵉ division*
Grade :	*Soldat*
Théâtre :	*Méditerranée*
Lieu :	*Afrique du Nord*

212

Soldat
9ᵉ division
Armée australienne

L'uniforme kaki d'ordonnance australien était confectionné dans un tissu plus léger que son homologue britannique, ce qui le rendait plus approprié à un usage en conditions désertiques. Ceci dit, il fut rapidement supplanté par les tenues britanniques en coutil kaki et en sergé durant la campagne nord-africaine.

Cet Australien pourrait facilement être pris pour un soldat britannique, car seuls ses guêtrons révèlent sa nationalité. Par-dessus son manteau de coupe droite, il est équipé d'un harnais modèle 1937, et porte un supplément de munitions dans des cartouchières en bandoulière. Le fusil sur son épaule droite est un Lee-Enfield N° 1 Mk III.

La première unité australienne levée pour servir à l'étranger fut la 6ᵉ division, dont l'infanterie était initialement divisée en trois brigades, comportant chacune quatre bataillons. Si la division ne manquait pas de main-d'œuvre, son approvisionnement en matériel était en revanche plus problématique : chaque bataillon devait être équipé de 10 automitrailleuses, de canons de 25 livres pour remplacer les canons de 18 livres, et d'obusiers de 4,5 pouces pour les régiments d'artillerie de campagne, tandis que la formation d'un régiment de reconnaissance motorisé réclamait 28 blindés légers et 44 automitrailleuses. La défaite de la France avait suscité de nombreuses vocations chez le peuple australien, le pays disposant dorénavant de plus d'hommes qu'il n'en fallait pour un corps de trois divisions (la 6ᵉ, la 7ᵉ et la 8ᵉ), soit un total de 65 000 combattants. L'armée australienne cessa de recruter dès septembre 1940.

Date :	*Mai 1941*
Unité :	*9ᵉ division*
Grade :	*Soldat*
Théâtre :	*Méditerranée*
Lieu :	*Tobrouk*

Soldat
7ᵉ division
Armée australienne

Ce soldat de la 7ᵉ division australienne en Syrie porte un uniforme britannique en coutil kaki et son traditionnel chapeau mou à large bord, ou "Digger", sur lequel est épinglé l'insigne australien du service général. Les guêtrons en toile qui recouvrent le sommet de ses chaussures sont des accessoires dont seuls les Australiens étaient équipés durant la guerre. Son harnais est un modèle 1937, et son fusil un Lee-Enfield calibre 303.

Les Australiens étaient réputés pour leur insubordination. Toutefois, le soldat australien était un combattant courageux. Lorsque la guerre éclata, les forces australiennes ne comptaient que 3 000 hommes et un corps d'état-major. Le pays disposait en outre d'une milice volontaire forte de 80 000 hommes semi-entraînés, mais cette formation n'était dédiée qu'à la défense du territoire. Lorsque la Grande-Bretagne était entrée en guerre en 1914, sa déclaration engageait l'ensemble des territoires de l'empire, mais en 1939 les nations autres que la Grande-Bretagne restèrent libres de participer ou non. Ce fut donc tout à leur honneur que l'Australie et la Nouvelle-Zélande déclarèrent la guerre à l'Allemagne le 3 septembre 1939.

L'Australie s'inquiétait des ambitions territoriales du Japon, et c'est pourquoi elle refusa dans un premier temps de détacher une force expéditionnaire à l'étranger. Une fois que les services secrets eurent la certitude que les Nippons n'attaqueraient la zone Pacifique qu'en cas de défaite alliée en Europe, le gouvernement accepta de lever une force spéciale de 20 000 hommes pour servir sur le territoire national et à l'étranger.

Date :	*Mars 1941*
Unité :	*7ᵉ division*
Grade :	*Soldat*
Théâtre :	*Méditerranée*
Lieu :	*Syrie*

Soldat
9ᵉ division
Armée australienne

Les principales unités australiennes qui prirent part aux combats en Méditerranée furent les 6ᵉ, 7ᵉ et 9ᵉ divisions, trois groupes de l'armée de l'air, un croiseur et quelques navires de dimensions plus modestes. La 9ᵉ division joua un rôle important dans la défense de Tobrouk de février à octobre 1941, mais elle paya un lourd tribut : 749 tués, 1 996 blessés et 604 prisonniers. Plus tard, la division prendrait part à la bataille d'El-Alamein, qui se solderait par des pertes plus lourdes, avec 1 225 tués, 3 638 blessés et 946 prisonniers.

Le personnage ici représenté au moment du siège de Tobrouk est un soldat de la 9ᵉ division. Son uniforme se compose d'une tunique droite, d'un pantalon long, de guêtres en toile et de bottillons. Sous sa tunique, il porte un débardeur en cuir doublé d'une épaisse toile kaki. Comme beaucoup de soldats australiens postés en Afrique du Nord, celui-ci est équipé d'un harnais modèle 1937, d'un casque en acier et d'un fusil à culasse mobile Lee-Enfield calibre 303.

Les insignes de grade de l'armée de terre australienne étaient les mêmes que ceux de son homologue britannique. Les insignes d'arme n'existaient pas, mais on pouvait identifier chaque unité au moyen des écussons aux couleurs de l'arme cousus au haut des manches. Représentant des figures géométriques, ces écussons étaient de formes différentes pour les états-majors, les divisions, les brigades et les services.

La 9ᵉ division rentra finalement au pays en février 1943, non sans avoir accompli de véritables exploits au Moyen-Orient.

Date :	*Octobre 1941*
Unité :	*9ᵉ division*
Grade :	*Soldat*
Théâtre :	*Méditerranée*
Lieu :	*Tobrouk*

Quartier-maître
Task Force 44
Marine australienne

L'uniforme de la Marine royale australienne, qui fut constituée en flotte en 1913, était identique à l'uniforme blanc de la marine britannique dans le Pacifique, à quelques exceptions près : les Australiens se distinguaient par leurs boutons nationaux et un bandeau de bonnet frappé des lettres "HMAS", tandis que ceux qui servaient dans la *Royal Navy* portaient un écusson "Australia" à l'épaule.

Le quartier-maître de cette illustration porte la version tropicale blanche de l'uniforme en sergé pour zones tempérées. Sur sa manche gauche, on peut voir l'insigne de son grade (une ancre) au-dessus d'un chevron décerné au bout de trois ans de bonne conduite, tandis que sur sa manche droite est cousu un insigne de fonction de maître-torpilleur.

Au début du conflit, la Marine royale australienne comprenait 7 croiseurs, 17 destroyers et 74 escorteurs et dragueurs de mines. Les principales actions australiennes furent menées à partir de 1941 dans le Pacifique, notamment durant la bataille de la mer de Java. La *Navy* participa aux débarquements sur les îles Salomon et à Guadalcanal, ainsi qu'à la reconquête des Philippines (la Task Force 44 était baptisée "Escadrille Anza") et à la bataille du golfe de Leyte. En Méditerranée, la marine australienne vint appuyer la *Royal Navy* dans la lutte contre les navires de l'Axe.

L'un des principaux exploits de la marine australienne fut la destruction totale du *Bartolomeo Colleoni* en Méditerranée par le *HMAS Sydney*. Malheureusement, ce dernier fut à son tour coulé peu après par un bombardier allemand.

Date :	*Mai 1943*
Unité :	*Task Force 44*
Grade :	*Quartier-maître*
Théâtre :	*Pacifique*
Lieu :	*Sydney*

Lieutenant de vaisseau Royal Canadian Women's Naval Service

Comme pour beaucoup d'unités de l'Empire britannique, l'uniforme du RCWNS (service des auxiliaires féminines de la marine royale canadienne) était identique à celui du service britannique homologue. La marine royale canadienne fut formée en 1910 ; ses membres portaient des uniformes de la *Royal Navy* mais avec des boutons et des bandeaux de couvre-chef aux couleurs du Canada. Les Canadiens servant dans la *Royal Navy* arboraient à l'épaule un écusson brodé du mot "Canada".

Ce lieutenant de vaisseau est vêtu de l'uniforme léger que portaient les femmes de tous grades dans le RCWNS. Les officiers étaient coiffés d'un tricorne, contre un bonnet de marin pour les sous-officiers. Les gradées se distinguaient par leurs boutons en plastique noir. Le sac à main d'ordonnance des officiers était appelé "pochette". Le liseré blanc qui sépare les galons de grade des épaulettes de ce lieutenant révèle son appartenance au service de trésorerie.

Dans la marine canadienne comme dans la *Royal Navy*, le manteau, la capote, la tunique blanche et le veston blanc de tenue de soirée comportaient tous des épaulettes en tissu bleu (à l'exception de celles des officiers généraux du génie ou des services médicaux ou comptables, faites dans un tissu de couleur distinctive) renforcé de cuir et décoré de galons or. Ces épaulettes, mesurant 133 mm de long et 57 mm de large, comportaient un bouton et une languette de cuir.

Les recrues de sexe féminin remplissaient à terre bon nombre de tâches importantes, libérant ainsi leurs homologues masculins pour un service actif en mer.

Date :	*Juin 1943*
Unité :	*Royal Canadian WNS*
Grade :	*Lieutenant de vaisseau*
Théâtre :	*Nord-ouest de l'Europe*
Lieu :	*Londres*

Soldat
Régiment de Levis
Armée canadienne

L'uniforme des soldats de l'armée de terre canadienne était identique à celui de l'armée de terre de Sa Majesté. Cependant, le tissu kaki de la tenue de combat canadienne était de meilleure qualité et plus vert que son homologue britannique. Quant aux insignes de grade, ils étaient identiques.

Ce soldat du régiment de Levis porte le manteau d'ordonnance des officiers de l'armée de terre britannique, avec un écusson de nationalité cousu au sommet des manches. Sa casquette à oreillettes, à l'avant de laquelle figure l'insigne de son régiment, est de conception typiquement canadienne. Il en existait une version pour l'hiver munie d'oreillettes en fourrure et baptisée "Yukon". Bien que ce couvre-chef fût l'un des éléments les plus caractéristiques de l'uniforme canadien, il allait finalement tomber en désuétude.

Les Canadiens jouèrent un rôle très significatif dans la libération du nord-ouest de l'Europe : ils participèrent au Débarquement et aux combats en Normandie, puis progressèrent jusqu'en Allemagne. La 4ᵉ division blindée canadienne fut particulièrement impliquée, ses troupes prenant part aux combats qui se déroulèrent dans la région de Caen, puis se joignant à la poursuite des Allemands en retraite. Les Canadiens continuèrent de se battre avec acharnement jusqu'à la fin de la guerre, engagés dans de violents combats dans le nord de la Hollande et en Allemagne jusqu'au 4 mai 1945. Pendant les onze mois qui s'écoulèrent entre le 6 juin 1944 et la défaite allemande, la 1ʳᵉ armée canadienne dénombra 3 680 victimes parmi ses officiers et 44 272 parmi ses soldats, dont 12 579 tués.

Date :	*Janvier 1944*
Unité :	*Régiment de Levis*
Grade :	*Soldat*
Théâtre :	*Nord-ouest de l'Europe*
Lieu :	*Angleterre*

Canonnier
Artillerie néo-zélandaise
Armée néo-zélandaise

Au début de la guerre, les soldats néo-zélandais portaient encore leur ancienne tenue de service kaki avec pantalon assorti, bandes molletières courtes et bottillons. L'élément le plus caractéristique de l'uniforme de l'armée de terre était un chapeau mou à large bord, qui se distinguait de celui des Australiens par sa crête pointue et ses quatre renfoncements ; d'autre part, le bord n'était jamais remonté de façon protocolaire. Un insigne était épinglé à l'avant du chapeau et un voile aux couleurs du régiment entourait la base du couvre-chef.

Les officiers de l'armée de terre néo-zélandaise portaient leur tenue de service avec un chapeau mou, ou une casquette à visière. Les insignes de grade étaient identiques à ceux des Britanniques, et comme pour les armées de l'empire les Néo-Zélandais étaient équipés de matériel provenant de Grande-Bretagne.

À leur arrivée en Égypte, les Néo-Zélandais reçurent des uniformes britanniques en coutil kaki, mais ils purent conserver leur chapeau. Parmi son équipement, citons son harnais modèle 1908 et son masque à gaz. Les Néo-Zélandais prirent part à l'offensive du maréchal Wavell dans le désert d'Afrique du Nord, et la Division néo-zélandaise fut formée en Grèce en 1941. Lors de la campagne africaine, les Néo-Zélandais montrèrent des aptitudes pour les opérations motorisées et ils jouèrent un rôle lors de l'opération "Crusader" de 1941 et des combats de 1942. Lorsque prit fin la guerre en Afrique du Nord, leur division ne comptait pas moins de 21 496 victimes sur un total de 43 800 hommes envoyés en Moyen-Orient.

Date :	*Décembre 1940*
Unité :	*Artillerie néo-zélandaise*
Grade :	*Canonnier*
Théâtre :	*Méditerranée*
Lieu :	*Afrique du Nord*

Soldat
Infanterie royale gurkha
Armée de terre indienne

Les Gurkhas faisaient partie de l'armée indienne. Elle n'était pas une force coloniale. Elle se trouvait dans une situation différente de celle des armées des dominions britanniques. Son statut se reflétait dans l'organisation des brigades indiennes, composées d'un bataillon britannique aux côtés de deux bataillons indiens.

Le personnage illustré ci-contre est un soldat de l'infanterie légère royale gurkha de l'armée de terre indienne. Il porte l'uniforme type de la campagne d'Italie. Lors des précédentes actions menées au Moyen-Orient, les soldats indiens avaient été équipés des mêmes uniformes que ceux qu'ils portaient au pays ; leur couvre-chef se composait alors d'un turban et d'un casque britannique Mk 1 en acier ou d'une casquette de campagne. Par-dessus leur chemise sans col de couleur gris argent ou kaki, ils portaient un pull-over, le tout associé à un pantalon ou un short en coutil kaki. Ce n'est que durant l'hiver italien que les soldats indiens reçurent l'uniforme britannique, avec tenue de combat, débardeur en cuir, gants en laine et bottes en caoutchouc. Ils portaient leur matériel sous le débardeur, mais la cartouchière en tissu par-dessus. Pour l'été, il y avait un béret avec un insigne au-dessus de l'œil gauche, une chemise, un short, des jambières, des guêtrons et des bottillons.

L'arme de ce Gurkha est un pistolet mitrailleur américain Thompson M1928, et attaché à sa ceinture le couteau gurkha à lame incurvé connu sous le nom de *kukri*, arme pour le corps à corps.

Date :	*Juin 1944*
Unité :	*Infanterie légère royale gurkha*
Grade :	*Soldat*
Théâtre :	*Méditerranée*
Lieu :	*Tobrouk*

Sergent
8ᵉ division indienne
Armée de terre indienne

Avant la seconde guerre mondiale, la tenue de campagne standard de l'armée de terre indienne se composait d'une chemise sans col en flanelle gris argent, d'une chemise en coutil ou en tissu aéré kaki, ou d'une chemise grise en Mazri de type coton portée par certaines unités opérant sur la célèbre frontière du nord-ouest. La chemise était associée à un short en coutil kaki et à un pull-over en laine kaki lorsque le temps l'exigeait. Pour les jambes, les hommes étaient équipés de chaussettes en tricot de laine, de jambières en laine, de petites bandes molletières, et de bottillons ou de *chaplis* (sortes de sandales portées par les unités des Forces frontalières).

Parmi les éléments modifiés par rapport à l'uniforme de base, citons une tunique trois-quarts à coupe droite, en sergé kaki avec col Mao, appelée *kurta* ; un pantalon de tenue de combat ; des guêtrons à sangles ; et des bottillons. L'armée de terre indienne connut de grandes variations dans ses uniformes, mais dès 1942 ceux-ci étaient devenus plus ou moins standardisés.

Le sergent de cette illustration porte un casque en acier enveloppé dans une toile à sac, pratique qui offrait à la fois une solution de camouflage et une protection du visage contre les vents de sable. Son matériel mélange un harnais modèle 1908 et divers accessoires en cuir indien. L'homme est armé d'un cocktail explosif : grenades à main n° 36 dans sa main gauche et, plus aléatoires, cocktails Molotov dans sa main droite. (Ces derniers étaient censés constituer une arme efficace contre les blindés légers et les chars.)

Date :	*Décembre 1940*
Unité :	*8ᵉ division indienne*
Grade :	*Sergent*
Théâtre :	*Méditerranée*
Lieu :	*Afrique du Nord*

Caporal-chef
9e infanterie gurkha
Armée de terre indienne

Au début de la guerre en Extrême-Orient en 1941, les soldats de l'armée de terre indienne portaient le même uniforme que leurs compatriotes postés au Moyen-Orient. Cet uniforme comprenait un turban, une chemise grise et une tenue en coutil kaki. Les soldats servant en Inde ou le long de la frontière indo-birmane étaient vêtus de la même façon.

La première modification apportée à l'uniforme concernait le couvre-chef. Le salmigondis d'origine (casquette à visière ou de campagne pour les officiers britanniques, *saffa*, turban ou chapeau mou pour les Gurkhas et les Indiens) céda la place à un simple béret. Les hommes furent cependant autorisés à porter leur turban lors des cérémonies, voire en action, à condition qu'il fût teint en vert olive.

Le personnage représenté ci-contre est un caporal-chef de la 9e infanterie légère gurkha, 11e division indienne. Son uniforme se compose d'une chemise et d'un short en coutil kaki (ensemble baptisé *Bombay Bloomers*), de courtes bandes molletières et d'un harnais modèle 1937 auquel sont attachés des étuis pour les chargeurs de son pistolet mitrailleur Thompson, ainsi qu'un étui contenant une paire de jumelles.

Les Gurkhas faisaient partie de l'armée britannique depuis le XIXe siècle et ils avaient déjà servi sur de nombreux théâtres d'opérations. Leurs interventions furent particulièrement remarquées en Afrique du Nord, durant la campagne italienne (notamment au mont Cassin), et lors d'opérations menées conjointement avec les *Chindits* de Birmanie. Les forces alliées les considéraient avec le plus grand respect.

Date :	*Décembre 1941*
Unité :	*9e infanterie légère gurkha*
Grade :	*Caporal-chef*
Théâtre :	*Pacifique*
Lieu :	*Malaisie occidentale*

Caporal
Infanterie royale gurkha
Armée de terre indienne

Au sein de l'armée de terre indienne, les combats menés en Afrique du Nord contre les forces de l'Axe firent exactement 15 248 victimes, soit 1 299 tués, 3 738 blessés, 419 portés disparus et 9 792 prisonniers de guerre. À la fin des opérations nord-africaines, les 4e et 9e divisions indiennes furent envoyées sur le front italien. Les hommes de la 4e division jouèrent un grand rôle dans la victoire du mont Cassin, mais cette bataille fit quelque 3 000 victimes dans les rangs de la division.

Ce Gurkha de la 8e division indienne porte un uniforme de campagne britannique, devenu à cette époque de la guerre la tenue standard des soldats indiens. Sur sa manche, on peut voir l'emblème de formation de la 8e division indienne, et au-dessous un chevron vert foncé de l'infanterie légère. Au sein de l'armée de terre indienne, les officiers britanniques et indiens sous les ordres du roi portaient des insignes de grade britanniques, tandis que les officiers subalternes indiens sous les ordres du vice-roi portaient à l'épaule une ou plusieurs étoiles britanniques complétées par un galon tressé, sorte de fourragère faisant le tour du bras. Le harnais de ce caporal est de fabrication anglaise, mais son armement se compose d'un pistolet mitrailleur Thompson et d'un *kukri* gurkha accroché à sa ceinture. Les Gurkhas disposaient d'une seconde arme blanche de conception indienne : une baïonnette à lame plus courte que son homologue britannique.

Les Gurkhas et les Garhwals de l'infanterie royale de l'armée indienne étaient coiffés d'un chapeau appelé *terai*, composé de deux feutres superposés.

Date :	*Août 1944*
Unité :	*Infanterie légère royale gurkha*
Grade :	*Caporal*
Théâtre :	*Méditerranée*
Lieu :	*Italie*

Subedar-*major*
20ᵉ *infanterie birmane*
Armée de terre indienne

À partir de 1942, l'armée de terre indienne commença à équiper ses hommes d'habits colorés en différentes teintes de vert. En service actif, ces uniformes étaient portés sans insigne, si ce n'est parfois une languette de tissu aux couleurs du régiment sur les épaulettes ou un cordon de couleur. Lorsque les hommes n'étaient pas au front, ils arboraient l'écusson de leur formation au sommet des manches, ainsi qu'une étoffe brodée de la désignation du régiment en lettres noires.

Ce *subedar* porte une tenue de service kaki clair avec un ensemble ceinturon et baudrier connu sous le nom de "Sam Browne". Sa tenue de combat se compose d'une chemise et d'un short en coutil, et d'un harnais modèle 1908. Son épée d'officier possède une poignée en acier, et le fourreau est en cuir renforcé par un embout également en acier. Les deux insignes métalliques épinglés au col de sa tunique représentent un paon, et ses insignes de grade sont apposés à ses épaulettes : trois étoiles sur chaque épaule. L'homme est chaussé de brodequins et ses chevilles sont protégées par des bandes molletières en laine.

Cet officier était placé sous les ordres du vice-roi. En tant que *subedar*-major, plus haut gradé parmi les officiers subalternes, il était chargé d'aviser son commandant britannique au sujet de toutes les affaires concernant les hommes de troupe.

Jusqu'en 1937, la Birmanie était rattachée au Commandement indien, mais suite à la séparation politique de 1937 l'infanterie légère birmane passa sous le contrôle du Commandement birman.

Date :	*Juin 1942*
Unité :	*20ᵉ infanterie légère birmane*
Grade :	Subedar-*major*
Théâtre :	*Pacifique*
Lieu :	*Birmanie*

Soldat
Force frontalière royale ouest-africaine

Levée en 1901, la Force frontalière royale ouest-africaine comptait parmi les unités africaines des colonies britanniques qui s'étaient le plus distinguées durant la Grande Guerre. Au début de la seconde guerre mondiale, cette unité se composait du régiment du Nigeria, du bataillon de Sierra Leone, de la compagnie de Gambie et du régiment de Côte-de-l'Or. Après avoir participé à la campagne en Afrique orientale, les soldats du Nigeria et de la Côte-de-l'Or rejoignirent l'ouest du continent respectivement en août et en octobre 1941.

À leur retour, ces deux unités furent rebaptisées 1er et 2e Groupes de brigade, dans un dessein d'expansion des forces ouest-africaines à trois groupes de brigade au Nigeria, un groupe de brigade en Côte-de-l'Or, un bataillon en Sierra Leone et un bataillon en Gambie.

Juste avant que n'éclate la seconde guerre mondiale, l'uniforme de la Force frontalière royale ouest-africaine fut modernisé et simplifié. La casquette dite "de Kilmarnock" fut remplacée par un chapeau mou à large bord, tandis que les sandales locales laissèrent la place à des brodequins britanniques. La tenue représentée ci-contre est l'exemple type de l'uniforme porté par les soldats servant dans l'infanterie légère africaine du Roi. Le nom du régiment figurait sur une barrette apposée aux épaulettes, de couleur kaki.

Le matériel de ce soldat n'était en aucune façon inférieur à celui qui était confié aux autres hommes de Grande-Bretagne ou de l'Empire britannique : il comprenait un harnais avec matériel modèle 1937 et un fusil Lee-Enfield calibre 303.

Date :	*Juin 1943*
Unité :	*Force frontalière royale ouest-africaine*
Grade :	*Soldat*
Théâtre :	*Afrique*
Lieu :	*Côte-de-l'Or*

Soldat
Armée abyssinienne

Les opérations britanniques menées en Afrique orientale durant les premières années de guerre furent couronnées de succès, situation très bénéfique pour le moral des troupes alors que partout ailleurs dans le monde les forces alliées étaient contraintes de reculer face aux assauts de l'Axe.

En Afrique orientale, deux colonnes des soldats de Grande-Bretagne et de l'empire lancèrent une double offensive contre les Italiens. Le 19 janvier 1941, la première colonne composée de deux divisions indiennes et de soldats autochtones se mit en branle à partir du Soudan. Cinq jours plus tard, la seconde colonne constituée de trois divisions sud-africaines faisait route vers le nord depuis le Kenya. Pendant les trois mois que dura cette campagne, bien que fortes de seulement 70 000 hommes, les deux colonnes firent 50 000 prisonniers dans le camp ennemi et conquirent le territoire de l'Afrique orientale italienne, pour un coût de 500 victimes. Certes les Italiens étaient minés par une pénurie d'armement et un moral au plus bas, mais la victoire était néanmoins retentissante.

Des soldats abyssiniens combattit en Afrique orientale aux côtés des Britanniques, et le personnage ci-contre révèle leur uniforme. Les soldats étaient équipés comme leurs homologues européens. Cependant, on voit ici que leur uniforme rassemblait un matériel d'origine hétéroclite. Outre son ceinturon et son revolver, ce soldat est armé d'un fusil 98K calibre 7,92 mm.

La plupart des indigènes placés sous les ordres des Britanniques étaient des soldats à part entière, bien entraînés et menés de façon adéquate. Il n'en était pas de même pour les recrues des Italiens, envoyées au front sans formation et sans réelle coordination.

Date :   *Février 1941*
Unité :   *Armée patriotique abyssinienne*
Grade :   *Soldat*
Théâtre : *Afrique*
Lieu :   *Éthiopie*

Autres Pays de l'Axe

Pendant la seconde guerre mondiale, des dizaines de milliers de Russes, de Roumains, de Hongrois et d'Espagnols combattirent au titre de l'Axe Rome-Berlin. Principalement envoyés sur le front de l'Est, ils furent décimés lors des combats qui se déroulèrent en Russie. Les unités levées pour défendre leur mère patrie firent preuve d'un véritable fanatisme dans leurs efforts pour tenir l'armée Rouge en échec, mais le combat était perdu d'avance.

Fantassin Division Bleue espagnole

Dans sa "croisade contre le bolchevisme", le dictateur espagnol Franco n'hésita pas à envoyer au combat une division volontaire forte de 18 000 hommes. Le 25 juillet 1941, la division Bleue espagnole fut rebaptisée 250ᵉ division d'infanterie et affectée sur le front de l'Est. Après avoir perdu quelque 12 776 de ses combattants, elle en fut finalement retirée en octobre 1943.

Les volontaires espagnols ralliés à la cause de l'Axe portaient l'uniforme allemand, mais ils conservaient la chemise bleue du parti phalangiste sous leur vareuse (d'où le nom "division Bleue"). Sur la manche droite de cette vareuse de campagne, les Espagnols arboraient un écusson en forme de boucliers aux couleurs nationales, insigne que l'on retrouvait sur le manteau et sur le côté droit du casque en acier, comme on le voit sur cette illustration. Par ailleurs, le symbole de la Phalange (le joug et les flèches) et autres emblèmes du parti figuraient à divers endroits des couvre-chefs de l'uniforme et de la vareuse de campagne.

Le fantassin volontaire représenté ci-contre porte l'uniforme de campagne standard allemand, associé avec un casque gris mat à la finition grossière. Sa vareuse est confectionnée dans un tissu gris vert, et les insignes sont tissés en fil gris souris sur fond gris vert. À ses pieds, il porte une paire de bottillons surmontés de guêtrons. En tant que chef de section, l'homme est armé d'un pistolet mitrailleur MP40, arme très prisée aussi bien du côté allemand que chez les Alliés (ces derniers ne manquant pas une occasion de récupérer celle de leurs prisonniers).

Date :	*Juin 1942*
Unité :	*Division Bleue espagnole*
Grade :	*Fantassin*
Théâtre :	*Front de l'Est*
Lieu :	*Ukraine*

Adjudant
Gendarmerie hongroise

En tant que pays membre de l'Axe, la Hongrie envoya ses troupes au combat sur le front de l'Est. Le premier détachement posté en Russie fut le *Corps Rapid*, formation d'élite composée de 40 000 hommes et forte de 160 chars légers de fabrication hongroise et italienne. Celui-ci combattit aux côtés de la 17ᵉ armée allemande lors de la bataille d'Ouman. Durant cette campagne, le *Corps Rapid* allait perdre 26 000 hommes, 90 pour cent de ses blindés et un millier d'autres véhicules. Il rejoignit finalement Budapest le 6 décembre 1941.

Le *Corps Rapid* laissa derrière lui un bataillon à bicyclette et quatre brigades d'infanterie, soit un total d'environ 63 000 hommes, mal équipés pour traverser les grandes distances de la Russie. C'est pourquoi seule la cavalerie joua un rôle dans l'effort hongrois.

La Gendarmerie royale hongroise était une unité d'élite, dont les membres portaient traditionnellement un feutre noir orné d'une aigrette en plumes de coq. Durant la campagne russe, ce chapeau fut abandonné au profit d'un calot décoré de la même aigrette sur le côté gauche. Mais cet ornement n'étant pas toujours reconnu par les alliés de la Hongrie sur le front de l'Est, les hommes furent également dotés d'un plastron de style allemand en guise d'insigne de service.

Outre sa remarquable aigrette, cet adjudant arbore un cordon de laine verte avec sifflet. Dans l'armée hongroise, les insignes de grade étaient portés sur les pattes de col, dont le fond était aux couleurs de l'arme. Les membres de la Gendarmerie étaient des soldats réguliers, et ils se passaient donc de l'insigne triangulaire sur la manche gauche qui, parmi les autres unités, servait à distinguer les soldats de l'armée régulière.

Date :	*Juillet 1941*
Unité :	*Gendarmerie hongroise*
Grade :	*Adjudant*
Théâtre :	*Front de l'Est*
Lieu :	*sud de la Russie*

Fantassin
Brigade d'infanterie
2e armée hongroise

C'est en 1922 que l'armée royale hongroise introduisit l'uniforme kaki. Celui-ci présentait plusieurs particularités : calot avec crête pointue, culotte spéciale très resserrée autour du mollet par des boutons et guêtrons en tissus intégrés pour porter au-dessus de bottillons. Le personnel à cheval était quant à lui équipé d'une culotte de cheval et d'une paire de bottes.

Les hommes de tous grades portaient la même tunique, de coupe droite avec col cassé, fermant par cinq boutons, avec poches poitrines et basses plaquées et plissées. Le couvre-chef de l'armée hongroise fut remplacé par une casquette de campagne à visière doublée de tissu. Les soldats étaient par ailleurs dotés de casques allemands en acier, modèles 1915 ou 1935.

Le fantassin de cette illustration est équipé de son uniforme de campagne d'hiver, avec casque allemand en acier, manteau, culotte spéciale à guêtrons en tissus intégrés et bottillons. Son paquetage en cuir de vache, sa couverture roulée et sa gamelle rappellent la grande époque de l'empire d'Autriche.

À la fin de l'année 1942, la 2e armée hongroise tenait une partie du front allemand en Russie, mais elle fut décimée par l'offensive soviétique de janvier 1943. Battant en retraite vers l'ouest, les Hongrois abandonnèrent derrière eux la plupart de leur matériel ainsi que 147 971 de leurs camarades. Les vestiges de la 2e armée furent en partie rapatriés à Budapest et chargés pour l'autre partie de la sécurité en Ukraine.

Date :	*Novembre 1942*
Unité :	*Brigade d'infanterie légère*
Grade :	*Fantassin*
Théâtre :	*Front de l'Est*
Lieu :	*Sud de la Russie*

Sous-lieutenant 1ʳᵉ division blindée Armée hongroise

La 1ʳᵉ division blindée était la grande fierté de l'armée hongroise. Elle possédait 38 chars tchèques LT-38, 2 chars Toldi et 22 Panzers Mk I allemands. Pourtant, ses équipages étaient assez peu expérimentés et ses véhicules ne soutenaient guère la comparaison avec les chars russes T-34, plus modernes. Lorsque les Hongrois se trouvèrent confrontés aux Russes, les premiers furent tout naturellement réduits en cendres.

Au début du conflit, les tankistes hongrois étaient vêtus d'une combinaison, d'un manteau croisé en cuir et d'un casque italien en cuir noir avec rabat sur la nuque. Peu à peu, cet uniforme fut remplacé par une combinaison kaki associée à un calot. L'officier représenté ci-contre est un sous-lieutenant. Il porte l'uniforme type de tankistes, avec combinaison une pièce et calot. Fait de coton et de cuir kaki, son débardeur était associé à un autre type d'uniforme kaki apparenté à l'uniforme spécial gris vert porté par les membres d'équipage des canons autopropulsés allemands.

Après la défaite de la 2ᵉ armée, les soldats hongrois continuèrent de servir sous le commandement opérationnel de l'Allemagne, mais les Russes s'approchant dangereusement des frontières hongroises les deux États signèrent un cessez-le-feu provisoire le 15 octobre 1944. Par la suite, les Allemands eurent beau instaurer un gouvernement fantoche, ils ne pouvaient plus empêcher la victoire soviétique. Lorsque la seconde guerre mondiale prit fin, la Hongrie avait perdu un total de 136 000 hommes au combat.

Date :	*Janvier 1943*
Unité :	*1ʳᵉ division blindée*
Grade :	*Sous-lieutenant*
Théâtre :	*Front de l'Est*
Lieu :	*Sud de la Russie*

Lieutenant
Groupe de chasseurs
Armée de l'air hongroise

L'armée de l'air hongroise étant une branche de l'armée de terre, son personnel était vêtu d'uniformes kaki standard qui ne se distinguaient que par quelques détails. Ainsi cet officier subalterne arbore-t-il une tenue de service complétée par un blouson d'aviateur allemand en peau de mouton.

Le manteau de l'armée de l'air était de coupe croisée, avec un grand col rabattu et deux rangées de six boutons. La casquette à visière était kaki avec la visière en cuir marron, avec un liseré or au bas du bandeau pour les officiers et une mentonnière tressée de couleur or. Les combinaisons de vol d'hiver étaient faites de cuir noir ou marron, et munies de fermetures à glissière, d'un parachute de type paquetage et de lunettes. En été, les pilotes étaient en bras de chemise avec un casque d'aviateur en tissu, ou portaient une combinaison de vol beige en tissu. L'officier ci-contre est coiffé d'une casquette de campagne kaki, sur le côté de laquelle est cousu l'insigne de l'armée de l'air.

Dans l'armée de l'air hongroise, le grade figurait sur la tunique, sur les épaulettes pour les officiers et sur les manchettes pour tous les gradés, et sur le manteau. Les lieutenants et les sous-officiers arboraient des pattes sur les manchettes de leur combinaison de vol et de leur veste, sur lesquelles figuraient les mêmes insignes du grade que sur les épaulettes. Les boutons et les insignes des officiers étaient de couleur or, ceux des sous-officiers argent et ceux des gradés bronze. Les officiers subalternes se distinguaient par un chevron mi-or au-dessus d'un à trois galons mi-or sur leurs épaulettes et pattes de col, bordées d'un liseré or.

Date :	*Mai 1943*
Unité :	*Groupe de chasseurs*
Grade :	*Lieutenant*
Théâtre :	*Front de l'Est*
Lieu :	*Sud de la Russie*

Chef d'escadron
Division de cavalerie
Armée de terre bulgare

C'est la combinaison de ses ambitions territoriales, de son expérience commune avec l'Allemagne pendant la Grande Guerre et de sa crainte des intentions soviétiques à l'égard des Balkans qui poussa la Bulgarie à gonfler les rangs de l'Axe. Après la cinglante victoire de l'Allemagne dans les Balkans, Hitler autorisa la Bulgarie à annexer la Macédoine grecque. Ceci entraîna le pays dans une campagne contre les partisans de la région, campagne qui allait durer quatre ans. Suite à un renversement de gouvernement en septembre 1944, la Bulgarie rallia le camp russe.

Malgré l'ajout d'éléments allemands tels que les pattes de col, l'uniforme de l'armée de terre bulgare était profondément influencé par la Russie des tsars. Cet officier porte une tenue de service de temps de guerre, avec manteau. Pour les officiers généraux, ce dernier se caractérisait par des revers rouges, par un passepoil écarlate tout autour du col, des manchettes, du bas du manteau et de la martingale, et par des rabats de poches à l'arrière. La tunique portée sous le manteau avait soit un col cassé, soit un col ouvert, auquel cas elle était associée à une chemise et une cravate. Comme l'indique le passepoil de l'uniforme ici représenté, cet officier appartenait à la cavalerie.

Les insignes de grade de l'armée bulgare se présentaient sous forme d'épaulettes de type russe. Le manteau de cet officier présente deux rangées de boutons dorés, et son grade est représenté par une étoile et deux galons sur ses épaulettes. L'homme porte des chaussures de marche et des bandes molletières.

Date :	*Juin 1943*
Unité :	*Division de cavalerie*
Grade :	*Chef d'escadron*
Théâtre :	*Balkans*
Lieu :	*Macédoine*

Matelot
Flottille du lac Ladoga
Marine finlandaise

Dans la marine finlandaise, les officiers comme les officiers mariniers disposaient d'une veste croisée à col ouvert de couleur bleue, avec deux rangées de quatre ou cinq boutons, une poche poitrine sans rabat ni bouton, à gauche, et des poches basses à rabats droits. Cette veste se portait avec une chemise blanche, une cravate noire, un pantalon assorti et des chaussures noires.

Les matelots finlandais arboraient le traditionnel col carré et se couvraient par gros temps d'une tenue de protection, composée d'un imperméable beige doublé de mouton avec capuche, poches poitrines et basses plaquées et à rabats, et pattes boutonnées aux manchettes, ainsi que d'un pantalon assorti. Seule exception : l'artillerie côtière finlandaise dont les membres portaient l'uniforme obsolète modèle 1922 avec manchettes et col gris foncé.

Le couvre-chef du marin finlandais était le bonnet bleu, muni d'un long bandeau sur lequel était inscrit en lettres d'or le nom du navire. Les officiers disposaient d'une casquette à visière bleu foncé, avec coiffe bleue ou blanche et visière brodée d'or. Il y avait aussi un calot bleu à passepoil bleu clair, mentonnière en cuir noir et cocarde ronde aux couleurs nationales.

Pour ce qui est des insignes de grade, les officiers de la marine finlandaise se distinguaient par les galons de leurs manchettes, de leur manteau et des épaulettes de leur tunique blanche. Les gradés étaient signalés par des chevrons sur la manche gauche. La couleur du liseré entre les galons des officiers servait à indiquer l'arme ou le corps auquel ils appartenaient.

Date :	*Septembre 1939*
Unité :	*Flottille du lac Ladoga*
Grade :	*Matelot*
Théâtre :	*Lac Ladoga*
Lieu :	*Baltique*

Maréchal Mannerheim Armée finlandaise

Au début de la seconde guerre mondiale, l'armée finlandaise était l'une des plus modestes d'Europe, avec seulement neuf divisions au total. Qui plus est, ces divisions manquaient cruellement de véhicules, de matériel de transmissions, de canons antichars et de fusils automatiques. L'armée s'articulait autour d'un petit noyau de cadres, et ses rangs étaient complétés chaque année par l'incorporation de conscrits. Un conscrit servait 18 mois au maximum, après quoi il était considéré réserviste jusqu'à l'âge de 26 ans, pour finalement rejoindre les rangs de la milice.

La Finlande était découpée en neuf districts militaires, chacun chargé de la formation d'une division, ainsi que de l'entretien et l'approvisionnement de dépôts et d'installations en tous genres.

Le chef de l'armée finlandaise était le maréchal Mannerheim, personnage représenté ci-contre. Il était le seul membre des forces armées élevé au grade de maréchal, et son uniforme était donc unique à bien des égards. Sur ses épaulettes sont épinglés un insigne à l'effigie du lion finlandais, et au-dessus l'insigne régimentaire de l'ancien régiment du maréchal, les Dragons *Uusimaa*. Vous remarquerez que le maréchal Mannerheim ne porte pas d'insignes de grade au col, insignes qui se composeraient normalement de bâtons croisés et de trois lions or sur fond argent.

Autour de son cou, la croix de Mannerheim de la croix de la Liberté, récompense décernée pour action courageuse en temps de guerre. Sur sa manche gauche, on aperçoit l'insigne de la Garde civile.

Date :	*Septembre 1939*
Unité :	*Armée finlandaise*
Grade :	*Maréchal*
Théâtre :	*Front de l'Est*
Lieu :	*Helsinki*

Capitaine
2ᵉ division
Armée finlandaise

L'uniforme de l'armée de terre finlandaise fut modernisé en 1936, une nouvelle tenue gris foncé venant remplacer l'ancienne de couleur plus claire. La tunique modèle 1936, de coupe droite, comportait des épaulettes assorties, un col cassé et six boutons à l'avant. Les poches poitrines (plissées) et les poches basses se fermaient par un rabat à bouton.

Les hommes de tous grades portaient une culotte de cheval assortie à la tunique (avec soutache rouge pour les généraux, cramoisie pour les généraux d'état-major) et des bottes en cuir noir. En hiver, les soldats se couvraient d'un manteau croisé à deux rangées de six boutons, doté de poches fendues et à rabat, d'un col rabattu et de manches retournées. Le bas de la culotte de cheval de cet officier était doublé de cuir.

Par temps froid, les soldats de l'armée finlandaise étaient coiffés de la casquette de campagne d'hiver, caractérisée par sa visière assortie et son rabat qui se boutonnait sur le front par deux boutons. Au-dessus de ces boutons, les soldats et les gradés arboraient la cocarde finlandaise bleue et blanche, tandis que les officiers y épinglaient un lion en métal doré. Le couvre-chef d'été consistait en un calot avec mentonnière en cuir marron, là encore orné de la cocarde pour les gradés et soldats et du lion doré pour les officiers. Au combat, les hommes se protégeaient par un casque en acier de fabrication allemande, le modèle 1915 cédant plus tard la place au modèle 1935.

Outre les étoiles de son grade épinglées directement au col de sa tunique, ce capitaine porte également un couteau à la ceinture.

Date :	*Janvier 1943*
Unité :	*2ᵉ division*
Grade :	*capitaine*
Théâtre :	*Front de l'Est*
Lieu :	*Région de Leningrad*

Soldat de 2ᵉ classe
6ᵉ corps
Armée finlandaise

Ce soldat finlandais est vêtu de sa tenue d'ordonnance, avec casquette de campagne et chemise qu'il porte au-dessus de son pantalon. À ce stade de la guerre, l'uniforme finlandais était marqué par l'influence allemande, ce qui se traduisait par une standardisation marquée.

Dans l'armée finlandaise, le grade des combattants était marqué par les pattes de col et les galons de manchette du manteau. Sur l'imperméable et les autres vêtements d'hiver, les insignes de grade figuraient sur une patte détachable boutonnée à la manchette. Les gradés se distinguaient par des chevrons sur leurs épaulettes. L'arme était indiquée par la couleur des pattes de col et par les insignes en métal jaune aux épaulettes. La Finlande avait fait partie de la Russie jusqu'en 1917, ceci se reflétait par un insigne épinglé sur la poitrine.

L'armée finlandaise ne connut pas de problème de pénurie de vêtements d'hiver, disposant de gros stocks de casquettes et de manteaux en peau de mouton, de tenues de camouflage dans la neige, ainsi que d'accessoires pour temps doux, tels que des bottes en feutre. Il faut préciser qu'après avoir remporté la "guerre d'hiver" contre la Russie, les Finlandais avaient saisi quantité de vêtements à leurs prisonniers.

Les Finlandais attaquèrent l'Union soviétique en 1941, mais une fois qu'ils eurent reconquis les territoires perdus lors de la "guerre d'hiver" ils se mirent sur la défensive et s'engagèrent peu jusqu'en 1944.

Date :	*Mars 1944*
Unité :	*6ᵉ corps*
Grade :	*Soldat de 2ᵉ classe*
Théâtre :	*Front de l'Est*
Lieu :	*Lac Ladoga*

Lieutenant
Division d'infanterie
Armée finlandaise

Ce lieutenant de l'armée finlandaise port son uniforme de campagne qui se distingue de l'uniforme de service standard. Entre autres, la tunique est plus courte, le rabat de la poche poitrine est maintenu par un bouton ordinaire, et la qualité générale de l'uniforme est inférieure à celle de la tenue d'ordonnance. L'homme porte un vieux casque allemand modèle 1915, alors qu'en 1944 il avait été pour la plupart remplacé par le modèle 1935.

L'officier porte un protège-carte en bandoulière, et l'on aperçoit une cuiller débordant de sa botte gauche. Il est armé d'un pistolet mitrailleur russe PPD 1940G, arme robuste et facile à entretenir sur le terrain.

Pendant la seconde guerre mondiale, l'armée finlandaise était une organisation d'infanterie. L'appui de véritables services d'entretien lui faisait défaut, mais la qualité de ses officiers et de ses soldats parvenait à compenser cette lacune. Ceci dit, les Finlandais combattirent avec nettement plus d'efficacité pour défendre leur territoire qu'au titre de la "croisade contre le bolchevisme" menée par l'Allemagne nazie.Une division d'infanterie finlandaise moyenne se composait de trois régiments d'infanterie et d'un régiment d'artillerie de campagne, le tout appuyé par quelques troupes de soutien. En mai 1944, l'armée finlandaise dénombrait 270 000 hommes, 1 900 pièces d'artillerie et 800 chars engagés dans la bataille. Aussi imposant que ces chiffres puissent paraître, cette armée présentait des faiblesses dans deux domaines clés : ses canons antichars étaient inadaptés et son aviation insuffisante pour couvrir les forces au sol.

Date :	*Mai 1944*
Unité :	*Division d'infanterie*
Grade :	*Lieutenant*
Théâtre :	*Front de l'Est*
Lieu :	*Carélie*

Lieutenant
2ᵉ *régiment* Calarasci
Armée de terre roumaine

Après avoir changé en 1916 la couleur de son uniforme de campagne, qui passait de bleu horizon à kaki, l'armée roumaine adopta en 1931 une tenue de service de style britannique pour ses officiers. La tunique de l'uniforme de campagne, de coupe droite, se caractérisait par son col cassé, ses épaulettes et ses manchettes assorties taillées en pointe, et sa fermeture sous patte. Les poches poitrines comportaient un rabat avec bouton, tout comme les poches basses. Les manchettes, très resserrées autour des poignets, tenaient par deux boutons. Cette tunique était associée à une culotte assortie, à des bandes molletières et à des bottillons en cuir.

Au combat, les officiers de l'armée roumaine portaient cette tunique fermée, tandis que celle de la tenue de service se portait ouverte. Cette dernière se portait avec une chemise blanche ou kaki et une cravate kaki, un pantalon kaki ou une culotte kaki clair, et des bottes de campagne en cuir à lacets. Le manteau, présentait un grand col et des poches à rabat droit.

Le lieutenant de cavalerie ci-contre porte la tenue de service d'ordonnance des officiers. Ses insignes de grade figurent sur ses épaulettes, tandis que son arme est représentée par la couleur de ses pattes de col et de son bandeau de casquette. Ses épaulettes et ses bottes sont ornées de boutons de cavalerie d'un motif particulier. Au-dessus de sa poche poitrine gauche, on trouve un ruban de médailles roumaines, tandis que le ruban de la Croix de fer de 2ᵉ classe allemande apparaît à sa boutonnière, à côté de son baudrier.

Date :	*Juillet 1942*
Unité :	*2ᵉ régiment* Calarasci
Grade :	*Lieutenant*
Théâtre :	*Front de l'Est*
Lieu :	*Sud de la Russie*

Soldat de 2ᵉ classe
Division d'infanterie
Armée de terre roumaine

Dans l'armée roumaine, les montagnards portaient un béret vert et les tankistes un béret noir, mais le couvre-chef standard était le casque en acier M1928 que l'on peut voir sur cette illustration. Fabriqué sous licence hollandaise, il était parfois frappé (comme ici) sur le front des armoiries de la Roumanie.

L'uniforme de ce soldat est un modèle standard. En été, les combattants portaient une tunique légère rapidement délavée par le soleil au point de devenir presque blanche. Elle était associée à une culotte en toile kaki avec bandes molletières, ou à un pantalon avec guêtrons en cuir et bottillons. Durant la campagne de Russie, les Roumains se révélèrent convenablement vêtus en été, ce qui ne fut pas du tout le cas en hiver en raison de l'absence de vêtements appropriés. En règle générale, chaque soldat recevait simplement une casquette en laine d'agneau, un manteau court et non doublé, un pantalon non matelassé et des bottillons à lacets.

La tenue de ce soldat indique clairement l'influence de l'Allemagne sur l'armée roumaine, avec son mélange de matériel roumain et allemand et son fusil Mauser M1924.

Ce soldat est membre d'une division d'infanterie, formation qui constituait le gros des forces roumaines durant la guerre. Une division d'infanterie type comprenait trois régiments d'infanterie, un régiment d'artillerie de campagne et un bataillon de reconnaissance. En 1940, l'armée possédait 21 divisions d'infanterie, 3 brigades d'infanterie, 4 brigades d'infanterie de montagne et une brigade de gardes d'infanterie.

Date :	Juillet 1942
Unité :	Division d'infanterie
Grade :	Soldat de 2ᵉ classe
Théâtre :	Front de l'Est
Lieu :	Odessa

240

Soldat de 2ᵉ classe Division d'infanterie Armée de terre roumaine

En août 1944, l'offensive soviétique massive menée dans le sud de la Russie réduisit la 6ᵉ Armée allemande à néant. Celle-ci s'était unie à la 3ᵉ Armée roumaine pour former le Groupe *Dimitrescu*, tandis que la 8ᵉ Armée allemande et la 4ᵉ Armée roumaine s'étaient alliées pour constituer le Groupe *Wöhler*. Avec la chute du front, la Roumanie fut contrainte d'abandonner Hitler et de trouver un terrain d'entente avec la Russie.

Un changement de régime étant suffisant pour assurer une alliance avec l'Union soviétique, l'armée Rouge entra dans Bucarest le 31 août 1944. Dans un premier temps, tous les soldats roumains furent automatiquement faits prisonniers, mais finalement deux armées roumaines fortes de plus de 28 divisions et 540 000 hommes se joignirent à l'armée Rouge pour la soutenir dans ses opérations menées dans la région du Danube. Ces combats livrés pour le compte de la Russie coûtèrent à la Roumanie quelque 170 000 tués, blessés ou portés disparus supplémentaires, alors que les batailles menées auprès de l'Allemagne s'étaient déjà soldées par plus de 250 000 victimes.

Le personnage représenté ci-contre est vêtu de l'uniforme type porté par les soldats roumains combattant dans le camp russe durant les derniers mois de la guerre. Coiffé d'une casquette à visière, l'homme porte son manteau roulé sur son épaule. L'influence allemande est toujours particulièrement présente, notamment dans sa caisse à munitions avec poignée déportée (afin de pouvoir porter deux caisses d'une seule main) et dans son fusil Mauser.

Date :	*Mars 1945*
Unité :	*Division d'infanterie*
Grade :	*Soldat de 2ᵉ classe*
Théâtre :	*Front de l'Est*
Lieu :	*Autriche*

Matelot
Flottille du Danube
Marine roumaine

Les matelots de la marine roumaine étaient vêtus d'une chemise rayée bleue et blanche, d'un pull-over bleu, d'un col en blue-jean bordé de trois lignes blanches, et d'une écharpe noire. Leur couvre-chef était un bonnet de modèle allemand mais dépourvu de ruban à l'arrière et portant l'inscription "Marina regala" en lettres jaunes.

Ce matelot porte le manteau d'ordonnance de la marine, manteau croisé avec deux rangées de quatre boutons en métal doré. Les officiers de marine portaient la tenue de service bleue, tandis que leur tunique blanche se caractérisait par son col Mao, ses épaulettes bleues, ses cinq boutons de métal doré, et ses poches poitrines et basses plaquées avec rabat et bouton. Cette tunique était associée à une coiffe de casquette blanche, à un pantalon blanc et à une paire de chaussures en toile blanche. Quant aux maîtres, ils étaient vêtus d'une tunique bleue avec col Mao, cinq boutons de métal doré, une poche poitrine fendue, du côté gauche, et deux poches basses à rabat droit, tunique portée avec un pantalon assorti et des chaussures noires. Leur casquette à visière bleue comportait une visière et une mentonnière noires, ainsi qu'un insigne en métal jaune représentant une ancre.

Pour les marins, les quartiers-maîtres et les officiers mariniers, le grade était indiqué par un à trois galons de ruban rouge surmontés de l'insigne de métier ou de spécialité au sommet de la manche gauche, tandis que les officiers arboraient diverses combinaisons de rubans et de galons or autour des manchettes et sur les épaulettes.

Date :	*Juin 1941*
Unité :	*Flottille du Danube*
Grade :	*Matelot*
Théâtre :	*Front de l'Est*
Lieu :	*Mer Noire*

242

Trompette Infanterie coloniale vichyssoise

Si les uniformes des armées africaines et coloniales françaises étaient standardisés par rapport à ceux de la métropole, ils conservaient en revanche certaines caractéristiques spécifiques. (Au début de la guerre, des nations aujourd'hui indépendantes étaient encore sous contrôle français, notamment l'Algérie, la Tunisie, le Maroc, la Syrie et le Liban.)

Après la défaite de la France et la signature de l'armistice en 1940, la Tunisie fut démilitarisée et la France connut une forte réduction du nombre de ses troupes coloniales. L'armée française du maréchal Pétain fut autorisée à conserver 55 000 hommes au Maroc et 50 000 en Algérie, et les effectifs de l'armée du Levant basée en Syrie furent réduits de 100 000 soldats à moins de 40 000.

Bien que l'armée du Levant eût diminué de plus de moitié, elle constituait une menace à l'égard des intérêts du camp allié au Moyen-Orient, car le pays longeait des installations stratégiques et vulnérables, telles que des oléoducs et des voies de ravitaillement. C'est pourquoi la Syrie fut envahie par une force composite alliée le 8 juin 1941. Les Français du général Dentz opposèrent une vive résistance malgré le déchirement d'avoir à combattre leurs propres compatriotes.

Le trompette ici de dos constitue un exemple des soldats d'infanterie qui constituaient le gros de l'armée française du gouvernement de Vichy au Moyen-Orient. Son bidon de 2 litres et son paquetage font partie du matériel type 1935 (mais pas le portemanteau ni la musette). Son clairon, suspendu au paquetage, est muni d'un cordon à gland bleu, blanc, rouge.

Date :	Juin 1941
Unité :	*Infanterie coloniale vichyssoise*
Grade :	*Trompette*
Théâtre :	*Méditerranée*
Lieu :	*Syrie*

Soldat de 1re classe Spahis marocains Armée vichyssoise

Le commandant de l'armée française de Vichy, le général Dentz, disposait en Syrie d'un contingent de soldats africains. Ceux-ci étaient subdivisés en six bataillons algériens, trois bataillons tunisiens, trois bataillons sénégalais et un bataillon d'infanterie marocaine. L'armée comprenait une formation de cavalerie composée de 4e Spahis tunisiens, des 1ers Spahis marocains et des 8e Spahis algériens, soit un total de 7 000 hommes. Les Marocains étaient considérés parmi les meilleurs éléments des forces coloniales.

Ce Spahi marocain est coiffé du casque français d'ordonnance frappé du croissant attribué à tous les soldats mahométans. Sur ses pattes de col figure le numéro de son régiment et l'insigne de distinction de soldat de première classe est boutonné à l'avant de sa djellaba. Il porte une baïonnette modèle 1892.

Les combats en Syrie prirent fin le 11 juillet 1941, faisant 6 000 victimes dont 1 000 morts parmi les Français du général Dentz. Par ailleurs, 37 736 soldats furent faits prisonniers ; 5 668 d'entre eux rejoignirent les rangs de la France libre, tandis que les autres préférèrent être envoyés en France métropolitaine.

Cette résistance des Spahis contraste fortement avec celle, quasi inexistante, des forces françaises d'Afrique du Nord face au débarquement anglo-américain de l'opération "Torche". La défaite de l'Axe en Afrique du Nord française eut pour conséquences l'invasion en France de la zone sud par les Allemands et la dissolution *de facto* de l'armée vichyssoise en Afrique du Nord et au Moyen-Orient.

Date :	*Juillet 1941*
Unité :	*Spahis marocains de l'armée de Vichy*
Grade :	*Soldat de 1re classe*
Théâtre :	*Méditerranée*
Lieu :	*Syrie*

Colonel Infanterie coloniale vichyssoise

Avant la seconde guerre mondiale, les officiers de l'armée coloniale française étaient pourvus d'un uniforme de travail kaki clair et d'un uniforme blanc composé d'un casque colonial, d'une tunique et d'un pantalon. Les gradés de cette armée disposaient d'une seule tenue : soit un uniforme en coutil kaki avec tunique à col Mao et short ou pantalon, soit un uniforme en tissu kaki composé d'une tunique kaki, d'une culotte et d'un manteau.

Tous ces uniformes étaient portés avec des bottillons et des bandes molletières kaki. Pour ce qui était du couvre-chef, le personnel militaire d'origine européenne se coiffait d'un casque colonial, d'un képi, d'un béret ou d'un calot, tandis que les autochtones en service actif arboraient le fez (ou chéchia) rouge camouflé par une housse kaki. Il était d'usage pour les soldats en action de porter leur casque en acier.

Cet officier en poste à Madagascar est vêtu de la tenue tropicale avec casque colonial. À l'avant du casque, on trouve une ancre en métal doré – l'emblème des forces coloniales françaises. Le positionnement des insignes de grade était le même sur l'uniforme tropical et celui pour climats tempérés, mais pendant la guerre il était plus courant pour les officiers de porter leurs insignes sur les épaulettes, comme c'est le cas ici. Les insignes des gradés étaient cousus à une patte qu'ils attachaient à l'avant de leur tunique, chemise ou autre habit. Leur arme était identifiable à la couleur du képi ou à la combinaison de couleurs des pattes de col, tandis que le numéro de régiment figurait à l'avant du képi ou sur les pattes de col.

Date :	Juillet 1942
Unité :	Infanterie coloniale vichyssoise
Grade :	Colonel
Théâtre :	Afrique
Lieu :	Madagascar

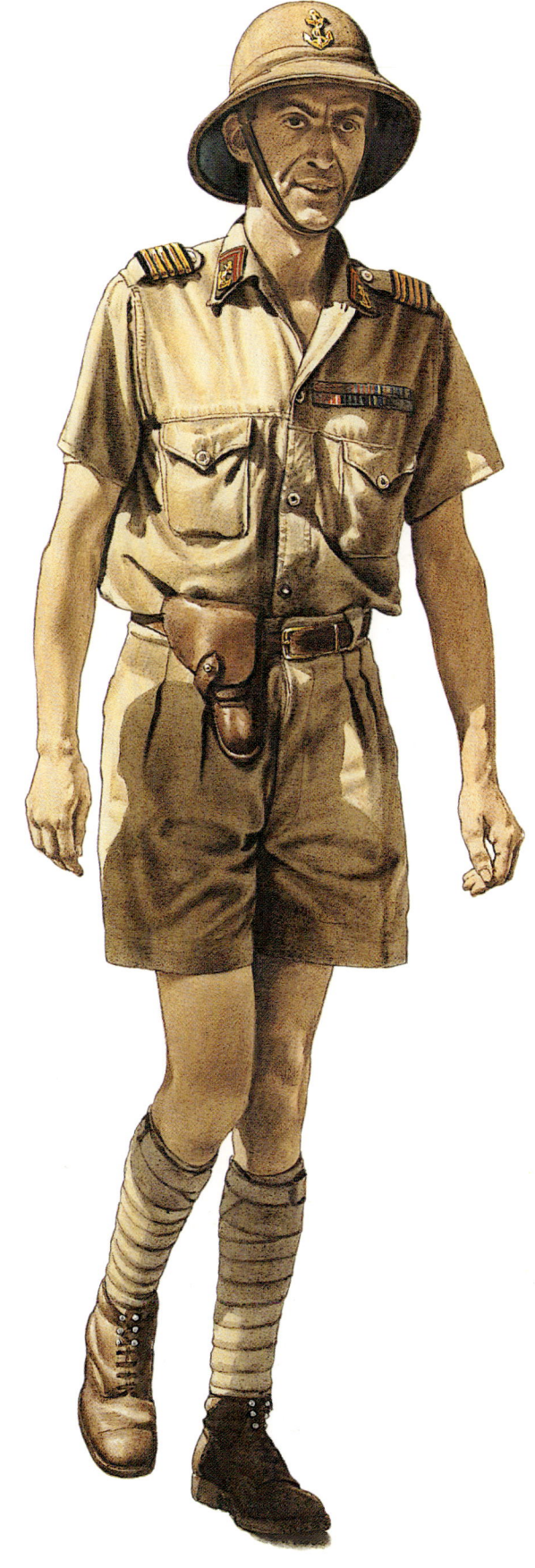

Soldat de 2ᵉ classe Légion volontaire française

À l'automne 1941, 2 452 Français se portèrent volontaires pour aller combattre la Russie bolchevique aux côtés de l'Allemagne. Leur formation, baptisée Légion volontaire française, passa le plus gros de son temps à lutter contre les partisans à l'arrière, mais en juin 1943 les deux bataillons indépendants qui composaient cette unité furent réunis pour aller combattre les partisans d'Ukraine. La Légion serait finalement dispersée le 1ᵉʳ septembre 1944.

Les volontaires français servant aux côtés des Allemands étaient vêtus de l'uniforme allemand mais étaient autorisés à porter l'écusson tricolore sur la manche droite et le côté droit du casque. Les recrues arboraient parfois un mélange de décorations françaises et allemandes. Sur l'uniforme de campagne allemand du soldat de cette illustration sont épinglées trois médailles françaises : (de gauche à droite) la médaille militaire de sous-officier, la croix du Combattant des appelés de 1940, et la médaille coloniale avec deux barrettes représentant deux campagnes.

Ce soldat est coiffé d'un casque en acier modèle 1935, sur le côté droit duquel on peut voir l'aigle allemand, tandis que du côté gauche figurait un écusson tricolore en forme de bouclier semblable à celui que l'on distingue sur sa manche droite. Son arme est un fusil allemand à culasse mobile Kar 98k, porté à la française.

D'autres Français rejoignirent les Waffen-SS, et quelque 20 000 volontaires répondirent à l'appel de l'Allemagne dans sa "croisade contre le bolchevisme".

Date :	*Juin 1943*
Unité :	*Légion volontaire française*
Grade :	*Soldat de 2ᵉ classe*
Théâtre :	*Front de l'Est*
Lieu :	*Ukraine*

Capitaine
Légion de l'armée
de l'air croate

Durant la seconde guerre mondiale, la Croatie parvint à lever une importante armée pour porter renfort à l'Axe. Ses forces combinaient unités régulières et paramilitaires, et à la fin de l'année 1941 quelque 114 000 soldats étaient sous les armes, et 38 000 autres affectés aux unités territoriales.

L'armée de l'air croate disposait des appareils de l'ex-armée de l'air yougoslave et d'avions fournis par l'Italie. En octobre 1941, la Légion de l'armée de l'air croate fut constituée à partir d'un groupe de chasseurs Messerschmitt Bf 109 et d'un groupe de bombardiers.

Les officiers de l'armée de l'air croate portaient la tenue de service gris bleu de l'ex-armée de l'air yougoslave, simplement décorée de nouveaux insignes. Les versions croates des insignes de grade de la Luftwaffe figuraient sur les pattes de col et les épaulettes, bien que sur ces dernières l'étoile allemande fût remplacée par un trèfle en métal. Les gradés n'étaient pas autorisés à porter leurs insignes sur les manches, car ils étaient dotés de trèfles en métal blanc sur des épaulettes en tissu gris.

Ce capitaine de l'armée de l'air croate est vêtu de sa tenue gris bleu, avec insignes de casquette croates et épaulettes sur le modèle de la Luftwaffe. L'insigne de casquette supérieur est frappé des lettres "NDH" pour *Nezavisna Drzava Hrvatska*, État indépendant de Croatie. La Légion de l'armée de l'air croate combattit également sur le front de l'Est vêtue d'uniformes allemands avec insignes croates. Sur la manche droite de la vareuse et du manteau était épinglé l'insigne ailé de l'armée de l'air croate.

Date :	*Juin 1942*
Unité :	*Légion de l'armée de l'air croate*
Grade :	*Capitaine*
Théâtre :	*Front de l'Est*
Lieu :	*Russie*

247

Adjudant
Division d'infanterie
Armée de terre slovaque

En mars 1939, Hitler convoqua les dirigeants du Parti populiste slovaque à Berlin et les informa de son intention de laisser la Hongrie envahir leur pays à moins qu'ils ne proclament leur indépendance par rapport à la Tchécoslovaquie. C'est par cette manœuvre d'intimidation qu'Hitler obligea la Slovaquie à rejoindre le camp de l'Axe. Le nouvel État parvint toutefois à lever une importante armée pour partir à l'assaut de la Russie, force qui en juillet 1941 comprenait 40 393 hommes, 1 346 officiers, 695 camions et 2 011 autres véhicules. En Union soviétique, les Slovaques subirent de très lourdes pertes et ils seraient finalement retirés du front en 1943 pour être affectés à des travaux de sécurité.

Les combattants slovaques sur le front de l'Est portaient encore l'uniforme kaki de l'ex-armée tchécoslovaque, à la différence que leurs insignes de grade se présentaient sous forme de pattes de col et non d'épaulettes. Le soldat représenté ci-contre est ainsi vêtu d'un ancien uniforme tchécoslovaque mais son casque est orné des emblèmes de la Division légère slovaque. Son grade est indiqué par ses pattes de col. Son fusil est une version tchèque du Mauser allemand, désignée VZ "à canon court" 24.

Outre ses unités d'infanterie (composées de deux divisions d'infanterie et de troupes divisionnaires), l'armée slovaque fut en mesure d'engager une brigade légère partiellement motorisée qui comprenait un bataillon de chars légers tchèques. Un petit détachement aérien slovaque prit part aux combats en Russie.

Date :	*Janvier 1943*
Unité :	*Division d'infanterie*
Grade :	*Adjudant*
Théâtre :	*Front de l'Est*
Lieu :	*Russie*

Autres Pays Alliés

On oublie trop souvent que des milliers de soldats des Pays-Bas, des Balkans, de Pologne, de Norvège et de Chine se sont battus pendant la seconde guerre mondiale. Bon nombre d'entre eux ont poursuivi le combat après le déferlement des forces de l'Axe sur leur pays. Arborant leur drapeau national sur des pattes ou écussons apposés à leur uniforme, ils combattaient avec une détermination qui leur valait l'admiration de tous.

Colonel
7ᵉ infanterie montée
Armée polonaise

Pendant la première guerre mondiale, les Polonais avaient combattu dans les deux camps, si bien que lorsque le pays vit le jour en novembre 1918 son armée fut formée à partir d'unités qui rentraient en Pologne avec des uniformes d'influences autrichienne, allemande et française, mais aussi parfois russe ou italienne. Les ordonnances vestimentaires parurent en 1919, et ce sont celles des années 1930 qui débouchèrent sur les uniformes portés par le personnel militaire polonais au début de la seconde guerre mondiale.

Les officiers se voyaient attribuer une tenue de soirée composée d'une tunique kaki de modèle 1936 et d'un pantalon sombre à doubles soutaches passepoilées, le tout complété par une ceinture en soie. L'uniforme de garnison ou de sortie, en tissu kaki, comprenait une tunique avec un pantalon ou une culotte de cheval. L'uniforme de campagne était similaire, mais dépourvu de pattes et d'insignes, à l'exception des insignes de grade apposés aux épaulettes. La tunique d'été était en toile de lin amidonnée kaki clair.

Cet officier supérieur du 7ᵉ régiment d'infanterie légère montée *Wielkopolski* porte la tenue de service kaki d'ordonnance des officiers avec le traditionnel chapska, couvre-chef de forme carrée à dessus aplati. Son régiment est identifié par la couleur du bandeau de sa casquette et ses pattes de col en forme de fanions. Sur sa poche poitrine gauche, il arbore l'insigne de son régiment, et au-dessus l'insigne de son ancien régiment. Sa médaille est celle de la *Virtuti Militari*, qui récompensait les actes de courage.

Date :	*Septembre 1939*
Unité :	*7ᵉ infanterie légère montée*
Grade :	*Colonel*
Théâtre :	*Front de l'Est*
Lieu :	*Pologne*

Tankiste
Corps des blindés
Armée polonaise

Les équipages des tanks de l'armée polonaise s'habillaient d'une tenue très similaire à celle de leurs collègues français : veste croisée en cuir noir, béret noir et casque des troupes motorisées françaises peint en kaki. Le tankiste de cette illustration porte quant à lui une combinaison kaki sous sa veste en cuir. On aperçoit l'insigne distinctif des troupes blindées polonaises, une patte de col triangulaire orange et noire. Cet insigne figurait sur le manteau, habit de coupe droite, à col rabattu, avec six boutons sur le devant, des poignets retournés avec une patte à deux boutons, et des épaulettes unies.

Les insignes de grade de l'armée polonaise figuraient sur le couvre-chef et sur les épaulettes. Les officiers généraux étaient identifiés par des broderies en zigzag sur le bandeau de leur casquette, sur leurs pattes de col, leurs épaulettes et leurs manchettes, et par des soutaches bleu foncé sur leur culotte de cheval et leur pantalon. Les couleurs de l'arme et du régiment figuraient sur le bandeau de la casquette et sur les pattes de col, soit sous forme d'un fanion, soit sous forme d'une patte pointue à la manière française.

Au début de la guerre, l'armée polonaise était démunie en blindés, avec seulement 340 chars légers et 700 chenillettes. Pis encore, le haut commandement polonais était totalement incompétent en matière d'utilisation de ces faibles ressources dans une campagne de blindés moderne. C'est ainsi que le corps fut anéanti, seuls 53 blindés légers Renault R-35 parvenant à trouver refuge en Roumanie.

Date :	*Septembre 1939*
Unité :	*Corps des blindés*
Grade :	*Tankiste*
Théâtre :	*Front de l'Est*
Lieu :	*Pologne*

Maréchal des logis
Armée polonaise en Russie

En septembre 1939, dans le cadre d'un accord secret passé avec l'Allemagne, l'Union soviétique envahit l'est de la Pologne, capturant des milliers de Polonais qui furent envoyés dans des camps de travail ou de prisonniers. Cependant, lorsque les Allemands attaquèrent l'Union soviétique en juin 1941, les Russes autorisèrent la création au sein des frontières de l'URSS d'une force de combat composée de ces mêmes prisonniers polonais.

À l'origine, ces soldats conservèrent les vêtements qu'ils portaient dans les camps de prisonniers : de vieux uniformes polonais ou des habits civils. Cependant, à la suite d'un accord entre le gouvernement polonais exilé à Londres et les autorités russes, les Britanniques fournirent aux Polonais des tenues de l'armée britannique. Ces tenues étaient combinées avec du matériel de l'armée Rouge, d'où l'aspect quelque peu hétéroclite du sous-officier ci-contre.

Ce personnage est en fait un cavalier polonais en passe d'être transféré au Moyen-Orient. Il est équipé d'un casque en acier britannique orné de l'aigle polonais, d'un haut de tenue de combat, d'un harnais en cuir, d'une culotte de cheval de la cavalerie, de bandes molletières et de brodequins, ainsi que d'un fusil russe Tokarev M1940 calibre 7,62 mm. Il arbore son insigne de grade de sous-officier sur ses épaulettes.

Lorsque le gouvernement polonais en exil et l'Union soviétique interrompirent leurs relations en avril 1943, l'URSS commença à recruter des unités polonaises pour se battre aux côtés de l'armée Rouge et défendre ses intérêts. Ces unités furent donc dotées d'uniformes de l'armée Rouge, ainsi que d'armes et autre matériel soviétiques.

Date :	*Novembre 1941*
Unité :	*Armée polonaise en Russie*
Grade :	*Maréchal des logis*
Théâtre :	*Front de l'Est*
Lieu :	*Sud de la Russie*

Soldat de 2ᵉ classe
2ᵉ corps polonais
Armée polonaise

**Les Polonais libérés par Staline pour com-
battre aux côtés des Britanniques quittèrent
l'Union soviétique à destination de l'Irak, où
ils formèrent le 2ᵉ corps polonais (cette unité
comptait un petit nombre de Polonais qui se
trouvaient au Moyen-Orient lorsque la guerre
éclata). Le corps fut envoyé en Italie à la fin
de l'année 1943, une force de 50 000 hommes
attachée à la 8ᵉ Armée. Il participa aux opérations autour du mont Cassin en mai 1944 et
combattit en Italie jusqu'à la fin de la guerre.**

En Italie, les soldats polonais portaient l'uniforme
britannique. Le soldat de 2ᵉ classe de cette illustration
est vêtu d'un uniforme développé à l'origine pour les
troupes britanniques de montagne engagées dans des
missions telles que le raid contre l'usine d'eau lourde à
Telemark, en Norvège.

Lors de la campagne d'Italie, cette tenue était
habituellement distribuée en hiver. Par-dessus la combinaison de ski légère, on peut voir le harnais spécial
des commandos, en toile, conçu de façon à pouvoir
s'en débarrasser rapidement en cas de chute dans
l'eau. Le soldat est armé de deux grenades n° 36 et
d'un fusil Lee-Enfield calibre 303.

Même si les Polonais étaient équipés d'uniformes,
de rations, de matériel et d'armes britanniques, sai-
sissaient la première occasion pour arborer leur
insigne national, apposant par exemple l'aigle polonais
sur leur casquette. Bien que leurs armées aient été
battues par l'Allemagne, les Polonais se faisaient un
honneur et un devoir de montrer à leur ennemi qu'ils
n'avaient pas encore perdu la guerre.

Date :	*Octobre 1944*
Unité :	*2ᵉ corps polonais*
Grade :	*Soldat de 2ᵉ classe*
Théâtre :	*Méditerranée*
Lieu :	*Italie*

Capitaine
Brigade de bombardiers
Armée de l'air polonaise

Jusqu'en 1936, le personnel de l'armée de l'air polonaise porta l'uniforme de l'armée de terre agrémenté de pattes et de bandeaux de casquette jaunes, ainsi que d'ailes en métal ou en tissu blanc sur le haut de la manche gauche de la tunique et du manteau. En 1936, un uniforme spécifique bleu acier ou gris fit son apparition.

Le capitaine de cette illustration porte sa tenue de service modèle 1936, avec ses insignes de grade sur le devant de la casquette et les épaulettes. Son couvre-chef est orné de l'aigle polonais, tandis que sur le côté gauche de sa poitrine est épinglé l'insigne de combat de pilote-observateur, créé en 1928 à l'intention des aviateurs possédant la double qualification.

Les généraux portaient un aigle polonais brodé de fil d'argent sur les deux extrémités du col et des zigzags, également brodés d'argent, aux deux manchettes, ainsi qu'un pantalon ou une culotte de cheval à soutache noire. Les officiers d'état-major arboraient l'aigle polonais en métal blanc au col, tandis que les officiers de réserve se distinguaient par les lettres "SPR" au centre d'une couronne de feuilles.

Les manteaux de l'armée de l'air polonaise étaient gris, avec deux rangées de trois boutons en métal et des épaulettes, de poignets retournés et une martingale ; la ceinture était attachée par deux boutons.

Les gradés de l'armée de l'air s'habillaient d'une tunique grise droite, avec les épaulettes assorties, sept boutons en métal blanc à l'avant, des poches poitrines et basses à rabat droit fermé par un bouton, et des poignets droits avec un bouton à l'arrière.

Date :	*Septembre 1939*
Unité :	*Brigade de bombardiers*
Grade :	*Capitaine*
Théâtre :	*Front de l'Est*
Lieu :	*Pologne*

Lieutenant
Groupe de chasseurs
Armée de l'air polonaise

Voici l'uniforme de vol d'été porté par les équipages polonais volant sur appareils fermés. Il s'agit d'une combinaison en lin naturel. L'écharpe nouée autour du cou du lieutenant lui appartenait; elle le protégeait des irritations provoquées par le lin sur son cou. L'homme est équipé d'un casque de vol et de lunettes de protection d'ordonnance.

Les insignes de rang des officiers subalternes comptaient entre une et trois étoiles à cinq branches sur les épaulettes, sur le devant de la casquette et sur le côté antérieur gauche du béret. Sur le haut de la manche gauche de la combinaison de vol figurait un insigne rond en tissu noir bordé d'un galon argenté, avec en son centre entre une et trois étoiles argent à cinq branches.

Le personnel navigant polonais suspendait à une petite chaîne, au-dessus de la poche poitrine gauche, un aigle en piqué en métal blanc ou doré. L'aigle tenait en son bec une couronne de feuilles, au sein de laquelle figurait une lettre en métal blanc ou doré qui différenciait les catégories de l'armée de l'air polonaise. L'insigne du groupe s'épinglait sur la poche poitrine gauche, ou était peint sur le gilet de sauvetage.

Au début de la guerre, l'armée de l'air polonaise comptait 433 avions, soit 59 chasseurs, 154 bombardiers, 84 appareils d'observation et 36 appareils de liaison. Dès le début des hostilités, cette force fut anéantie par la quantité et la qualité des appareils de la Luftwaffe. Il faut ajouter que l'attaque allemande prit de nombreuses unités par surprise et que leurs appareils furent détruits avant même d'avoir pu décoller.

Date :	*Septembre 1939*
Unité :	*Groupe de chasseurs*
Grade :	*Lieutenant*
Théâtre :	*Front de l'Est*
Lieu :	*Pologne*

Capitaine
Groupe n° 302
Armée de l'air polonaise

En décembre 1939, le corps des réservistes volontaires de l'armée de l'air britannique se mit à recruter du personnel militaire polonais, et en août 1940 une armée de l'air polonaise fut fondée en Angleterre. À l'origine, tout le personnel étranger servant dans la RAF était censé porter l'uniforme britannique avec un écusson de nationalité à l'épaule.

Avec la création de cette armée de l'air, les Polonais furent autorisés à arborer leurs propres insignes de casquette et leurs insignes de grade dans l'armée de l'air polonaise sous forme de pattes de col, tandis que leur grade provisoire dans la RAF était indiqué selon la manière britannique en vigueur. Afin de se conformer à la RAF, tous les insignes de l'armée de l'air polonaise passèrent de l'argent au doré, à l'exception de l'aigle de casquette des gradés, qui resta en métal blanc. Les insignes de casquette des officiers, à l'origine brodés de fil argent, furent remplacés par un aigle argenté avec des ailes et un bouclier doré. L'écusson "Poland" que l'on voit à l'épaule de ce capitaine était brodé de fil d'or pour les officiers et bleu clair pour les gradés, sur un fond gris ou bleu foncé.

Ce capitaine de l'armée de l'air polonaise, grade équivalent à celui de *flight lieutenant* dans l'aviation britannique, porte la tenue de service des officiers de la RAF, ornée de l'insigne du groupe n° 302, du ruban de la *Virtuti Militari* et, sur l'épaule, de l'insigne des pilotes polonais. On voit l'insigne de l'armée de l'air polonaise sur sa casquette, ainsi qu'une écharpe marron non réglementaire autour de son cou, attribut caractéristique des membres du groupe n° 302.

Date :	*Juin 1940*
Unité :	*Groupe n° 302*
Grade :	*Capitaine*
Théâtre :	*Nord-ouest de l'Europe*
Lieu :	*Angleterre*

Matelot breveté
Marynarka Wojenna
Marine polonaise

Les matelots, les gradés et les officiers de la marine polonaise possédaient des uniformes similaires à ceux des autres marines du monde. Le manteau de marine d'ordonnance était croisé, avec deux rangées de quatre boutons dorés. Par temps chaud, les officiers et les maîtres recouvraient leur casquette d'une coiffe blanche et s'habillaient d'une tunique droite blanche à quatre boutons et à col Mao, ainsi que d'un pantalon blanc et de chaussures en toile blanche assortie.

En été ou sous les tropiques, les matelots et les quartiers-maîtres revêtaient l'uniforme blanc, et pendant la guerre ils étaient équipés de la tenue tropicale de la marine britannique. La tenue de travail polonaise comportait un couvre-chef blanc ainsi qu'un pull et un pantalon blanc. Les maîtres s'habillaient d'une tunique bleue, avec poches plaquées et cinq boutons.

Les grades de la marine polonaise étaient indiqués par des galons aux manches et aux épaulettes pour les officiers et les maîtres, et en haut de la manche pour les autres gradés. Les officiers portaient les galons sur la casquette, avec des étoiles à cinq branches sur la jugulaire pour indiquer le grade exact. Les grades des matelots et des quartiers-maîtres se reconnaissaient à un ou deux galons de biais or bordé de rouge sur le haut de la manche gauche, contre trois galons de biais or bordé de rouge pour les officiers mariniers.

Les insignes de métier et de spécialité, jaunes pour les maîtres et rouges pour les quartiers-maîtres et les matelots, étaient apposés sur la manche gauche. Le matelot ci-contre arbore l'insigne de technicien radio.

Date :	*Septembre 1939*
Unité :	Marynarka Wojenna
Grade :	*Matelot breveté*
Théâtre :	*Front de l'Est*
Lieu :	*Pologne*

Colonel
1er régiment d'infanterie
Armée de terre belge

Au début de la seconde guerre mondiale, les uniformes de l'armée de terre belge présentaient un curieux contraste : d'un côté les soldats portaient un uniforme quasiment identique à celui des Français, et de l'autre les officiers s'habillaient d'une tenue de service de style britannique.

La tunique kaki belge était droite, avec col cassé, cinq boutons en métal doré sur le devant et des épaulettes unies taillées en pointe sur lesquelles le numéro de l'unité était indiqué. Ses poches poitrines étaient plaquées et plissées, avec rabat et bouton, tandis que les poches basses avaient un rabat et un bouton mais n'étaient pas plissées. La tunique des officiers présentait une longue basque et de grandes poches plaquées, et elle se portait sur une chemise blanche ou kaki clair et une cravate kaki. Le personnel à pied disposait d'une culotte assortie, de bottillons noirs et de guêtres, tandis que le personnel à vélo et à cheval était muni de longs houseaux. Ce colonel du 1er régiment d'infanterie est vêtu de la tenue de service d'ordonnance, très similaire à celle des officiers britanniques de l'époque. Le manteau belge, de coupe croisée, comportait un col rabattu, deux rangées de cinq boutons sur le devant et deux poches basses fermées par un rabat et un bouton.

Parmi les couvre-chefs proposés, il y avait la casquette kaki à visière assortie, ornée d'une couronne dans la couleur de l'arme du combattant (arme représentée par les pattes de col rouges à galon bleu). La jugulaire de la casquette des officiers était dorée, celle des adjudants argentée et celle des gradés marron.

Date :	*Avril 1940*
Unité :	*1er régiment d'infanterie*
Grade :	*Colonel*
Théâtre :	*Nord-ouest de l'Europe*
Lieu :	*Belgique*

Sergent
Division d'infanterie
Armée de terre belge

L'uniforme de l'armée belge comportait des insignes sur la casquette, le calot, les pattes de col et les épaulettes. Les gradés portaient leurs insignes de grade aux manchettes. C'est à la barrette de biais sur la manche du sous-officier ci-contre que l'on identifie son grade.

Son casque en acier est de modèle français, mais estampé de la tête du lion belge sur le front. Les chasseurs à pied portaient un béret vert vif orné d'un insigne en forme de tête de sanglier, ainsi qu'un manteau en cuir noir de coupe similaire à celle de la tunique ou une version courte et de coupe droite du manteau. Ces soldats étaient également dotés de longs houseaux en cuir. Les troupes motorisées possédaient un casque spécial recouvert de cuir, avec une tête de lion sur le front, et un manteau court en cuir marron.

Les pattes de col de ce sergent sont aux couleurs de l'infanterie, arme également représentée par la couronne apposée à ses épaulettes. Sur sa manche gauche figure le numéro de son régiment, bien que cet écusson fût souvent enlevé pour des raisons de sécurité. À la boutonnière de sa poche poitrine gauche, un brin de muguet commémore la fête du Travail, cette illustration datant du 1er mai 1940. L'homme est armé d'un Mauser M1889 calibre 7,65 mm, copie de l'excellent fusil à culasse mobile de conception allemande.

L'armée de terre belge eut à subir la violence de la *Blitzkrieg* allemande et elle ne put résister au déferlement des colonnes de Panzers. En l'espace de deux semaines, les forces armées belges avaient été anéanties, les dernières unités déposant les armes le 28 mai 1940. Le pays dénombra 23 350 tués et blessés.

Date :	*1er mai 1940*
Unité :	*Division d'infanterie*
Grade :	*Sergent*
Théâtre :	*Nord-ouest de l'Europe*
Lieu :	*Belgique*

Commandant 1er régiment Armée de l'air belge

En 1929, le personnel navigant de l'armée de l'air belge reçut l'uniforme gris de style anglais que l'on voit sur cette illustration d'un commandant. Le personnel au sol portait l'uniforme kaki de l'armée de terre, mais avec des pattes de col distinctives, bleu ciel à passepoil écarlate.

Le nouvel uniforme gris comprenait un pantalon et des bottes de cheval, et tous les officiers affichaient un bandeau noir et un insigne d'aviateur sur leur calot, insigne ceint entre deux barrettes or verticales pour les généraux. Le bandeau de casquette des officiers supérieurs présentait un passepoil supérieur or et tous les officiers affichaient la cocarde tricolore belge à l'avant de leur casquette à visière. Un insigne similaire mais avec des ailes plus grandes était apposé à la manche gauche et, pendant la guerre, sur la poitrine, du côté gauche, au-dessus des rubans. Cet insigne, brodé d'or pour les officiers et d'argent pour les gradés, sur fond bleu foncé ou noir, représentait le monogramme du monarque régnant bordé d'ailes. Les sous-officiers et les gradés du personnel au sol portaient un insigne particulier représentant une hélice sur un cercle, du côté gauche de leur calot ainsi que sur les deux épaulettes, au-dessus du numéro de leur régiment.

Le personnel belge qui servait dans l'armée de l'air britannique portait l'uniforme de la RAF avec un écusson bleu foncé ou gris inscrit du mot "Belgium".

Lorsque les Allemands attaquèrent la Belgique en 1940, la situation de l'armée de l'air belge n'était guère reluisante, avec 234 appareils dont seulement 180 étaient opérationnels, et pour la plupart obsolètes.

Date :	*Mai 1940*
Unité :	*1er régiment*
Grade :	*Commandant*
Théâtre :	*Nord-ouest de l'Europe*
Lieu :	*Belgique*

Colonel Armée nationaliste chinoise

Les uniformes de l'armée chinoise subirent plusieurs modifications entre 1937 et 1945, ce qui n'empêcha pas les armées nationalistes et communistes de connaître de graves pénuries vestimentaire et matérielle. C'est pourquoi il n'y eut jamais d'uniformité, d'importantes variations régionales subsistant tout au long de la guerre.

Après la première guerre mondiale, l'armée de terre chinoise adopta un uniforme gris vert de style allemand, mais au cours de la guerre sino-japonaise deux uniformes de campagne de couleurs différentes furent portés : celui d'été présentait plusieurs nuances de coton kaki, tandis que celui d'hiver était en coton bleu vif. Comme on le voit ici, la tunique était droite, avec col cassé, cinq boutons sur le devant, et des poches poitrines et basses plaquées, fermées par un rabat et un bouton. Le pantalon ou le short se portaient avec des bandes molletières très serrées et remontant jusqu'aux genoux, associées à des bottes ou à des scandales en cuir ou en toile.

Le colonel de cette illustration arbore la casquette kaki de l'armée nationaliste. Ses pattes de col rouges révèlent son appartenance à l'infanterie, tandis que les trois triangles indiquent son grade de colonel. En règle générale, le grade figurait sur le col sous forme de pattes amovibles en tissu, en plastique ou en métal.

Contrairement à ce qui a été dit plus haut, cet officier est chaussé de bottillons en cuir marron et de houseaux. Ces détails d'origine européenne reflètent l'influence allemande sur l'armée chinoise dans les années 1920 et le début des années 1930.

Date :	*Juin 1942*
Unité :	*Armée nationaliste chinoise*
Grade :	*Colonel*
Théâtre :	*Pacifique*
Lieu :	*Chine*

Lieutenant Armée de l'air nationaliste chinoise

L'armée de l'air nationaliste chinoise ne devint une arme indépendante qu'au milieu des années 1930, et à cette époque elle dépendait en grande partie des États-Unis pour son approvisionnement en appareils et en matériel, ainsi que pour la formation de ses pilotes. Le personnel de l'aviation chinoise portait l'uniforme kaki de l'armée de terre, mais avec un couvre-chef différent.

Le lieutenant de cette illustration est coiffé d'une casquette kaki à bandeau kaki clair, à visière en cuir noir et à jugulaire. L'insigne de casquette se composait d'ailes brodées d'or entourant un émail représentant le "soleil blanc et ciel bleu". Il existait également un calot kaki orné à l'avant gauche d'une hélice ailée en laiton ou d'un "soleil blanc et ciel bleu".

En été, les officiers recouvraient leur casquette d'une coiffe blanche et s'habillaient d'une version en coton blanc de la tenue de service kaki. Cependant, la tenue quotidienne des officiers par temps chaud se composait d'une chemise et d'un short kaki clair. Les gradés portaient l'uniforme de l'armée de terre. Les uniformes de vol étaient américains, mais les Chinois utilisaient des tenues prises aux pilotes japonais.

D'abord apposés aux manchettes, les insignes de grade furent remontés aux épaulettes en 1940. Ils étaient à l'origine brodés, mais à la suite de problèmes de fabrication ils furent fabriqués en métal ou en plastique. En tant qu'officier subalterne, ce lieutenant affiche sur ses poignets un oiseau aux ailes déployées en métal doré au-dessus de deux barrettes métalliques, insigne qui serait plus tard transféré sur les épaulettes.

Date :	*Septembre 1939*
Unité :	*Armée de l'air nationaliste chinoise*
Grade :	*Lieutenant*
Théâtre :	*Pacifique*
Lieu :	*Chine*

Pilote
Groupe de volontaires américains

Dans les années 1930, l'armée de l'air chinoise était composée de volontaires venus des États-Unis et d'Italie. Suite à la destruction de la plupart de ses appareils par les Japonais en 1937, la Chine fit appel à une plus grande aide internationale. Une force composée de pilotes britanniques, américains et néerlandais proposa son assistance, mais cette unité fut détruite en 1938. Les Soviétiques prirent le relais mais leur aide ne fut pas suffisante pour couvrir la totalité du territoire chinois.

Au début de l'année 1939, suite aux raids aériens japonais sur Chung-Ch'ing, les Chinois firent de nouveau appel à l'aide étrangère. Le groupe de volontaires américains (*American Volunteer Group*) y répondit. Composé de 100 pilotes et 150 mécaniciens en juin 1941, le groupe reçut 269 chasseurs et 66 bombardiers en juillet de la même année. Mais une fois arrivé en Chine, il connut des problèmes d'approvisionnement en pièces de rechange et des difficultés liées à l'inefficacité des équipes chinoises au sol. Lorsque la Task Force sino-américaine fut formée lors de l'entrée en guerre des États-Unis, seule une poignée de pilotes du groupe accepta de s'y enrôler.

La tenue du pilote de cette illustration mélange divers éléments chinois et américains. Sa veste à fermeture à glissière est américaine, mais sa poitrine est ornée de l'emblème nationaliste. Le cartouche dessiné en arrière-plan était cousu sur le dos de la veste ; prévu en cas d'atterrissage forcé, il ordonnait à la population civile de prendre soin du pilote. Son étui à pistolet abrite un pistolet américain de modèle 1911.

Date :	*Juin 1941*
Unité :	*Groupe de volontaires américains*
Grade :	*Pilote*
Théâtre :	*Pacifique*
Lieu :	*Chine*

Guérillero Forces communistes chinoises

Dirigées par Mao Zedong, les guérillas communistes constituaient le principal opposant aux troupes japonaises dans le nord de la Chine. Elles manquaient cruellement de matériel. En revanche, elles bénéficiaient d'une excellente organisation et d'une forte cohésion, avec des membres du parti communiste implantés aux niveaux les plus bas afin de s'assurer de la loyauté absolue de chaque soldat. L'escouade de base se composait de 10 à 16 hommes, subdivisés en trois petites équipes dirigées par un membre du parti. En avril 1945, Mao proclama que son armée comptait 910 000 soldats et aux environs de 2,5 millions de guérilleros opérationnels.

Les soldats des troupes communistes chinoises portaient le même uniforme kaki que les Nationalistes, affichant même l'emblème "soleil blanc et ciel bleu" lorsque les deux camps faisaient front contre les Japonais. Cependant, lorsque la guerre civile reprit son cours, les communistes remplacèrent la casquette de campagne de l'armée de terre par un modèle rond en tissu appelé "casquette Mao", sur lequel était parfois apposée une étoile rouge à cinq branches.

Ce guérillero est équipé d'une cartouchière de fortune confectionnée en coton ou en toile, qui abritait les munitions de ses armes portatives tel ce fusil de fabrication chinoise. Deux grenades à manche pendent sur le devant de sa veste bleue. Ce guérillero ne porte pas l'étoile rouge à cinq branches sur le devant de sa casquette, ce qui illustre bien la diversité vestimentaire des forces communistes chinoises.

Date :	*Avril 1944*
Unité :	*Forces communistes chinoises*
Grade :	*Guérillero*
Théâtre :	*Pacifique*
Lieu :	*Chine*

Maréchal des logis chef
Artillerie
Armée yougoslave

L'uniforme de l'armée de terre yougoslave était proche du modèle serbe, lui-même un mélange d'inspiration hongroise et impériale russe. À l'aube de la guerre en 1939, l'armé yougoslave affichait un manque certain de standardisation, avec au moins trois modèles de casques en acier et des uniformes de couleurs différentes. Ainsi, la tenue des officiers était gris vert, tandis que les gradés portaient des uniformes serbes de la première guerre mondiale de couleur gris clair ou brun kaki.

La tunique d'ordonnance de l'armée de terre yougoslave était droite avec un col Mao, une fermeture sous patte, des épaulettes assorties à extrémités carrées, des poignets retournés et des poches poitrines et basses fendues, obliques et munies de rabats à l'autrichienne. La tunique était associée à une culotte et des bandes molletières de même couleur, ainsi qu'à des bottillons (ci-contre). Le manteau, de coupe croisée, comportait un col rabattu et deux rangées de six boutons convergeant à la taille, des poignets retournés et des poches basses avec un rabat droit.

Ce maréchal des logis chef appartient à l'artillerie, comme l'indique la couleur noire de ses épaulettes et de son col. S'il ne porte pas les épaulettes de style russe du corps des officiers, sa ceinture est en revanche un modèle d'officier, coutume inspirée de l'armée de terre française. Les sous-officiers arboraient le monogramme en métal du roi Pierre sur leur casquette, au-dessus de la cocarde nationale (fin mars 1941, des officiers avait détrôné le prince régent Paul et proclamé roi le prince héritier Pierre).

Date :	*Mars 1941*
Unité :	*Artillerie*
Grade :	*Maréchal des logis chef*
Théâtre :	*Balkans*
Lieu :	*Yougoslavie*

Soldat de 2ᵉ classe Division d'infanterie Armée yougoslave

Le soldat de cette illustration porte l'uniforme serbe de la première guerre mondiale, alors en passe d'être remplacé par une nouvelle tunique droite. L'apparence indéniablement française de ce soldat est accentuée par son couvre-chef, un casque Adrian français bien que frappé des armoiries yougoslaves. L'homme est armé d'un fusil yougoslave M1924 calibre 7,9 mm (en réalité un ZB tchèque fabriqué sous licence yougoslave).

Cet uniforme n'était ni confortable ni pratique. Les troupes yougoslaves de montagne disposaient d'une tenue plus commode, composée d'une tunique ample et d'un pantalon bouffant resserré aux chevilles. Les membres d'équipage des véhicules de combat blindés portaient le casque des troupes françaises motorisées et une veste croisée en cuir marron.

Dans l'armée de terre yougoslave, l'arme était généralement indiquée par la couleur du col, du passepoil et du galon et du dessous de l'épaulette, ainsi que par les insignes d'épaulettes, les pattes de col du manteau et la soutache du pantalon pour les officiers. Les gradés apposaient des pattes de col de couleur sur leur tunique et leur manteau, tandis que les sous-officiers arboraient des épaulettes de couleur ou bordées d'un passepoil de couleur. Le soldat ci-contre se distingue par sa couleur rouge foncé, ce qui indique qu'il appartient à l'infanterie. Les membres de cette arme ne portaient pas d'insigne sur leurs pattes de col ni sur leurs épaulettes, hormis l'infanterie de montagne symbolisée par un insigne triangulaire représentant un paysage de montagne encadré de skis et de bâtons.

Date :	*Avril 1941*
Unité :	*Division d'infanterie*
Grade :	*Soldat de 2ᵉ classe*
Théâtre :	*Balkans*
Lieu :	*Yougoslavie*

Capitaine
Régiment d'infanterie
Armée yougoslave

Cet officier porte la tenue de service d'ordonnance de l'armée royale yougoslave. En général, les uniformes des officiers étaient d'une qualité supérieure à ceux des gradés. Les insignes de grade se présentaient sous forme d'épaulettes rigides de style Russie impériale, tandis que le devant du calot s'ornait d'une cocarde ovale en émail aux couleurs nationales au sommet de laquelle figurait le monogramme en métal doré du roi Pierre Ier. Les officiers étaient dotés d'un képi à visière et jugulaire en cuir noir, lui aussi orné d'une cocarde ovale blanche, bleue et rouge avec le monogramme royal en métal doré.

Les revers des poignets de l'uniforme des officiers étaient passepoilés à la couleur de l'arme représentée, couleur que l'on retrouvait sur le col Mao et les soutaches de la culotte de cheval assortie. Les épaulettes du capitaine de cette illustration indiquent son arme (l'infanterie), son grade et le numéro de son régiment.

Une division d'infanterie yougoslave se composait d'un état-major, de deux à quatre régiments d'infanterie, de un à deux régiments d'artillerie ou d'un bataillon d'artillerie indépendant, et de troupes techniques. Chaque régiment d'infanterie comptait environ 2 400 hommes, appuyés par 168 mitrailleuses et 4 canons d'infanterie.

L'armée yougoslave était non seulement vieillotte, mais elle s'étirait aussi le long d'une frontière relativement étendue. Lorsque les Allemands lancèrent leur invasion le 6 avril 1941, elle fut taillée en pièce, incapable de résister plus de onze jours.

Date :	*Avril 1941*
Unité :	*Régiment d'infanterie*
Grade :	*Capitaine*
Théâtre :	*Balkans*
Lieu :	*Yougoslavie*

Partisan
Armée de libération
du peuple yougoslave

Dans un premier temps, l'occupant allemand ne fut guère impressionné par les partisans (principalement serbes) sous les ordres de Tito. En mai 1944 cependant, l'armée dite "de Libération" de Tito comptait 500 000 hommes approvisionnés par l'armée yougoslave d'avant-guerre et les largages aériens alliés. Au début de 1945, Tito avait débarrassé la Yougoslavie des troupes de l'Axe et leurs collaborateurs. Mais aussitôt la guerre terminée, son armée allait elle-même mener son propre programme de répression et de brutalités.

Les partisans de Tito s'habillaient de tout ce qui leur tombait sous la main. Jusqu'en novembre 1942, un système d'insignes de grade improvisés prévalut. Ces insignes se composaient d'étoiles, de barrettes et de chevrons découpés dans du tissu rouge et cousus sur le haut de la manche gauche. Ce n'est qu'en mai 1943 qu'un système définitif fut mis en place, avec des insignes jaunes pour les officiers et blancs pour les gradés.

À la fin de la guerre, l'aide britannique avait permis aux partisans de Tito de se trouver bien équipés. L'uniforme du soldat de cette illustration provient de diverses origines : chemise allemande, calot yougoslave, et pantalon en coutil kaki, bottillons et guêtrons britanniques. Une tenue britannique est attaché à sa ceinture et son arme est une mitrailleuse allemande MG 43, avec des munitions en bandoulière. Ses grenades sont de fabrication britannique. Remarquez sur le devant de son calot l'étoile rouge à cinq branches, symbole de ralliement des communistes.

Date :	*1945*
Unité :	*Armée de libération yougoslave*
Grade :	*Partisan*
Théâtre :	*Balkans*
Lieu :	*Yougoslavie*

Capitaine
Escadrille de chasse
Armée de l'air yougoslave

À l'image de bon nombre de ses homologues européennes, l'armée de l'air yougoslave possédait un uniforme bleu, introduit en 1938. Il comprenait une casquette à visière, un calot et une tunique ouverte à poches plaquées, qui se portait soit avec un pantalon assorti et des chaussures noires, soit avec une culotte de cheval assortie et des bottes noires. En été, la tenue se composait d'une casquette à coiffe blanche et d'une version blanche de la tunique de la tenue de service.

Le manteau de l'armée de l'air, de coupe croisée, se distinguait par deux rangées de quatre boutons en métal doré, des poches basses obliques avec rabat et des poignets retournés passepoilés de noir. L'uniforme des gradés était similaire à celui des officiers, quoique fabriqué dans un matériau plus grossier et doté de boutons en métal blanc (boutons jaunes pour les sergents). Les officiers du corps d'artillerie antiaérienne portaient l'uniforme de l'armée de l'air mais avec le col de tunique en tissu noir et les manches brodées de fûts de canons dorés, disposés en croix entre les ailes d'un oiseau, juste au-dessus du passepoil noir des poignets.

Le capitaine de cette illustration porte la tenue de service d'ordonnance des officiers, ornée de ses insignes de grade : trois fins galons or aux manchettes et des épaulettes bleu foncé à deux galons or séparés par un galon bleu foncé et munies de trois étoiles à quatre branches. Remarquez l'aigle du personnel navigant au-dessus de ses galons de manchettes, et l'insigne de pilote qualifié sur sa poitrine, du côté droit. Sa décoration est l'ordre yougoslave de l'Aigle blanc.

Date :	*Avril 1941*
Unité :	*Escadrille de chasse*
Grade :	*Capitaine*
Théâtre :	*Balkans*
Lieu :	*Yougoslavie*

269

Général
Défense nationale
Armée tchécoslovaque

C'est en 1920 que l'armée tchèque adopta l'uniforme kaki. La tunique, de coupe droite, comportait un col cassé, une fermeture à boutons sous patte et des poches plaquées munies d'un rabat à bouton invisible.

Ce personnage est le général Sergej Ingr, ministre de la Défense nationale tchèque en exil en Angleterre. Le premier camp de l'armée tchèque fut installé au château de Cholmondeley, près de Chester, où les unités furent organisées en bataillons d'infanterie motorisée. Après un entraînement complémentaire, ces derniers furent transférés dans de nouvelles bases, d'où ils purent porter secours aux villes bombardées.

Les soldats tchèques, ayant reçu l'assistance de la France, arrivèrent en Angleterre vêtus d'uniformes français. Ces derniers continuèrent d'être utilisés jusqu'à leur remplacement par des modèles britanniques.

Sur cette illustration, le général Ingr porte une tunique française associée à une casquette tchèque à visière brodée. On reconnaît son grade de général à ses épaulettes et à l'emblème en feuilles de tilleul sur ses épaulettes. Les trois étoiles de ses manchettes indiquent qu'il est général de division.

Pendant quelques mois, les Tchèques basés en Grande-Bretagne portèrent la tenue de combat britannique avec un casque français. Sur leurs uniformes britanniques, ils apposaient leurs insignes de casquette et leurs insignes de grade sur les épaulettes, et ajoutant le titre "Czechoslovakia" (Tchécoslovaquie) au sommet de la manche gauche. Comme on peut le voir ici, les officiers arboraient sur la poche poitrine droite l'insigne de l'académie militaire des officiers.

Date :	*Novembre 1940*
Unité :	*Ministère de la Défense nationale*
Grade :	*Général*
Théâtre :	*Nord-ouest de l'Europe*
Lieu :	*Angleterre*

270

Sergent
1er régiment d'infanterie
Armée tchécoslovaque

À la suite des accords de Munich de 1938, de nombreux membres du personnel militaire tchèque décidèrent de quitter leur pays. Quelques-uns s'orientèrent vers la Pologne (1 000 soldats et 150 aviateurs qui formèrent le noyau d'une nouvelle armée tchèque), mais une fois la Pologne conquise par l'Allemagne les Tchèques durent repartir. Certains prirent le chemin de l'Union soviétique, tandis que d'autres préférèrent la France.

Lorsque les soldats tchèques arrivèrent en France, les Français réclamèrent leur enrôlement dans la légion étrangère. Cependant, cette obligation fut levée lorsque la France entra à son tour en guerre. Ces soldats formèrent la 1re division tchèque, composée des 1er et 2e régiments d'infanterie.

Le matériel et l'armement de la 1re division tchèque furent fournis par les Français, mais cet équipement se révéla obsolète. Durant l'offensive allemande, les deux régiments combattirent aux côtés de la France, essayant d'arrêter l'avancée de la 16e division de Panzers. Contournés par le flanc, ils furent cependant réduits à mener un long combat d'arrière-garde.

En France, les Tchèques portaient l'uniforme de l'armée de terre française avec des insignes de grade tchèques sur leurs épaulettes. En Grande-Bretagne, les diplômés de l'académie militaire des officiers portaient un insigne sur leur poche poitrine droite. Ce sergent du 1er régiment d'infanterie est vêtu du dernier modèle français de tunique et de culotte. Il est coiffé du casque en acier français, et son étui à pistolet abrite un revolver français M1892 calibre 8 mm.

Date :	*Mai 1940*
Unité :	*1er régiment d'infanterie*
Grade :	*Sergent*
Théâtre :	*Nord-ouest de l'Europe*
Lieu :	*France*

Capitaine d'état-major Armée de l'air tchécoslovaque

Lorsque l'Allemagne annexa la Tchécoslovaquie, le personnel de l'armée de l'air s'exila vers la France, où il servit au sein de l'armée de l'air française. Les Tchèques furent alors équipés d'uniformes français, sur lesquels ils apposèrent leurs propres insignes de casquette, de grade, de pilote ou même d'observateur.

L'insigne de casquette en métal doré de cet officier représentait le lion tchèque sur une base en losange, avec ou sans épées en croix selon que le personnel était combattant ou non. La casquette comportait une jugulaire en cordelette dorée, et la visière de celle des généraux était ornée de broderies dorées.

Ce capitaine tchèque porte ses insignes de grade sur les épaulettes de son uniforme bleu foncé. Il en était de même pour les gradés, tandis que les généraux possédaient des épaulettes particulières brodées et arboraient leurs étoiles de grade aux manches, au-dessus des poignets.

Il existait au sein de l'armée de l'air quatre grades d'officiers supérieurs et quatre d'officiers subalternes. Les épaulettes des premiers se caractérisaient par un galon or brodé sur le pourtour, et de une à quatre étoiles à cinq branches brodées d'or, comme on peut le voir sur cette illustration ; celles des officiers subalternes étaient unies, avec un passepoil et de une à quatre étoiles à trois branches.

Cet officier porte l'insigne des pilotes tchèques sur sa poche poitrine gauche, et l'insigne de pilote français sur sa poche poitrine droite, surmonté des ailes de l'armée de l'air. Il arbore le ruban de sa croix de guerre.

Date :	*Mai 1940*
Unité :	*Armée de l'air tchécoslovaque*
Grade :	*Capitaine d'état-major*
Théâtre :	*Nord-ouest de l'Europe*
Lieu :	*France*

Soldat de 2ᵉ classe Division du Jutland Armée danoise

C'est sous le prétexte d'empêcher une attaque britannique que l'Allemagne envahit le Danemark en 1940. Hitler désirant une prise de pouvoir "pacifique", les pertes humaines furent minimes, l'opération coûtant la vie à 12 pilotes, 11 soldats et 3 gardes-frontières. Les Danois furent autorisés à conserver une certaine d'autonomie mais leurs forces armées furent réduites à 3 300 hommes. Elles se composaient de la cavalerie de la garde royale, des appelés formés et des appelés nécessaires aux travaux de réparation et d'entretien.

Même si les Danois avaient voulu résister, il est douteux qu'ils y fussent parvenus car leur armée était dans un mauvais état général. Lors de l'invasion allemande, les hommes de troupes étaient toujours vêtus d'une tenue dépassée, avec manteau noir et pantalon gris clair. Les officiers et les sous-officiers, qui fournissaient généralement leur propre tenue, étaient mieux lotis avec un uniforme kaki.

Le soldat de cette illustration est habillé de l'uniforme en laine modèle 1915, totalement obsolète en 1940. Remarquez ses bas de pantalon retournés au-dessus de ses bottillons, trait parfaitement caractéristique de l'uniforme danois.

L'homme porte un sac à dos avec un masque à gaz modèle 1926 accroché en dessous. À sa ceinture est suspendue une pelle sur laquelle est fixée une baïonnette. Sa tête est protégée par un casque danois en acier modèle M1923 et son arme est également danoise, un fusil M1889 calibre 8 mm avec munitions contenues dans des étuis attachés à sa ceinture.

Date :	*Janvier 1940*
Unité :	*Division du Jutland*
Grade :	*Soldat de 2ᵉ classe*
Théâtre :	*Baltique*
Lieu :	*Danemark*

Adjudant
7 régiment d'infanterie
Armée danoise

L'uniforme modèle 1923 de l'armée danoise se composait d'une tunique droite avec col cassé et six boutons en laiton. Ses poches poitrines étaient munies d'un rabat et d'un bouton, les poches basses étaient simples. Les généraux étaient également autorisés à s'habiller d'une tunique ouverte avec une chemise et une cravate. Quant aux soldats, ils portaient un pantalon retourné assorti à la tunique et étaient chaussés de bottillons à lacets en cuir marron remontant aux mollets.

Le combattant de cette illustration porte un antique manteau noir modèle 1864 de coupe croisée, avec deux rangées de six boutons sur le devant, col cassé et manches retournées. Il est coiffé d'un casque danois en acier. Un calot de campagne kaki orné de la cocarde nationale est plaqué sous son ensemble ceinturon et baudrier. Les autres couvre-chefs de l'armée danoise comprenaient la casquette à visière, confectionnée en tissu kaki avec la visière et la jugulaire en cuir marron (celle des généraux était ornée d'une ganse or) ; sur le devant figurait l'emblème de l'armée surmonté de la cocarde nationale rouge et blanche.

Le grade était indiqué par le numéro, la largeur et la couleur du galon et de la ganse ornant le calot. Les caporaux portaient des chevrons jaunes aux manches. Quant à l'identification de l'arme, certaines catégories d'officiers arboraient des insignes en métal doré au col de leur tunique, tandis que les gradés épinglaient un insigne en émail au-dessus de leur poche poitrine droite. Le grade de ce soldat se reconnaît aux deux rosettes or sur ses épaulettes en soie marron.

Date :	*Février 1940*
Unité :	*7ᵉ régiment d'infanterie*
Grade :	*Adjudant*
Théâtre :	*Baltique*
Lieu :	*Danemark*

Lieutenant
Unité de reconnaissance
Armée de l'air danoise

L'armée de l'air danoise vit le jour dans les années 1920. En tant que branche de l'armée de terre, son personnel ne disposait pas d'uniforme distinct. L'officier ci-contre est vêtu d'un uniforme kaki modèle M1923 avec un col de tunique boutonné, mais il existait une variante à col ouvert.

Les pilotes et les observateurs affichaient des ailes brodées d'or au-dessus de la poche poitrine droite. L'armée danoise et les services de l'aéronavale danoise utilisaient des vêtements et du matériel de vol de fabrication britannique. Comme on peut le voir ici, les officiers portaient sur leur casquette la cocarde aux couleurs nationales au-dessus de l'insigne des officiers. Le grade de ce lieutenant est indiqué par l'étoile dorée à son col et les deux étoiles à cinq branches sur ses épaulettes en soie grise. Sa culotte de cheval est rentrée dans ses bottes d'ordonnance, magnifiquement astiquées.

Après l'invasion allemande du Danemark, certains soldats de l'armée de l'air parvinrent à s'enfuir en Angleterre, où ils servirent au sein de la *Royal Air Force* ou des unités norvégiennes opérant en Angleterre. Ils se distinguaient par un écusson "Denmark" en haut des manches, brodé de fil bleu clair sur fond gris bleu pour les officiers, et de fil bleu clair sur fond bleu foncé ou noir pour les aviateurs – insigne qui ne fut pas officialisé avant 1944.

Un autre groupe d'aviateurs danois parvint à gagner la Suède, où il constitua un groupement aérien intégré à la brigade danoise ; il portait la tenue et le matériel de vol suédois.

Date :	*Janvier 1940*
Unité :	*Unité de reconnaissance*
Grade :	*Lieutenant*
Théâtre :	*Baltique*
Lieu :	*Danemark*

Soldat de 2ᵉ classe
Evzones
Armée de terre grecque

Ce soldat est un membre des *Evzones*, l'excellente infanterie de l'armée de terre grecque. Constitués à l'origine comme corps d'infanterie légère lors de la guerre d'indépendance grecque au début du XIXᵉ siècle, les *Evzones* étaient des montagnards qui avaient été intégrés à l'armée régulière en 1833. En 1940, ils servirent au sein de la garde royale et des régiments d'infanterie légère.

L'uniforme des *Evzones* était très particulier. Il se composait d'une chemise à manches blanches, d'un gilet, d'une jupe plissée (*fustenella*), d'un calot à gland rouge et de chaussures à pompons de laine (comme on le voit ci-contre). Leur tenue de temps de guerre était naturellement plus pratique.

L'*Evzone* de cette illustration porte un casque grec en acier par-dessus son calot et une cape en gros tissu de laine de chèvre par-dessus sa tenue de service. Au lieu de la culotte normale avec bandes molletières, ce soldat porte une culotte, des chaussettes et des chaussures très serrées, version militaire de la tenue traditionnelle des habitants des montagnes grecques.

Dans l'armée grecque, une division d'infanterie type était composée de trois régiments d'infanterie (de 58 officiers et 1 100 hommes chacun), d'un régiment d'artillerie et d'unités de soutien. Les divisions de montagne tenaient une place importante dans l'inventaire militaire grec. Elles étaient organisées de façon similaire aux divisions d'infanterie, mais l'artillerie y était moins représentée. Chacune d'entre elles comptait environ 12 000 hommes.

Date :	*Février 1940*
Unité :	Evzones
Grade :	*Soldat de 2ᵉ classe*
Théâtre :	*Balkans*
Lieu :	*Grèce*

Lieutenant-colonel
2ᵉ corps
Armée de terre grecque

L'armée de terre grecque adopta la tenue vert olive en 1912. Au début de la seconde guerre mondiale, de nombreux éléments britanniques y avaient été intégrés. D'ailleurs, la tenue de service de cet officier est quasiment identique au modèle britannique, avec ses insignes de grade en métal apposés aux épaulettes (celles des officiers supérieurs comportaient une couronne argent et de une à trois étoiles à six branches en métal doré, tandis que le képi s'ornait de trois rangées de galon fin et d'une rangée de galon moyen en grosse toile bise).

La tunique de l'officier est de coupe droite, avec col cassé et cinq boutons sur le devant. Ses poches plaquées comportent un rabat à bouton. Confectionnées dans le même tissu que la tunique, les épaulettes portent le monogramme de son régiment d'infanterie ou le numéro de son unité. Le manteau d'ordonnance de l'armée, de coupe droite avec cinq boutons, présentait un grand col rabattu et des poches basses avec rabat ; celui des officiers était croisé, avec six boutons sur le devant, un col rabattu et des poignets retournés.

Les officiers disposaient d'un autre modèle de tunique qui se boutonnait au col. Les hommes de troupe portaient une culotte assortie avec des bandes molletières et des bottillons, tandis que les officiers s'habillaient d'une culotte de cheval et de bottes de cheval ou de houseaux en cuir. Les couleurs de l'arme figuraient sur les pattes de col, taillées en pointe : rouge pour l'infanterie, noir pour l'artillerie, vert pour la cavalerie, cramoisi pour le génie et velours cramoisi pour le personnel médical.

Date :	*Mars 1940*
Unité :	*2ᵉ corps*
Grade :	*Lieutenant-colonel*
Théâtre :	*Balkans*
Lieu :	*Grèce*

Lieutenant
Régiment d'artillerie
Armée de terre grecque

Dans l'armée de terre grecque, les officiers portaient soit un képi soit une casquette kaki à visière assortie (brodée d'or pour les généraux), et les hommes de tous grades recevaient un calot. Le devant du képi, de la casquette ou du calot était orné d'une cocarde aux couleurs nationales grecques (bleu clair et blanc) surmontée d'une couronne argent. Au combat, tous les hommes portaient un casque en acier, le modèle britannique étant alors sur le point d'être remplacé par un modèle grec.

Le képi de l'officier représenté ci-contre est un modèle d'avant-guerre, orné de galons pour indiquer le grade du combattant. Ses autres insignes de grade figurent sur ses épaulettes, et la couleur noire de ses pattes de col indique son appartenance à l'artillerie. En tant qu'officier à cheval, il est équipé d'une culotte et de bottes de cheval, ainsi que d'un ensemble ceinturon et baudrier. Il porte deux étuis en bandoulière, l'un pour ses jumelles, l'autre pour ses cartes.

L'armée grecque connaissait une grave pénurie d'armes et de transport motorisé, ce qui ne l'empêcha pas de repousser l'envahisseur italien en octobre 1940, à la surprise générale. Les Grecs se défendirent également avec vigueur contre les Allemands en avril 1941, mais la Wehrmacht était la meilleure armée du monde et les alliés de la Grèce (Grande-Bretagne et pays du Commonwealth) furent contraints de battre en retraite. Peu de temps après, les forces grecques en Macédoine orientale durent capituler et le 20 avril l'armée grecque *Epirus* se rendit. Deux jours plus tard, les Alliés n'eurent d'autre choix que de quitter la Grèce.

Date :	*Octobre 1940*
Unité :	*Régiment d'artillerie*
Grade :	*Lieutenant*
Théâtre :	*Balkans*
Lieu :	*Grèce*

278

Lieutenant-colonel Groupe de chasse Armée de l'air grecque

Les officiers de l'armée de l'air grecque portaient une tunique droite grise à col ouvert avec quatre boutons dorés sur le devant, et dotée de poches plaquées, plissées sur la poitrine et unies pour les poches basses, avec un rabat à trois pointes et un bouton. La tunique était associée à une chemise blanche ou grise et une cravate noire, un pantalon assorti et des chaussures en cuir noir.

La casquette, de couleur grise, comportait un bandeau noir en mohair, une visière et une jugulaire en cuir noir, ainsi qu'un aigle brodé. En service actif, les officiers de l'armée de l'air grecque préféraient la culotte de cheval avec bottes montantes (par temps chaud, ils portaient un uniforme en coutil kaki).

Les gradés portaient une version gris bleu de l'uniforme kaki avec un calot, une tunique droite, une culotte, des bandes molletières et des bottillons. L'insigne de grade des sous-officiers et des adjudants se composait d'un nombre variable de chevrons jaunes. Les officiers subalternes se distinguaient par des galons bleus aux poignets, tout comme les officiers supérieurs qui arboraient en plus des feuilles de chêne brodées d'or sur la visière de la casquette. Remarquez la "boucle" en losange formée par le galon supérieur au poignet de ce lieutenant-colonel. Son uniforme est également décoré d'ailes brodées et d'un ruban de médailles au-dessus de sa poche poitrine gauche.

Avec 250 officiers et 3 000 hommes, l'armée de l'air grecque était de taille modeste, mais ses pilotes avaient été formés en Angleterre, ce qui leur permit de faire bonne figure contre les forces de l'Axe.

Date :	*Mars 1941*
Unité :	*Groupe de chasse*
Grade :	*Lieutenant-colonel*
Théâtre :	*Balkans*
Lieu :	*Grèce*

Matelot breveté Marine grecque de la mer Égée

L'uniforme de la marine grecque ressemblait à celui de la *Royal Navy*. Les officiers portaient une casquette à visière avec ou sans coiffe blanche, ornée d'un insigne brodé sur le devant. Le caban bleu, associé à un pantalon et des chaussures de cuir noir, affichait le grade du combattant sur les manchettes. La tenue d'été des officiers se composait d'une tunique blanche à col Mao, d'un pantalon blanc et de chaussures en toile blanche.

Les matelots portaient la tenue représentée ci-contre, avec cependant une version tropicale blanche. Les houseaux de ce matelot breveté sont du même modèle que ceux utilisés dans la marine britannique, tandis que sa ceinture en cuir avec étuis à munitions est un modèle propre à l'armée grecque.

En tant que matelot, ce personnage porte son insigne de grade à la manche : un chevron rouge. Les maîtres se distinguaient par quatre chevrons (larges et étroits alternés), plus deux larges chevrons or sur le haut des manches. Les officiers affichaient leur grade sous forme de galons aux poignets et aux épaulettes du manteau et de la tunique blanche. Comme dans la *Royal Navy*, les officiers se différenciaient en officiers de ligne, réservistes ou volontaires réservistes, et leurs manches étaient ornées des mêmes motifs de galons et de boucles que l'uniforme britannique.

Dans la marine grecque, les corps et les armes étaient indiqués par les couleurs des galons de manchettes et d'épaulettes, tandis que les insignes de spécialité étaient apposés aux manches. Ce matelot breveté arbore l'insigne des torpilleurs sous son chevron.

Date :	*Avril 1941*
Unité :	*Marine grecque*
Grade :	*Matelot breveté*
Théâtre :	*Méditerranée*
Lieu :	*Grèce*

Lieutenant-colonel Régiment de cyclistes Armée néerlandaise

En 1912, l'armée de terre néerlandaise reçut un nouvel uniforme de campagne gris vert. L'officier de cette illustration porte cette nouvelle tenue, accompagnée du calot qui prit la place du képi en 1937. Les insignes de grade du personnage figurent sur son col (deux étoiles et une barrette), tandis que son arme est indiquée par la couleur bleue du passepoil (infanterie) et la roue de bicyclette.

La tunique de cet officier, de coupe droite, comporte un col Mao, des manchettes arrondies passepoilées de la couleur de son arme, et sept boutons sur le devant. La tunique d'avant-guerre présentait deux poches fendues à rabat en pointe et à petit bouton, cousues bas sur la poitrine. Le nouveau modèle, plus ample, comportait des poches poitrines plaquées et plissées et des poches basses plaquées à rabat pointu et à petit bouton. Les épaulettes, confectionnées dans un tissu assorti, étaient terminées en rouleau pour empêcher le matériel de glisser de l'épaule.

Le personnel qui n'était pas à bicyclette revêtait une culotte assortie, des bandes molletières et des bottillons noirs, tandis que les gradés et les officiers à bicyclette portaient une culotte de cheval renforcée de cuir noir et des bottes de cheval noires. Comme on peut le voir ici, l'ourlet extérieur de la culotte de cheval des officiers était passepoilé à la couleur de l'arme, sauf pour la cavalerie, l'artillerie à cheval et la police.

Sur son couvre-chef, le personnel militaire portait une cocarde orange ovale reliée à un petit bouton par une boucle tressée de couleur blanche ou jaune (argent ou or pour les officiers).

Date :	*Avril 1940*
Unité :	*Régiment de cyclistes*
Grade :	*lieutenant-colonel*
Théâtre :	*Nord-ouest de l'Europe*
Lieu :	*Pays-Bas*

281

Sous-lieutenant
Groupe de chasse
Armée de l'air néerlandaise

En tant que branche de l'armée de terre, l'armée de l'air néerlandaise était équipée du même uniforme, simplement différencié par un passepoil bleu clair. Les officiers arboraient un insigne brodé d'or en forme de moteur rotatif et d'hélice de chaque côté du col, les gradés bénéficiant du même insigne mais en bronze. Les pilotes se distinguaient par leurs ailes en métal doré au-dessus de la poche poitrine gauche de leur tunique, et au même endroit de leur manteau.

L'officier subalterne de cette illustration porte un uniforme confectionné en whipcord, tissu qu'il a acheté lui-même et qui contraste avec le matériau plus grossier et plus foncé de l'uniforme d'ordonnance. Il est coiffé d'un képi gris vert, couvre-chef obsolète en 1940. La couleur de son passepoil et ses insignes de col révèlent son appartenance à l'armée de l'air, tandis que les ailes en métal au-dessus de sa poche poitrine gauche indiquent qu'il est pilote qualifié.

Les pilotes de chasse portaient un casque de vol en cuir et un manteau trois-quarts croisé en cuir fabriqué en France, avec leurs insignes de grade au col.

En juin 1940, une unité des Services de l'aéronavale néerlandaise fut intégrée à la RAF en tant que groupe n° 320. Ses membres furent dotés de l'uniforme de la RAF, avec le lion néerlandais à l'avant gauche du calot et un écusson "Nederland" (Pays-Bas) en haut des manches.

En 1940 l'armée de l'air néerlandaise comptait 139 appareils opérationnels, dont certains étaient dépassés. Presque tous furent détruits au sol.

Date :	*Mai 1940*
Unité :	*Groupe de chasse*
Grade :	*Sous-lieutenant*
Théâtre :	*Nord-ouest de l'Europe*
Lieu :	*Pays-Bas*

Quartier-maître Marine néerlandaise Rotterdam

Ce quartier-maître porte le col carré de la marine, associé à un bonnet dont le bandeau indique *Marine Royale* en lettres gothiques. L'homme est équipé de matériel d'infanterie et d'un fusil M1895 calibre 6,5 mm.

Les officiers de la marine néerlandaise portaient le caban d'ordonnance et un pantalon assorti. Ils ne possédaient pas de manteau en tant que tel, mais plutôt une redingote croisée avec passants, deux rangées de six boutons et insignes de grade sur les manchettes. Les matelots et les gradés recevaient un caban croisé, qui se portait avec le col en blue-jean sorti.

En été, les officiers recouvraient leur casquette d'une coiffe blanche et s'habillaient d'un pull-over blanc à col blue-jean, d'un pantalon blanc et de chaussures en cuir noir. Le pull-over blanc se portait en dehors du pantalon, à l'inverse du pull-over bleu, associé à une ceinture en cuir noir à boucle en laiton.

Pour les régions tropicales, matelots et gradés disposaient d'un casque colonial blanc ou d'un panama en paille avec bandeau, d'une chemise à manches courtes avec une bordure couleur blue-jean à l'encolure et autour des manches, d'une ceinture blanche avec une boucle en laiton, d'un short blanc, de chaussettes blanches et de chaussures en cuir noir.

Le grade des officiers et des adjudants figurait aux poignets et aux épaulettes de leur tunique blanche. Les matelots et les gradés portaient leurs insignes de grade aux manchettes, tandis que les premiers maîtres affichaient les leurs aux poignets de l'uniforme bleu.

La marine néerlandaise joua un rôle limité pendant la guerre, notamment une fois la défaite acquise.

Date :	*Mai 1940*
Unité :	*Marine néerlandaise*
Grade :	*Quartier-maître*
Théâtre :	*Nord-ouest de l'Europe*
Lieu :	*Pays-Bas*

Lieutenant Division d'infanterie Armée norvégienne

Le lieutenant de cette illustration porte l'uniforme de service gris vert introduit en 1912. Sa tunique, de coupe droite, comporte un col cassé, une fermeture sous patte, des poches poitrines et basses à rabat, des poignets arrondis. Elle est dépourvue d'épaulettes.

Les Norvégiens disposaient d'une tunique d'hiver, plus ample de façon à pouvoir y loger des sous-vêtements épais. Ses poches plaquées étaient cousues sur l'extérieur. La version estivale de la tunique, confectionnée en coutil de coton léger, comprenait uniquement des poches basses. L'armée de terre norvégienne disposait également d'un anorak en coutil de coton.

Le pantalon, fabriqué dans le même tissu que la tunique, se portait généralement rentré dans d'épaisses chaussettes en laine et dans des bottillons. Le couvre-chef se composait d'un képi gris vert à jugulaire et visière en cuir noir. Sur le devant figurait la cocarde aux couleurs nationales (blanc, bleu et rouge) reliée par une ganse noire et argent (noire et or pour les généraux) à un bouton rouge émaillé orné d'un lion rampant en métal doré (bouton réalisé en métal blanc pour les gradés). Cependant, le couvre-chef le plus courant restait la casquette de campagne à visière et oreillettes assorties, ces dernières étant attachées aux côtés de la casquette par un petit bouton. Cette casquette était ornée d'une cocarde en tissu.

Le grade du combattant était indiqué par le nombre et la couleur des galons autour du képi, par les galons et le nombre d'étoiles sur le col de la tunique et les épaulettes du manteau, ainsi que par les galons de manchette sur l'uniforme des sous-officiers.

Date :	*Avril 1940*
Unité :	*Division d'infanterie*
Grade :	*Lieutenant*
Théâtre :	*Arctique*
Lieu :	*Norvège*

Lieutenant
Groupe aérien n° 331
Armée norvégienne

L'armée de l'air norvégienne faisait partie de l'armée de terre ; ses membres portaient donc le même uniforme, simplement distingué par un passepoil vert clair. Au printemps 1940, un programme de réorganisation des services de l'armée de terre et de l'aéronavale fut lancé, mais les Allemands envahirent la Norvège et le projet tomba aux oubliettes.

Une fois la Norvège tombée entre les mains allemandes, de nombreux Norvégiens s'enfuirent vers la Grande-Bretagne pour servir dans la RAF. En 1941, l'armée de l'air norvégienne devint une arme séparée de la RAF. L'officier représenté ci-contre porte le nouvel uniforme gris introduit pour l'armée de l'air royale norvégienne alliée. Remarquez l'écusson de nationalité sur le haut de sa manche gauche (la manche droite affichait un drapeau norvégien).

En tant qu'officier subalterne, ce lieutenant arbore deux étoiles à cinq branches en métal blanc à la pointe de son col. Les officiers supérieurs se distinguaient par leurs galons argent sur le devant et le bas de la tunique et de la vareuse de combat, ainsi que par des étoiles à cinq branches (de une à trois) en métal blanc ou brodées de fil d'argent. Les épaulettes de leur manteau étaient bordées d'un galon argent et comportaient de une à trois étoiles, tout comme celles des officiers subalternes. Enfin, la casquette à visière des officiers supérieurs était ornée d'une jugulaire en cordelette argentée. L'uniforme des généraux possédait de larges galons sur le devant et le bas de la tunique et sur le col de la vareuse de combat, et de une à trois étoiles à cinq branches en métal blanc ou brodées de fil d'argent.

Date :	Septembre 1941
Unité :	Groupe aérien n° 331
Grade :	Lieutenant
Théâtre :	Nord-ouest de l'Europe
Lieu :	Angleterre

Matelot
Croiseur blindé
Marine norvégienne

L'uniforme en service dans la marine norvégienne pendant la seconde guerre mondiale était issu des ordonnances d'octobre 1907. Les officiers et les maîtres portaient un caban avec pantalon assorti, un manteau croisé, une casquette bleu à visière et à jugulaire en cuir, avec un insigne de casquette brodé d'or pour les maîtres, les officiers et les généraux.

Les matelots et les quartiers-maîtres portaient une chemise blanche avec l'encolure gansée de toile bleu moyen, un pull-over bleu avec un col en blue-jean bordé de trois rayures blanches, et une écharpe noire. Leur pantalon était confectionné dans un tissu assorti. En été, ils portaient une version blanche de l'uniforme décrit plus haut, et en hiver ils se couvraient d'un caban bleu avec un col blue-jean sur l'extérieur. Les matelots et les quartiers-maîtres étaient coiffés d'un bonnet bleu à pompon bleu, avec un bandeau noir comportant l'inscription "marine royale norvégienne" en norvégien, en lettres jaunes ou or. Au-dessus du bandeau, à l'avant du bonnet, figurait également une cocarde aux couleurs nationales (rouge, blanc et bleu).

Pour les amiraux, les officiers, les premiers maîtres, les maîtres et les élèves officiers, le grade était indiqué par l'insigne de casquette. Les matelots étaient représentés par une ancre rouge surjalée surmontée d'une couronne, ou par le même insigne au-dessus de un ou deux galons rouges de biais au sommet de la manche gauche. Les officiers de certaines armes se distinguaient par le type de boucle formée par leurs galons de grade, ou encore par l'absence de boucle et par la couleur des espaces entre leurs galons.

Date :	*Avril 1940*
Unité :	*Marine norvégienne*
Grade :	*Matelot*
Théâtre :	*Baltique*
Lieu :	*Norvège*

Ville de Montréal

**Feuillet
de circulation**

À rendre le

06.03.375-8 (05-93)